Susanne Schwab / Markus Gebhardt
Elfriede M. Ederer-Fick / Barbara Gasteiger-Klicpera (Hg.)
Theorien, Konzepte und Anwendungsfelder der inklusiven Pädagogik

Susanne Schwab / Markus Gebhardt
Elfriede M. Ederer-Fick / Barbara Gasteiger-Klicpera (Hg.)

Theorien, Konzepte und Anwendungsfelder der inklusiven Pädagogik

facultas.wuv

Susanne Schwab, Dr.[in] MMag.[a], M.A., Psychologin, Erziehungswissenschaftlerin; führt eine Evaluierung einer Sprach- und Leseförderung durch, forscht im Bereich schulische Inklusion (u. a. Projekt SILKE).
Markus Gebhardt, Dr. M.A., Sonderschullehrer; forscht am Projekte SILKE, in dem die Leistungsentwicklung und die soziale Partizipation von SchülerInnen mit und ohne sonderpädagogischen Förderbedarf untersucht wird.
Elfriede M. Ederer-Fick, Dr.[in], Psychologin, Bildungswissenschaftlerin, Lehrende im Masterstudium Inclusive Education; begleitet organisatorisch Forschungsprojekte im Bereich der inklusiven Pädagogik.
Barbara Gasteiger-Klicpera, Univ.-Prof.[in] Dr.[in], Dekanin der URBI-Fakultät der KFU Graz; leitet den Arbeitsbereich Integrationspädagogik und Heilpädagogische Psychologie. Ihre Forschungsschwerpunkte sind: schulische Inklusion, LRS sowie Verhaltens- und Lernschwierigkeiten.

Bibliografische Information Der Deutschen Nationalbibliothek

Die Deutsche Nationalbibliothek verzeichnet diese Publikation in der Deutschen Nationalbibliografie; detaillierte bibliografische Daten sind im Internet über http://dnb.d-nb.de abrufbar.

facultas.wuv Universitätsverlag, Stolberggasse 26, 1050 Wien, Österreich

Satz: Facultas Verlags- und Buchhandels AG
Einbandgestaltung: Facultas Verlags- und Buchhandels AG
Druck und Bindung: Facultas Verlags- und Buchhandels AG
Printed in Austria
ISBN 978-3-7089-0881-6

Vorwort

Das vorliegende Werk dient als Grundlagenwerk für Theorien, Konzepte und Anwendungsfelder in der inklusiven Bildung. Zielgruppe sind Studierende, die Interesse an Fragen der inklusiven Pädagogik haben, Lehrende an Universitäten und Pädagogischen Hochschulen und Personen, die sich im Rahmen ihrer Arbeit mit Inklusion beschäftigen. Mit dem Buch soll ein möglichst breiter Überblick gegeben werden, damit sich der Leser/die Leserin selbst ein Bild über inklusive Pädagogik erarbeiten kann. Daher erschien es uns auch wichtig, einen Fokus auf Theorieorientierung, Handlungsorientierung sowie auf Forschungsorientierung zu legen. Entstanden ist das Werk infolge einer Ringvorlesung zum Thema „Der lange Weg zu einer inklusiven Gesellschaft: Schritte zur Umsetzung der UN-Behindertenrechtskonvention", die vom Arbeitsbereich Integrationspädagogik der Universität Graz organisiert wurde und die ein für uns überraschend großes Echo hervorgerufen hat.

Die Vortragenden jeder Vorlesungseinheit haben ihren Vortrag in Form eines Buchbeitrags verschriftlicht, um die Inhalte auch zukünftigen Studierenden zur Verfügung zu stellen. Der Inhalt und dessen Präsentationsform wurden somit als Studienbuch konzipiert. Wichtig war dabei, die Themenbandbreite der inklusiven Pädagogik möglichst umfassend abzudecken. Dabei wurden sowohl curriculare Überlegungen (Inhalte, die im Studium noch vertieft werden) getroffen, als auch handlungstheoretische Gesichtspunkte (Felder, in denen die Studierenden später arbeiten werden) berücksichtigt. Diese Entscheidung geht jedoch aufgrund des begrenzten Buchumfangs zulasten von detaillierten Einführungen in die einzelnen Schwerpunkte.

Ein besonderer Dank gilt den AutorInnen der einzelnen Kapitel. Wir freuen uns darüber, dass Sie dieses Buch mit Ihren Beiträgen ermöglicht haben und hoffen, dass damit den Studierenden ein Einblick in die Breite des Themenfeldes gegeben sowie Verständnis für Theorien und Konzepte der inklusiven Pädagogik ermöglicht wird.

Susanne Schwab, Markus Gebhardt,
Elfriede M. Ederer-Fick und Barbara Gasteiger-Klicpera

Graz, August 2012

Inhaltsverzeichnis

Einleitung

Das Ziel von Inklusion besteht darin, mit heterogenem Bildungs- und Erziehungsbedarf von Menschen akzeptierend umzugehen, Partizipation in Bezug auf Bildung, Kultur, Arbeit und Gesellschaft zu fördern und sozialer Marginalisierung und Ausgrenzung entgegenzuwirken. Um dieses Ziel zu erreichen, wird eine veränderte Sichtweise auf die Heterogenität von Personen, insbesondere in Bezug auf ihren Erziehungs- und Bildungsbedarf, benötigt.

Die UN-Behindertenrechtskonvention ist ein Übereinkommen über die Rechte von Menschen mit Behinderungen, welches von vielen Staaten ratifiziert wurde. Dieser Vertrag soll unter anderem rechtlich sichern, dass alle Menschen gleichberechtigte Teilhabe in der Gesellschaft haben und spielt somit für die inklusive Pädagogik eine zentrale Rolle. Daher wird in den einzelnen Beiträgen auch Bezug auf diese Konvention genommen.

Im Rahmen des ersten Teils werden unterschiedliche Konzepte und Theorien inklusiver Pädagogik vorgestellt und wichtige Begriffe der Inklusionspädagogik thematisiert. Integration und Inklusion werden im Kontext internationaler Entwicklungen sowie unter Berücksichtigung der UN-Behindertenrechtskonvention diskutiert.

Urs Haeberlin betrachtet die Möglichkeiten der Inklusion kritisch im Spannungsfeld zwischen elitärem Bildungsverständnis und den Notwendigkeiten von SchülerInnen mit geistigen und Mehrfachbehinderungen. Er plädiert für ein basales Verständnis von Bildung, das auch Kindern mit geistiger und Mehrfachbehinderung eine inklusive Schule ermöglicht. Gottfried Biewer lenkt den Blick auf gesellschaftliche und kulturelle Aspekte der Behinderungsbegriffe und Klassifikationen. Als einen vielversprechenden Ansatz stellt er in diesem Zusammenhang den Capabilities-Approach dar. Marianne Schulze erläutert die menschenrechtlichen Grundlagen der UN-Behindertenrechtskonvention und stellt deren zentrale Themen vor. Eines dieser Themen ist Barrierefreiheit, die nicht nur physische Barrierefreiheit meint, sondern in einem weiteren Sinn als Zugänglichkeit zu allen Möglichkeiten verstanden werden muss, die auch Nicht-Behinderten offenstehen, um Diskriminierung zu verhindern. Die Umsetzung der UN-Behindertenrechtskonvention stellt nicht nur eine Aufgabe der einzelnen Staaten dar. Auch auf europäischer Ebene bemühen sich unterschiedliche Institutionen darum und versuchen, Initiativen zu setzen. Franz Wolfmayr beschreibt die Schwerpunkte der europäischen Sozialpolitik und die Bemühungen, die einzelnen Dienstleistungsorganisationen auf europäischer Ebene zu vernetzen und ihre Kräfte zu bündeln.

Im zweiten Teil werden spezifische Handlungsfelder inklusiver Pädagogik vorgestellt sowie anhand empirischer Untersuchungen kritisch beleuchtet.

Diese umspannen alle Lebensbereiche inklusiver Pädagogik: von der Frühförderung über die schulische Inklusion bis hin zu Arbeit, Wohnen und Freizeitgestaltung von Menschen mit besonderen Bedürfnissen. Dabei werden unterschiedliche Förderschwerpunkte berücksichtigt: Körperbehinderung, Lernen oder soziale und emotionale Entwicklung. Ein besonderer Fokus wird auf individuelle Förderung gelegt sowie auf Ansätze der Prävention. Best-Practice-Beispiele, wie die erfolgreiche Implementation von Modellen, sowie Zukunftsperspektiven für das jeweilige Handlungsfeld werden aufgezeigt.

Der Abschnitt beginnt mit Ewald Feyerers Plädoyer für eine individuelle Lernprozessbegleitung, die er als Grundlage für Differenzierung und Individualisierung des inklusiven Unterrichts betrachtet. Anhand eines konkreten Fallbeispiels erläutern Cecilia A. Essau und ihr Team das Assessment und die Interventionsmöglichkeiten bei Kindern und Jugendlichen mit Angststörungen. Susanne Schwab und Michael Fingerle diskutieren aktuelle Befunde zu Resilienz, Ressourcenorientierung und Inklusion und zeigen Möglichkeiten der Förderung von Resilienz in inklusiven Settings auf. Hier spielt die Familie eine große Rolle, wie auch im Bereich der interdisziplinären Frühförderung und Familienbegleitung, wie Jitka Barlova und Markus Gebhardt erläutern.

Ulrich Heimlich erörtert die erstaunlich vielfachen Bestrebungen zur Qualitätsentwicklung in inklusiven Schulen und Kindertageseinrichtungen, während Reinhard Lelgemann und Christian Walter-Klose Barrierefreiheit der Gebäude thematisieren und darauf hinweisen, dass Inklusion bei SchülerInnen mit körperlichen und mehrfachen Beeinträchtigungen sowie schweren chronischen Erkrankungen auch mit kritischen Aspekten und Schattenseiten verbunden ist.

Camilla Bensch und Mathilde Niehaus diskutieren unterschiedliche Konzepte des Übergangs Schule – Ausbildung – Beruf in Österreich und Deutschland und beschreiben Jugendcoaching und Clearing als Angebot beim Übergang Schule-Beruf. Schließlich thematisiert Julia Gererstorfer die Implikationen der UN-BRK für die Qualitätsentwicklung und das Qualitätsmanagement im Bereich Wohnen und Freizeit von Menschen mit besonderen Bedürfnissen.

Damit ist der Bogen weit gespannt und wir hoffen, dass unseren Studierenden auf diese Weise ein breiter Überblick über die verschiedenen Konzepte und Handlungsfelder der inklusiven Pädagogik ermöglicht wird.

Inklusion als Vision und Exklusion als Realität – Reflexionen zur Inklusion und Exklusion von Benachteiligten in unserer Kultur und in unserem Bildungswesen

Urs Haeberlin

1 Vision eines veränderten Bildungsbegriffs

Bildung bzw. „Gebildet-Sein" wurde und wird häufig als ein Mittel zur Statusabgrenzung verwendet. Bildung dient vielfach der Rechtfertigung von beruflicher und gesellschaftlicher Privilegierung. Dies hat zur Folge, dass die aktuelle bildungspolitische Diskussion von den Fragen dominiert wird, welche Bildungsabschlüsse den Weg zu einem angesehenen Beruf und zu gesellschaftlichem Status ebnen und wie die Chancengerechtigkeit beim Zugang zu „nach oben" führenden Bildungswegen verbessert werden kann.

Insbesondere innerhalb der Sonderpädagogik artikuliert sich mit zunehmender Deutlichkeit eine Bewegung gegen jegliche Aussonderung im Bildungswesen wie auch im gesamten gesellschaftlichen Leben. Sie nannte sich ursprünglich „Integrationspädagogik". Heute wird von vielen der Begriff „Inklusionspädagogik" bevorzugt, um zu betonen, dass es um mehr gehen muss als nur um eine organisatorische Veränderung des Sonderschulsystems. Inklusionspädagogik engagiert sich für den bejahten und gewollten Einbezug aller Menschen in Bildungs- und Lebensgemeinschaften, in welchen jeder und jede bei aller Verschiedenheit als Partner geachtet ist. Sie versteht sich als neue – die Integrationspädagogik ablösende – Phase in der Entwicklung von der diffamierenden Aussonderung zur Zugehörigkeit und Anerkennung ausnahmslos aller, natürlich auch aller Menschen mit geistiger, schwer mehrfacher und psychischer Behinderung – wie auffällig und ungewöhnlich ihre Erscheinung und ihr Verhalten auch sein mag. Eine Umgestaltung der Schule zur *Schule für alle* gilt als Voraussetzung für ein Fortschreiten auf dem Weg zur inklusiven Gesellschaft.

Inklusionspädagogik glaubt an die Realisierbarkeit einer Vision von allgemein anerkannter Verschiedenheit und von Gerechtigkeit anderer Art, als mit dem aktuellen Postulat der Chancengerechtigkeit gemeint ist (Haeberlin, 2009). Die inklusionspädagogische Vision erfordert meines Erachtens zwingend eine Revision des traditionellen europäischen Bildungsbegriffs und generell ein grundsätzlich gewandeltes allgemeines Menschenbild (Haeberlin, 2010). Dies rückt besonders deutlich in unser Bewusstsein, wenn wir die Frage zu stellen wagen, was eigentlich Schule und Bildung für ein Kind mit schwerer und gar schwerster Mehrfachbehinderung sein können. Diese Kinder sind oft nicht in der Lage, verbale Sprache zu erwerben, zu verstehen und zu verwenden. Ebenso ist oft nicht an den Erwerb anderer in der Schule üblicherweise vermittelter Kulturtechniken zu denken. Zudem bleiben manche dieser Menschen für ihr ganzes Leben von intensivster Pflege und von Hilfe bei einfachsten Verrichtungen abhängig. Wenn auch diese Menschen allgemein als an Bildung teilhabefähig betrachtet werden sollen, dann muss sich der Bildungsbegriff von der europäischen Tradition elitärer Bildung völlig lösen. Im Unterschied zum seit Jahrtausenden üblichen Bildungsbegriff muss Bildung basal verstanden werden, wie es in der Tradition unserer Kultur bisher nicht üblich gewesen ist. Der veränderte basale Bildungsbegriff darf den Ausschluss keines einzigen Menschen zur Folge haben. Im Zentrum einer basal verstandenen Bildung sind Unterstützung und Reifenlassen von zwischenmenschlichen Beziehungen, welche jedes Kind, jeden Jugendlichen und jeden Erwachsenen zu bereichern vermögen. Wenn sich bei vielen Menschen – aber nicht bei allen – schulisch gefördertes kognitives Lernen, Sprache, kulturelles Tun sowie beruflicher und materieller Erfolg aufbauen, dann darf dies keinesfalls zum Bewertungskriterium für Gebildetsein und für wertvolleres Menschsein werden, wie es in unserer Kulturgeschichte immer wieder zu beobachten war und ist.

2 Traditionen „Gruppenbezogener Menschenfeindlichkeit" in unserer Kultur

Aktuelle Bildungs- und Kulturbenachteiligungen müssen im Rahmen größerer kulturhistorischer und gesellschaftlicher Zusammenhänge interpretiert werden. Bestimmte Menschengruppen waren immer wieder aufgrund von verbreiteten negativen Vorurteilen von Benachteiligungen betroffen oder gefährdet. Dabei war und ist immer wieder typisch, dass vordergründig sehr verschiedenartige Menschengruppen gleichzeitig davon betroffen waren und sind. Nur auf den ersten Blick sind negative Einstellungen gegenüber ImmigrantInnen etwas völlig anderes als Vorurteile gegenüber angeblich „nicht-bildbaren" Behinderten. Sie sind vielmehr Teile eines umfassenden Syndroms gesellschaftlicher Ausgrenzungen aufgrund eines Vorurteilssyndroms. Damit ist gemeint, dass Vorurteile gegenüber einer Menschengruppe nur *ein* Element eines Gesamtkomplexes von negativen Einstellungen gegenüber verschiedenen von Ausgrenzung bedrohten Menschengruppen sind. Heitmeyer (2006) verwendet dafür in seinem Langzeitforschungsprogramm zu Vorurteilen der Deutschen den Begriff „gruppenbezogene Menschenfeindlichkeit". Diese hat gemäß seinen empirischen Forschungen heute neun miteinander korrelierende Elemente. Er umschreibt die Elemente folgendermaßen:

(1) *Rassismus* umfasst jene Einstellungen und Verhaltensweisen, die Abwertungen auf der Grundlage einer konstruierten ‚natürlichen' Höherwertigkeit der Eigengruppe vornehmen.

(2) *Fremdenfeindlichkeit* ist auf als bedrohlich wahrgenommene kulturelle Differenzen und auf materielle Konkurrenz um knappe Ressourcen bezogen.
(3) *Antisemitismus* ist als feindselige Mentalität auf die jüdische Gruppe und ihre Symbole gerichtet.
(4) *Islamophobie* bezeichnet die Bedrohungsgefühle und die ablehnenden Einstellungen gegenüber der Gruppe der Muslime, ihrer Kultur und ihren öffentlich-politischen wie religiösen Aktivitäten.
(5) *Etabliertenvorrechte* umfassen die von Alteingesessenen, gleich welcher Herkunft, beanspruchten Vorrangstellungen, die gleiche Rechte vorenthalten und somit Gleichwertigkeit unterschiedlicher Gruppen verletzen.
(6) *Sexismus* betont die Unterschiede zwischen den Geschlechtern im Sinne einer Demonstration der Überlegenheit des Mannes und fixierter Rollenzuweisungen an Frauen.
(7) *Homophobie* bezeichnet feindselige Einstellungen gegenüber Homosexuellen aufgrund eines ‚normabweichenden' sexuellen Verhaltens und damit verbundenen Auftretens in der Öffentlichkeit.
(8) *Abwertung von Obdachlosen* zielt in feindseliger Absicht auf jene Menschen, die Normalitätsvorstellungen eines geregelten Lebens nicht nachkommen.
(9) *Abwertung von Behinderten* meint feindselige Einstellungen, die sich gegen die ‚Normalitätsabweichung' und den daraus angeblich abgeleiteten Unterstützungsforderungen ergeben.

Die negativen Einstellungen gegenüber auf den ersten Blick sehr unterschiedlichen Gruppen von Menschen treten in der Regel bei einer Person als zusammenhängender Einstellungskomplex auf. Deshalb wird der Begriff „Syndrom" verwendet. Im Folgenden werden einige geschichtliche Dimensionen dieses Syndroms skizziert. Dabei greife ich nur einige wenige Illustrationsbeispiele heraus. Umfassender und vollständiger habe ich den historischen Rückblick an anderer Stelle publiziert (Haeberlin, 2005).

2.1 Feindlichkeit gegenüber Sondergruppen in Antike und Mittelalter

Vor der alles verändernden Aufklärung waren bis zurück in die klassische Antike Ungleichheiten zwischen Menschen auf göttliches Wirken oder auf natürliche Höherwertigkeit bzw. Minderwertigkeit von Menschen zurückgeführt worden. In der griechischen Kultur war das Töten von behinderten und schwächlichen Neugeborenen selbstverständlich. Die Abwertung von Schwachen, Behinderten und Entstellten galt als gerecht und natürlich. Die Verherrlichung von Stärke, Tapferkeit und Schönheit gab allerdings Kriegsinvaliden die Sonderstellung von Helden. Dies hat sich bis in unsere Zeit fortgesetzt.

Nach der Christianisierung Europas galt bis in die beginnende Neuzeit die Lehre von der gottgegebenen und gottgewollten Ungleichheit der Menschen. Die Ungleichheit zwischen den Ständen war klar geordnet. Daneben gab es in der mittelalterlichen Stadtgesellschaft „Sondergruppen". Eine solche bildeten insbesondere die Juden. Sie genossen zu keiner Zeit die vollen Rechte ihrer Mitbürger, da ihr nichtchristlicher Glaube als unübersteigbare Barriere angesehen wurde. Juden waren nicht nur BürgerInnen zweiter Klasse. Sie waren auch Opfer zahlreicher Verfolgungen und Pogrome, besonders seit Einsetzen der Kreuzzugsbewegung. In einem ähnlichen Sinne bildeten Menschen mit Behinderungen und Entstellungen eine Sondergruppe, gegenüber welcher feste Barrieren bestanden und welche eigenartig abwertend betrachtet und behandelt wurde. So wurden beispielsweise Menschen mit Entstellungen auf Jahrmärkten als Schauobjekte ausgestellt. Menschen mit sichtbaren Entstellungen – z.B. buckligen Menschen – wurde eine darauf basierende Bösartigkeit zugeschrieben. Ein weit verbreiteter mittelalterlicher Glaube ging von der heute unverständlich diskriminierenden „Theorie" aus, dass behinderte Kinder vom Teufel im Mutterleib ausgewechselt worden wären. Aus dieser Sicht erhielten sie die Bezeichnung „Wechselbälge".

2.2 Ursprünge des europäischen Rassismus

Die in der Aufklärung aufkommende Wissenschaft von der Anthropologie hatte zum Ziel, die Stellung des Menschen in der Natur durch Beobachten, Messen und Vergleichen zwischen Menschen und Tiergruppen exakt zu bestimmen. Aber die Ergebnisse wurden in der Bewertung des Menschen „letztlich von der Ähnlichkeit mit der klassischen Schönheit und den klassischen Proportionen bestimmt" (Mosse, 2006, S. 29). Der an diesem Ideal gemessene Mensch war der Europäer. Andere Rassen wurden ihm untergeordnet. Robinson Crusoe, der Held im meistgelesenen Buch der Aufklärung, unterwirft sich den einer anderen Rasse angehörenden „Wilden". Dieser wird erst in Begleitung des Europäers zum vernünftigen Menschen. Damit deuten sich Anfänge von europäischem Rassismus an.

2.3 Ungleichheit und Menschenfeindlichkeit zu Beginn des 20. Jahrhunderts

Mit einem großen Zeitsprung zum Beginn des 20. Jahrhunderts übergehe ich viele Strömungen unserer Kulturgeschichte, die ebenfalls gruppenspezifische Menschenfeindlichkeiten gefördert haben (mehr dazu in Haeberlin, 2005). Das 20. Jahrhundert wurde symbolisch mit der Weltausstellung in Paris eingeleitet. Dort wurde eindrücklich technischer Fortschritt demonstriert, etwa verkörpert im ganz Paris überblickenden hohen Eiffelturm. Die Weltausstellung war eine Ansammlung von Symbolen für das Vertrauen der Moderne in den materiellen, technischen und sozialen Fortschritt.

Aber bei genauerem Hinschauen stellt man fest, dass vieles im Widerspruch zu dieser Aufbruchstimmung war. Armut und soziale Ungleichheiten waren nicht überwunden. Von besonders großer Dramatik war die Ausbeutung außereuropäischer Völker durch den Kolonialismus. Große Bevölkerungsgruppen waren überall auf der Welt vom Anspruch auf Bürgerrechte und auf Menschenwürde ausgeschlossen. In den USA zeigte sich ein auf die Schwarzen gerichteter Rassismus, der grausame Ausmaße hatte.

Man bedenke auch, dass einer der Hintergründe der großen Auswanderung von Europäern nach Amerika die starke und mit Gräueltaten verbundene Zunahme des Antisemitismus in mehreren Ländern war. Er gehört seit Jahrhunderten zu den schlimmsten und resistentesten Formen gruppenspezifischer Menschenfeindlichkeit. Insbesondere in Russland kam es zu grausamen Pogromen gegen Juden. Man bedenke auch, dass sich zur Jahrhundertwende ein im 18./19. Jahrhundert entstandener Nährboden für Rassismus und für Feindlichkeit gegenüber Andersartigen zunehmend verstärkte – nämlich ein gefährlich übersteigerter Nationalismus. Um die Wende vom 19. zum 20. Jahrhundert veränderten sich – zunächst insbesondere in den USA – die industrialisierten Arbeitsbedingungen sehr schnell. Am deutlichsten erkennbar wird der Taylorismus mit der Entwicklung zur stark veränderten Arbeit am Fließband in den damaligen Fordwerken. Er prägte die zunehmende Menschenfeindlichkeit des damaligen Kapitalismus. Der das Tun und Denken der Menschen prägende Produktions-Konsumations-Kreislauf verselbstständigte sich zusehends zum fast totalen Kapitalismus. Es kündigte sich damit eine neue Abwertung von Menschen an, die für den Produktionsprozess zu leistungsschwach und zu wenig anpassungsfähig sind oder zu geringe Konsumkraft haben. Dazu gehören auch Menschen mit Behinderungen.

2.4 Trends zur gruppenbezogenen Menschenfeindlichkeit im Laufe des 20. Jahrhunderts

Einerseits prägen erfolgreiche Emanzipationsbewegungen das 20. Jahrhundert. Andererseits verstärken sich aber auch Trends, welche gruppenbezogene Menschenfeindlichkeit bis heute auf sich immer wieder verändernde Art begünstigen. Auf einige dieser Trends gehe ich kurz ein.

Technisierung und Industrialisierung des Krieges: Im Ersten Weltkrieg wurde deutlich, welche neuen Mittel zum Vernichten und Quälen von Menschen die Industrialisierung des Krieges mit sich bringen sollte. Zu erinnern ist etwa an die Giftgaseinsätze. Ich brauche diese Entwicklungslinie von Menschenfeindlichkeit nicht weiter nachzuzeichnen. Sie ist uns allen gegenwärtig, beispielsweise fast täglich in Nachrichtensendungen im Fernsehen.

Kapitalismus und Massenproduktion: Die Mittel zur Produktivitäts- und Mehrwertsteigerung waren im frühen Kapitalismus starre Organisationsstrukturen, Betriebsbürokratien und Routinearbeit. Beim Umgang mit Arbeitskräften wurde oft gruppenspezifische Menschenfeindlichkeit, in den USA oft Rassismus, als Druckmittel eingesetzt. Das Ziel der gewinnorientierten Massenproduktion verlangte nach immer effizienteren Methoden der Herstellung von Produkten und damit nach einem schnelleren Arbeitstempo. Die Eingliederung von Leistungsschwachen und Behinderten wurde schwierig, ihre Entwertung zu Opfern gruppenspezifischer Menschenfeindlichkeit erneut begünstigt. Westeuropa erhielt nach der Zäsur durch den Zweiten Weltkrieg seinen ideologischen Zusammenhalt durch die Verbindung von unkritischem Pro-Amerikanismus und Anti-Kommunismus. Die amerikanische Konsumgesellschaft auf kapitalistischen Grundlagen wurde Leitbild für Westeuropa. Seine Kehrseite ist Feindlichkeit gegenüber Konsumbehindernden.

In den letzten Jahrzehnten des 20. Jahrhunderts hin in unser Jahrhundert vollzog sich ein Wandel vom traditionellen Kapitalismus zum „flexiblen Kapitalismus" (Sennett, 2006). Sichtbar wird die Flexibilität im Verlegen der Arbeitsplätze in Teile der Welt, wo die Produktionskosten billiger sind. Betriebe sind nun globalisierte Netzwerke. Arbeitnehmer müssen so flexibel sein, dass sie immer wieder an anderen Stellen des Netzwerkes einsetzbar sind. KonsumentInnen und ProduzentInnen müssen sich laufend an eine beschleunigte und globalisierte Produktion und Vermarktung anpassen. Gekoppelt daran ist die Abwertung von Menschen, welche der Flexibilisierung und Globalisierung nicht gewachsen sind. Das sind beispielsweise Menschen mit Behinderungen. Mit dem gewandelten Kapitalismus wird zunehmend eine neuartige Kluft zwischen Armen und Reichen sichtbar. Es gibt Anzeichen für einen gewandelten Umgang mit Ungleichheiten. Es deuten sich neue Trends zu gruppenspezifischen Menschenfeindlichkeiten an.

Staatskommunismus: Der Sieg des Kommunismus in Russland sollte mehr Gerechtigkeit bringen. Mit Pädagogik sollte für alle der Zugang in eine bessere Welt geebnet werden. In der kommunistischen Utopie wäre es eine Welt, in welcher sich Inklusion wie von selbst realisiert. Aber der Staatskommunismus verstrickte sich in Widersprüche: Staatszwang missachtete Freiheiten. Ein despotisches Regime erwies sich als Meister im Einsatz gruppenbezogener Menschenfeindlichkeit. So wurde der kommunistische Staatsapparat schließlich zum geschichtlichen Beleg dafür, dass sich die Menschheit durch staatlichen Zwang und durch kollektive Gewalt nicht moralisch verbessern lässt.

Menschenabwertung durch Feindbilder: In allen Ländern und in allen politischen Systemen werden immer wieder Feindbilder verbreitet. Sie sollen Menschengruppen entwerten. Das Selbstwertgefühl einer Nation, einer Ethnie oder einer Rasse wird dadurch aufgewertet. Im Ersten Weltkrieg findet man erstmals das Phänomen der Massenpropaganda. Sie wurde gezielt für Feindbildstrategien eingesetzt. In Filmen, Plakaten u.a. wurden pauschale Vorurteile über die Menschen in feindlichen Staaten verbreitet. Im kommunistischen Russland bzw. in der Sowjetunion gelangte die Feindbildstrategie besonders folgenreich im Stalinismus zur Anwendung. Im negativen Sinne sehr lehrreich ist die Verbreitung von und Indoktrination durch Feindbilder im nationalsozialistischen Deutschland. Diese basierten auf rassenhygienischen Theorien, die sich seit dem 18. Jahrhundert entwickelt hatten. Sie wurden geschickt manipulierend in Mythen verpackt. Negativ betroffen davon waren insbesondere die Juden, aber auch ZigeunerInnen, Homosexuelle, Schwachsinnige, Irre und Erbkranke. Das rassistische Feindbild der Nazis konnte bis heute nicht ausgerottet werden und kommt immer wieder zum Vorschein.

Menschenabwertung anhand von Idealbildern: Die Verbreitung von Bildern des idealen – meist schönen und erfolgreichen – Menschen wertet Menschen ab, die vom Idealbild stark abweichen. Häufig stehen Feindbilder in einem kontrastierenden Verhältnis zu Idealbildern. Beispielsweise war die Zugehörigkeit zur arischen Rasse das nationalsozialistische Idealbild. Der gesunde, schöne und kräftige Mensch mit arischem Erbgut wurde den entarteten und zu entwertenden Menschen entgegengestellt. Oft wird uns zu wenig bewusst, dass sich auch heute Entwertungsprozesse vor dem Hintergrund von Schönheits- und Gesundheitsidealen vollziehen. Man denke beispielsweise an die Zunahme von chirurgischen Eingriffen, die ausschließlich zur „Verschönerung" vorgenommen werden, ohne dass sie zur Heilung von Erkrankungen notwendig sind. Inzwischen haben sich zudem ganz neue Zukunftsbilder vom züchtbaren und klonbaren Wunschmenschen eröffnet. Sich laufend weiterentwickelnde biotechnische Möglichkeiten geben zunehmend Anlass zum Glauben an die Machbarkeit von Menschen in Anlehnung an Idealbilder.

3 Forschungsergebnisse zur schulischen Integration – zwiespältig

3.1 Behindertenrechtskonvention – alles klar?

Oft wird argumentiert, die Entscheidung für Integration sei mit der Unterzeichnung der Behindertenrechtskonvention gefallen. Aber zentrale Begriffe wie „Behinderte", „Diskriminierung" und „Integration" sind darin nicht geklärt. Es fehlt eine Unterscheidung zwischen einer *Behinderung als Anlass* und den vielen *anderen möglichen Auslösern zur Diskriminierung.* Die Sonderpädagogik findet so die Rechtfertigung für ihren ausufernden und bald grenzenlosen Behindertenbegriff. Er reicht von Kindern mit schwersten Schädigungen des Gehirns, der Bewegungsfähigkeit und der Sinnesorgane bis hin zu Kindern, die als Folge gesellschaftlicher Benachteiligung ihrer Familie als schulschwach gelten – heute insbesondere Kinder mit Immigrationshintergrund. Kinder mit bildungsbenachteiligendem Familienhintergrund werden von der Sonderpädagogik traditionell „Lernbehinderte" genannt, womit suggeriert wird, dass es sich um eine Behinderung durch mangelnde individuelle Begabung handelt und dass damit ihre Selektion in eine Sonderschule individualdiagnostisch begründet und chancengerecht ist. Früher waren in den Sonderschulen für Lernbehinderte zum großen Teil Kinder aus einheimischen Arbeiterfamilien; heute sind es vorwiegend Kinder aus Migrantenfamilien mit geringem Bezug zu unserer Bildungsmentalität. Dies trifft auf einen relativ großen Teil der Migrantenfamilien zu. Daneben gibt es eine neue Form der Zuwanderung von hochqualifizierten Führungskräften. SoziologInnen sprechen bereits von einem „Zerfall der Zuwanderung in Eliten- und Elendsmigration" (Butterwegge, 2010, S. 16). Trotz dieser durch die bildungssoziologische Forschung belegten Fakten hat die Sonderpädagogik bisher den Begriff „Lernbehinderte" nicht mit dem Begriff „gesellschaftlich Benachteiligte" ersetzt. Dies liegt vermutlich daran, dass sie sich nach wie vor als „Pädagogik der Behinderten" einen Sonderplatz im Bildungssystem sichern und von anderen Pädagogiken wie zum Beispiel der „Sozialpädagogik" abgrenzen will.

In Absatz 1 von Artikel 24 der Konvention (dem Artikel zur Bildung) wird Schulische Integration mit Chancengleichheit begründet. Wie aber hängen Integration und Chancengerechtigkeit eigentlich zusammen und wie unterscheiden sich die Begriffe in ihrer Bedeutung voneinander? (vgl. zu dieser Frage Haeberlin, 2009) Chancengleichheit bzw. Chancengerechtigkeit bedeutet in der aktuellen Bildungspolitik gerecht auf die Sozialschichten, die ethnischen Bevölkerungsgruppen und die Geschlechter, verteilter Zugang zu weiterführenden Schulen und Hochschulen sowie zu gesellschaftlich hoch bewerteten Berufen. Die Etikettierung der von Chancenungerechtigkeit betroffenen Kinder und Jugendlichen als „lernbehindert" hat über Jahrzehnte hinweg als Rechtfertigung der Sonderschulen für Lernbehinderte gedient. Ihre Abschaffung ist unter dem Aspekt der Chancengerechtigkeit unumgänglich. Dies hat allerdings wenig mit den Hoffnungen idealisierender Inklusionspädagogik auf eine neue humane Schule und Gesellschaft zu tun. Das bildungspolitische Chancengleichheitspostulat bejaht ja das Prinzip gesellschaftlicher Hierarchie und Ungleichheit. Es strebt Änderungen der Zugangsmechanismen zu den oberen Stufen der gesellschaftlichen Privilegierung an. Leistungsschwache und Erfolglose finden damit nicht *mehr* Achtung und Anerkennung als bisher.

3.2 Integrationsforschung als Forschung zur Chancenungerechtigkeit

Ein großer Teil der bisherigen Integrationsforschung ist in Wirklichkeit Forschung zur Chancenungerechtigkeit. Das trifft auch auf meine seit bald 30 Jahren geleiteten Forschungen zur schulischen Integration und Separation (Freiburger INTSEP-Forschungsprogramm) zu. Bereits Ende der 80er-Jahre stießen wir auf brisante Befunde (Haeberlin, et. al., 2003): Die Fortschritte der Schulleistungen von leistungsschwachen Schülern *in der Allgemeinen Schule* waren größer als die Fortschritte von *vergleichbar* schwachen Schülern *in Sonderschulen für Lernbehinderte.* Nach einigen Jahren stellten wir in bildungsstatistischen Analysen fest, dass sich die Sonderschulen für Lernbehinderte immer mehr von Schulen für sozial benachteiligte einheimische Arbeiterkinder zu Schulen für Immigrantenkinder zu verändern begonnen hatten (Kronig, et al., 2007). Wir entschlossen uns, unsere Forschungen stärker auf die Situation von Immigrantenkindern im gesamten Schulsystem zu fokussieren und damit die Grenzen der Sonderschulforschung zu sprengen (Eckhart, 2005; Haeberlin, et al., 2004). Die Immigrantenkinder erwiesen sich in unseren erweiterten Forschungen nicht nur bezüglich der Einweisung in Sonderschulen für Lernbehinderte, sondern auch bei der Selektion für die Sekundarstufe sowie nach Ende der Schulpflicht bei der Lehrstellenvergabe als sehr stark benachteiligt.

Solange sich Forschung auf Chancengerechtigkeit für gesellschaftlich Benachteiligte bezieht, muss sie ihren Schwerpunkt auf den Übertritt ins Berufs- und Erwachsenenleben legen. Einige wenige Befunde unserer auf diese Problemstellung erweiterten Forschungen: Selbst unter Kontrolle von Geschlecht, Nationalität, sozioökonomischem Status, Intelligenz und sprachlicher Schulleistung wirkt sich der Besuch einer Sonderschule für Lernbehinderte auf die Suche nach einer beruflichen Lehrstelle nachteilig aus (Haeberlin, et al., 2004; Imdorf, 2007; Kronig, et al., 2007; Riedo, 2000). Der Besuch einer Sonderschule für Lernbehinderte wirft bei vielen Betroffenen einen Schatten über die Schulzeit hinaus ins Erwachsenenalter. In der Regel bleiben ehemalige Sonderschülerinnen und -schüler aus gesellschaftlich benachteiligten Familien im unteren Ausbildungssegment oder arbeitslos. Am weitaus stärksten von den Ausschlussmechanismen betroffen sind heute Jugendliche aus Migrantenfamilien mit bildungsfernem Hintergrund. Bei gleichen Noten und Schulqualifikationen haben ausländische Jugendliche beiderlei Geschlechts, insbesondere jene der ersten Generation, im Vergleich zu einheimischen Jugendlichen die weitaus schlechteren bzw. praktisch keine Chancen, überhaupt irgendeine Lehrstelle zu erhalten (Kronig, et al., 2007). Mit unserer eben zu Ende gegangenen Längsschnittstudie „Die Bedeutung von schulischer Integration für die soziale und berufliche Situation im frühen Erwachsenenalter“ ist meines Erachtens endgültig belegt, dass Chancengerechtigkeit die Abschaffung der Sonderschulen für Lernbehinderte verlangt (Eckhart, 2011).

Allerdings ist mit im Auge zu behalten: Der Anteil an Arbeitsplätzen in der oberen Hälfte der Berufshierarchie wird sich nicht beliebig ausweiten. In Zukunft wird es keineswegs nur noch Aufsteiger und keine Absteiger mehr geben, sondern der Run auf hohe schulische und berufliche Chancen verschärft unsere gesellschaftliche Wettkampfrealität. Die mit Chancengerechtigkeit begründete schulische Integration kann nicht *mehr* als eine Umverteilung bringen. Wegen Schulschwäche im sozialen Umgang gemiedene Kinder und Jugendliche wird es weiterhin geben. Schule wird für diese keineswegs zum inklusiven Paradies auf Erden werden.

3.3 Verstärkter Trend zur Kultur der Leistungsstarken

Es drängen sich schwerwiegende Fragen auf: Wie wird die sich zuspitzende Wettkampfrealität im Bildungs- und im Berufswesen in Zukunft den Umgang mit schulschwachen Kindern und Jugendlichen und mit beruflich erfolglosen Erwachsenen prägen? In Schulen mit von oben verordneten und bürokratisch kontrollierten Integrationsmaßnahmen ist zurzeit immer wieder Bedenkliches zu beobachten: Viele Eltern von schulkonform funktionierenden Kindern sind schon ab der ersten Klasse auf den zukünftigen Wettkampf fixiert. Sie unterstützen und fördern die Entwertung von angeblich integrierten Schulschwachen. Auch im integrativ umorganisierten Schulsystem wissen die erfolgreichen Schüler bzw. deren Eltern vom ersten Schultag an, welches die Schulschwachen und Versager sind. So liegt die Befürchtung in der Luft, dass wir infolge der fatalen bildungspolitischen Vermischung von Integration mit Chancengleichheit unmerklich weiter in die Kultur der Leistungsstarken bzw. der im Bildungswesen oft aufgrund zufälliger Umstände Erfolgreichen (Kronig, 2007) abdriften. In einer solchen Kultur drohen Versagende verachtet und zu „Untermenschen" entwertet zu werden.

3.4 Die Integrationsrealität für geistig Behinderte und Mehrfachbehinderte

Für eine Begründung der schulischen Integration von Kindern und Jugendlichen mit geistiger Behinderung oder mit schweren Mehrfachbehinderungen ist Chancengerechtigkeit untauglich (Haeberlin, 2011). Dass für sie durch Integration „höhere" Berufs- und Bildungswege geöffnet werden, ist höchstens bei einer krassen Fehldiagnose denkbar. Sobald man die Situation dieser Menschen zu reflektieren beginnt, wird die Verbindung zwischen Integration und Chancengerechtigkeit desolat. Die Konvention spricht in Artikel 27 vom „gleichen Recht von Menschen mit Behinderungen auf Arbeit". Wir wissen allerdings aus Erfahrung, dass sich die Integration von Menschen mit geistiger Behinderung und schwerer Mehrfachbehinderung ins Arbeitsleben wesentlich von jener anderer Menschen unterscheidet. Sie erwartet im Erwachsenenalter eine von den nicht-behinderten Erwachsenen stark abweichende, große Abhängigkeit von besonderen Einrichtungen – z.B. von geschützten Werkstätten oder bei schweren Behinderungen von Institutionen mit großem Pflegepotenzial. Ich halte es unter der Vision einer inklusiven Gesellschaft für absolut notwendig, dass diese Einrichtungen gemeindenaher als bisher konzipiert werden. Aber auch wenn wir dies beispielsweise in Wohngemeinschaften innerhalb von normalen Wohnsiedlungen planen, bleibt für die Menschen mit einer geistigen Behinderung schwererer Art ein gewisses Maß an Separierung als Folge ihrer vergleichsweise sehr großen Abhängigkeit. Zur Frage, ob ihr Aufenthalt in Klassen der Allgemeinen Schule während der Grundschulzeit oder der gesamten Schulzeit eine gute Vorbereitung auf ihre unweigerlich gesonderte Situation im Erwachsenenalter ist, geben Forschungsergebnisse bisher kaum Antworten. Forschungen dazu sind sehr wünschenswert. Denn Berichte von betroffenen Eltern sind bedenkenswert und verlangen weitere Abklärungen. Sie erzählen nicht selten, wie ihr behindertes Kind anfänglich in Kindergarten und Grundschule glücklich war und dann etwa ab der dritten Klasse immer weniger zu Kindergeburtstagen u.a. eingeladen wurde. Irgendwann sei dann die Einsicht gekommen, dass ein Wechsel in eine Einrichtung für Menschen mit geistiger Behinderung Erleichterung durch Integration in eine Gemeinschaft von gleich Betroffenen bringen kann. Ähnliche Berichte von Eltern sind in der Forschung zu Kindern mit Hörschädigungen dokumentiert (Ludwig, 2009).

Fairerweise müsste den Eltern eines geistig behinderten Kindes von Anfang an deutlich gemacht werden, dass voraussichtlich ihr Kind auf Integration in eine Gemeinschaft von ähnlich Betroffenen angewiesen sein wird und in dieser Gemeinschaft am wahrscheinlichsten sein Glück in einer festen Partnerschaft finden wird. Für etliche Menschen mit Behinderungen kann die Integration in eine Gemeinschaft von ähnlich Betroffenen von zentraler Bedeutung für Lebenszufriedenheit sein. Dies sollte vermehrt im Diskurs über schulische und gesellschaftliche Integration von Menschen mit Behinderungen schwererer Art berücksichtigt werden. Die zentrale Fragestellung einer dem Problem angemessenen Integrationsforschung richtet sich dann nicht mehr auf die „Integrationsfähigkeit“ eines behinderten Individuums, sondern darauf, ob und wie die engere und weitere Umwelt der Nicht-Behinderten Akzeptanz und Integrationsbereitschaft für *Gemeinschaften* von behinderten Menschen schwererer Art zeigen.

4 Schlussbetrachtung

Ich habe versucht zu zeigen, dass unser Kultur- und Bildungsbegriff von nichtinklusiven Traditionen geprägt ist. Darin hat die Vorstellung von Chancengleichheit viel eher Platz als die grundlegende Veränderung in Richtung Inklusionsvision. Für einige gesellschaftlich benachteiligte Kinder und Jugendliche kann durch Integration in die Allgemeine Schule eine zu frühe begabungsunangemessene Weichenstellung verhindert werden. Romantisierende Hoffnungen, dass dies zu einem idealisierten verständnisvollen Zusammenleben der Versager mit den Erfolgreichen führen wird, werden sich kaum erfüllen. Dies ist so lange nicht zu erwarten, wie unser Kultur- und Bildungsbegriff durch Merkmale wie Leistungsstärke, Sprachgewalt, Erfolg und Streben nach gesellschaftlichem Prestige geprägt ist.

Bezüglich Integration von Kindern mit geistiger Behinderung, schweren Mehrfachbehinderungen mit Sinnesschädigungen und geringer bis fehlender Sprachfähigkeit ist jedoch ein grundlegendes Umdenken notwendig. Die Möglichkeiten dieser Kinder zu schulischen Leistungen und Erfolgen sind vergleichsweise extrem gering. Sie werden von den erfolgreichen Schülern und von deren Eltern wegen ihres Schicksals bedauert und meist eher mitleidig geduldet. Ob das ausreicht, um die Akzeptanz der Behinderten im Erwachsenenalter zu erhöhen, ist ungewiss. Der Weg *zur Vision einer für alle Menschen integrationsbereiten und -fähigen Schule und Gesellschaft* ist durch unseren elitären Bildungsbegriff versperrt. Erst wenn dieser einem basalen Verständnis von Bildung weichen würde, könnten sich die Schulen im Sinne eines pädagogisch-ethischen Verständnisses in Richtung Inklusion verändern. Immer wieder hat sich in der Geschichte Europas gezeigt, dass die Bindung von Bildung an Lautsprache, Kulturtechniken, kulturelle Wertungen und gesellschaftliches Ansehen angeblich „ungebildete" und „nicht bildbare" Menschen entwertet. Die Vision einer inklusiven pädagogischen Gemeinschaft in einer Schule bleibt trotz Integrationsgeschäftigkeit und nach „In-Sein" schielendem Inklusionsgeschwätz von unserer Kulturtradition vielfältig gefährdet. Inklusive Bildung hat ein anderes Gesicht als diese Kultur. Die Kluft zwischen unserer traditionsmächtigen Kultur und einer für die Zukunft zu erhoffenden Inklusionskultur ist gewaltig und ihre Überwindbarkeit ungewiss. Ich gebe zu: Es ist schwierig, die Kluft zwischen Realitäten und Visionen gelassen zu ertragen. Aber wir dürfen gleichwohl nicht übersehen, dass es die Kluft gibt.

Literaturverzeichnis

Butterwegge, C. (2010). Deprivation und Desintegration – die Schattenseiten des Risikokapitalismus: Arbeitslosigkeit, Armut und soziale Ausgrenzung im Zeichen der Globalisierung. In H. Weiß, U. Stinkes & A. Fries (Hrsg.), *Prüfstand der Gesellschaft: Behinderung und Benachteiligung als soziale Herausforderung* (S. 9-32). Würzburg: Edition von freisleben.

Eckhart, M. (2005). Anerkennung und Ablehnung in Schulklassen: Einstellungen und Beziehungen von Schweizer Kindern und Immigrantenkindern. Bern: Haupt.

Eckhart, M., Haeberlin, U., Sahli Lozano, C. & Blanc, P. (2011). Langzeitwirkungen der schulischen Integration: Eine empirische Studie zur Bedeutung von Integrationserfahrungen in der Schulzeit für die soziale und berufliche Situation im jungen Erwachsenenalter. Bern: Haupt.

Haeberlin, U. (2005). Grundlagen der Heilpädagogik: Einführung in eine wertgeleitete erziehungswissenschaftliche Disziplin. Bern/Stuttgart/Wien: Haupt.

Haeberlin, U. (2009). Verträgt sich Chancengleichheit mit Integration? *VHN 79*, 2–7.

Haeberlin, U. (2010). *Das Menschenbild für die Heilpädagogik* (6. Aufl.). Bern: Haupt.

Haeberlin, U. (2011). Behinderte integrieren – alles klar? *VHN 81*, 278–283.

Haeberlin, U., Bless, G., Moser, U. & Klaghofer, R. (2003). *Die Integration von Lernbehinderten: Versuche, Theorien, Forschungen, Enttäuschungen, Hoffnungen* (4. Aufl.). Bern: Haupt.

Haeberlin, U., Kronig, W. & Imdorf, C. (2004). *Von der Schule in die Berufslehre: Untersuchungen zur Benachteiligung von ausländischen und von weiblichen Jugendlichen bei der Lehrstellensuche.* Bern: Haupt.

Heitmeyer, W. (2006). Gruppenbezogene Menschenfeindlichkeit: Gesellschaftliche Zustände und Reaktionen in der Bevölkerung aus 2002 bis 2005. In W. Heitmeyer (Hrsg.), *Deutsche Zustände: Folge 4* (S. 15–38). Franfurt a.M.: Suhrkamp.

Imdorf, C. (2007). Die Bedeutung sonderpädagogischer Bildungstitel bei der Lehrstellenvergabe in KMU. *VHN 76*, 165–167.

Kronig, W., Haeberlin U. & Eckhart, M. (2007). *Immigrantenkinder und schulische Selektion: Pädagogische Visionen, theoretische Erklärungen und empirische Untersuchungen zur Wirkung integrierender und separierender Schulformen in den Grundschuljahren* (3. Aufl.). Bern: Haupt.

Kronig, W. (2007). *Die systematische Zufälligkeit des Bildungserfolgs: Theoretische Erklärungen und empirische Untersuchungen zur Lernentwicklung und zur Leistungsbewertung in unterschiedlichen Schulklassen.* Bern: Haupt.

Ludwig, K. (2009). Eltern und Integration – Erfahrungen und Erwartungen. In A. Leonhardt (Hrsg.), *Hörgeschädigte Schüler in der Allgemeinen Schule: Theorie und Praxis der Integration* (S. 148-170). Stuttgart: Kohlhammer.

Mosse, G. L. (2006*). Die Geschichte des Rassismus in Europa. Frankfurt a. M.: S. Fischer. Riedo, D. (2000). „Ich war früher ein sehr schlechter Schüler...": Schule, Beruf und Ausbildungswege aus der Sicht ehemals schulleistungsschwacher junger Erwachsener.* Bern: Haupt.

Sennett, R. (2006). *Der flexible Mensch: Die Kultur des neuen Kapitalismus.* Berlin: Berliner Taschenbuch Verlag.

Behinderungsbegriffe und Klassifikationen unter Berücksichtigung kultureller und gesellschaftlicher Aspekte

Gottfried Biewer

Die UN-Behindertenrechtskonvention (United Nations, 2007), die im Zentrum dieses Buches steht, trägt den Behinderungsbegriff bereits im Namen. Was unter Behinderung zu fassen ist, klärt sie aber nicht. Sie gibt lediglich Hinweise, dass sich das Verständnis von Behinderung weiterentwickle und es Barrieren gäbe, die Menschen an der gleichberechtigten Teilhabe an der Gesellschaft hinderten. Mit fehlenden Festlegungen vermeidet die Behindertenrechtskonvention eine Stellungnahme in einer ganz zentralen Frage: Welches sind die Adressaten/innen der Konvention? Sie vermeidet aber auch einen Konflikt, der zweifellos entstehen würde, wenn in einem Dokument mit globalem Anspruch eine Festlegung gemacht werden müsste, die hoch umstritten ist.
Der Titel des vorliegenden Beitrages umfasst drei komplexe und gleichzeitig äußerst unterschiedlich gefasste Konzepte: *Behinderung, Kultur* und *Gesellschaft*. Dadurch, dass diese zusätzlich noch in ein Verhältnis zueinander gesetzt werden, wird die Sache noch komplizierter.

Ich möchte nachfolgend versuchen, etwas mehr Klarheit in diese Zusammenhänge zu bringen, kann aber gleichzeitig schon sagen, dass ich keine abschließende und gültige Lösung präsentieren kann, wohl aber einen vorläufigen Versuch der Definition von Behinderung, mit dem in unserem Fachgebiet gearbeitet werden könnte. Wir haben es hier mit basalen Fragestellungen zu tun, die auch im Rahmen einer Grundlagenforschung bearbeitet werden sollten. Ein solches Projekt der Universität Wien, das sich mit der Klassifikation von Behinderungen unter gesellschaftlichen und kulturellen Aspekten beschäftigt und dazu in sehr unterschiedlichen Gesellschaften und Kulturen Daten erhebt, möchte ich Ihnen in diesem Beitrag auch vorstellen.

Es sind im Wesentlichen zwei Aspekte, die am Ende dieses Beitrages stehen sollen: Zum einen möchte ich den Behinderungsbegriff i.S. der UN-Konvention (UN-BRK) vorläufig in einer Form definieren, dass wir ihn in fachlichen Zusammenhängen unseres Fachgebietes verwenden können. Zum zweiten möchte ich fragen, wo die Schnittmenge zwischen den Adressaten einer Inklusiven Pädagogik, welche §24 der UN-BRK auch nennt, und den Zielgruppen der Konvention liegt.

1 Was ist Kultur?

Das Thema des Buchbeitrages verlangt eine nähere Bestimmung dessen, was Kultur und was Gesellschaft ist. Definitionen hierzu gibt es in großer Zahl, selbst Wissenschaften haben sich um diese beiden Begriffe entwickelt. So sieht Ethnologie Kultur als ihr zentrales Thema, Gesellschaft ist der zentrale Gegenstand der Soziologie. Es wäre sicherlich kein Problem, ein ganzes Semester mit der Diskussion der unterschiedlichen begrifflichen Festlegungen zu verbringen. Dies hilft aber wenig weiter, wenn ich den Kulturbegriff für weitere Überlegungen verwenden möchte. Ich benötige hier klare Festlegungen. Dass die Definition von Kultur kein leichtes Unterfangen ist, hat bereits der amerikanische Kulturanthropologe Clifford Geertz vor Jahrzehnten ausgedrückt, als er schrieb, die Untersuchung der Kultur sei keine experimentelle Wissenschaft, die nach Gesetzen, sondern eine interpretierende, die nach Bedeutungen suche. Sie sei ihrem Wesen nach unvollständig, und je tiefer sie gehe umso unvollständiger werde sie (Geertz, 1995). Für Wissenschafter/innen ist es nicht unbedingt ermutigend zu hören, dass der Versuch, unser Wissen zu erweitern, nur dazu führe, dass es noch unvollständiger werde. Clifford Geertz Botschaft wird aber klar: Wir dürfen weder erwarten, dass Forschungen zur Kultur begriffliche Klarheiten bringen, noch dass sie offene Fragen abschließend lösen. Es ist vielmehr so, dass wir uns auf ein spannendes Feld einlassen, das mit zunehmender Forschungstätigkeit immer neue Fragen produziert.

Im Sinne eines Arbeitsbegriffs möchte ich mich für den sozialphänomenologischen Kulturbegriff von Wolfgang Nieke entscheiden, den dieser in seiner Habilitationsschrift zur Interkulturellen Erziehung entwickelt hat. Er ist entstanden aus der erziehungswissenschaftlichen Forschung und ist brauchbar insbesondere für qualitative Untersuchungsvorhaben. Nieke schreibt kurz und bündig: „Kultur ist die Gesamtheit der kollektiven Deutungsmuster einer Lebenswelt (einschließlich materieller Manifestationen)" (Nieke, 2008, S. 50). Unter Lebenswelt versteht Nieke in der Tradition von Schütz/Luckmann „die Gesamtheit der fraglosen Gewißheiten des Alltags bei der Orientierung in der physischen und sozialen Umwelt" (ebd., S. 50). Den Begriff „Deutungsmuster" verwendet er entsprechend dem Begriffsgebrauch in Habermas Theorie kommunikativen Handelns zur Bezeichnung des überlieferten und sprachlich organisierten Vorrats an Deutungen von Handlungen (ebd., S. 51).

Wir halten fest: Kultur ist das Selbstverständliche, dem wir kaum entfliehen können, weil wir selbst nicht in der Lage sind, es zu hinterfragen. Wahrnehmbar wird Kultur primär mit dem Blick auf das Andere.

2 Was ist Gesellschaft?

Beim Gesellschaftsbegriff haben wir es keinesfalls mit weniger unterscheidbaren oder auch konkurrierenden Definitionen zu tun. Gesellschaft kann auf einer sehr allgemeinen Ebene als das Zusammenwirken der Menschen in Lebensräumen betrachtet werden, die über Kontakte Beziehungen ermöglichen, welche sich institutionalisieren. Die Grenzen von Gesellschaften wurden in der Vergangenheit häufig mit denen von Staaten assoziiert, eine Sichtweise, die heute durch Globalisierungsprozesse zumindest teilweise aufgelöst wird.

Vergleiche von Gesellschaften wurden in der Vergangenheit häufig unter der Dominanz ökonomischer Indikatoren vorgenommen. So ist das Bruttosozialprodukt immer noch ein gern gesehenes ökonomisches Kriterium, um die Entwicklung von Staaten und damit auch Gesellschaften zu vergleichen. Seine fehlende Erklärungsmacht, insbesondere unter den Bedingungen sozialer Ungleichheit, ist aber schon vielfach nachgewiesen worden. So treten mittlerweile andere Modelle in den Vordergrund, die ein breiteres Spektrum von Faktoren in den Blick nehmen, denen es auch eher gelingt, die Lebensqualität von Menschen, auch von marginalisierten und behinderten Gesellschaftsmitgliedern in den Blick zu nehmen. Der Human Development Index (HDI) des UN-Entwicklungsprogramms (UNDP, 2011) ist ein solches Instrument, das eine breite Palette von Faktoren im Visier hat. Der HDI umfasst neben dem Einkommen eine Reihe weiterer Faktoren wie die Lebenserwartung des Menschen, Bildungsgrad, Gesundheit und Ernährung.

Der Gesellschaftsbegriff, der für das Verständnis globaler Entwicklungen dienlich ist, liegt sehr nahe am Kulturbegriff des Neo-Institutionalismus (Meyer, 2005). Mit dem Begriff der Weltgesellschaft erfolgt ein Abrücken von einem kleinräumlichen Blick hin zu globalen Entwicklungen. Gleichzeitig müssen aber auch die Spannungen gesehen werden, wenn bestehende gesellschaftliche Verhältnisse an Normen gemessen werden, die mit globalem Geltungsanspruch daherkommen. Die UN-Behindertenrechtskonvention ist hier ein aktuelles Beispiel.

Die Untersuchung gesellschaftlicher Aspekte von Behinderung hat somit zwei Dimensionen. Sie zielt einerseits auf Merkmale, die Nationalstaaten voneinander unterscheiden. Andererseits anerkennt sie das Vordringen westlicher Prinzipien, welche auch für die Bildungssysteme globale Normierungen vornehmen, und sie einander angleichen. Im Sinne des World-Polity-Ansatzes von John W. Meyer (Meyer, 2005) kann die UN-Behindertenrechtskonvention als ein Dokument betrachtet werden, das Normen und Werte mit einem globalen Geltungsanspruch präsentiert und von den Staaten erwartet, dass diese sie umsetzen.

3 Was ist Behinderung?

Was Behinderung ist, kann ich nicht klären, ohne den Bezugspunkt zu nennen. Im Alltag gibt es Vorstellungen von Behinderungen, die mit feststellbaren organischen Faktoren verbunden sind. Über die Sichtbarkeit nach außen wird Behinderung manifestiert. Aber auch gesellschaftliche Systeme, wie z.B. Wissenschaft, versuchen, Behinderung zu definieren. Wenn ich von der Bildungswissenschaft ausgehe, kläre ich, was Behinderung bezüglich Bildungsprozessen und Bildungsinstitutionen bedeutet. Weitere gesellschaftliche und kulturelle Systeme, die Behinderung definieren, wären z.B. das Sozialsystem, der Arbeitsmarkt, das Gesundheitswesen oder eine Religion. Es ist keine Frage, dass sich von den dort geltenden Leitprinzipien Behinderung sehr unterschiedlich definieren lässt. Die Menschenrechtsperspektive der BRK problematisiert einige der bisherigen fachlichen wie alltäglichen Zugänge.

Die OECD hat vor einigen Jahren von dem Begriff der „special educational needs" Abschied genommen und ihn durch eine differenziertere Unterteilung ersetzt (OECD, 2005). Sie unterscheidet jetzt zwischen Schüler/innen mit organisch bedingten Behinderungen (Kategorie A), mit Lern- und Verhaltensstörungen (Kategorie B) und mit Benachteiligungen aufgrund des sprachlichen und sozialen Hintergrundes (Kategorie C). Wenn wir diese Systematik traditionellen sonderpädagogischen Fachrichtungen des deutschsprachigen Raumes zuordnen, wären mit Kategorie A Schüler/innen mit Seh- und Hörbeeinträchtigungen sowie körperlicher und/oder geistiger Behinderung gemeint. Kategorie B würde die Gruppen der Schüler/innen mit Lernbehinderungen und/oder Verhaltensstörungen umfassen. Kategorie C wäre eine solche, die unter systematischen Aspekten eher nicht als sonderpädagogische Adressatengruppe zu betrachten wäre, die wir aber trotzdem häufig in Sonderschulen finden.

Im Jahre 2001 beschloss die WHO die „International Classification of Functioning, Disability and Health", abgekürzt ICF, die zwar aus medizinischen Ursprüngen entstand, aber die klassische Sicht der Medizin auf Behinderung hinter sich ließ (WHO, 2001). Die ICF klassifiziert nicht Menschen, sondern Situationen. Die Lebenssituation jedes Menschen, nicht nur des behinderten, kann in der ICF unter den Aspekten von Schädigung, Aktivität und Teilhabe betrachtet werden. Ihr Ausmaß wird klassifiziert über den Umfang der Schädigung physischer und mentaler Strukturen (impairment), die Einschränkungen der Handlungsfähigkeit (activity limitation) und die Begrenzung der Teilhabe an Lebensbereichen (participation restriction). Die UN-Behindertenrechtskonvention orientiert sich ebenfalls an der ICF, wenn es im Abschnitt f der Präambel heißt, dass Behinderung aus der Wechselwirkung zwischen Menschen mit Beeinträchtigungen und einstellungs- und umweltbedingten Barrieren entstehe, die sie an der vollen und gleichberechtigten Teilhabe an der Gesellschaft hindere (United Nations, 2007).

4 Grundlagenforschung zu Kultur, Gesellschaft, Behinderung und Bildung

Ich möchte nachfolgend ein breites und komplexes Projekt im Bereich der Grundlagenforschung vorstellen, das wir gegenwärtig an der Universität Wien durchführen. Das Projekt „Classifications of disabilities in the field of education in different societal and cultural contexts“ wird vom österreichischen Wissenschaftsfonds (FWF) finanziert und hat eine Laufzeit von fünf Jahren (Einzelprojekt Nummer P22178, Dauer: 1.2.2010 – 31.1.2015). Die Forschungen nutzen die ICF als Sprache, die uns eine Annäherung an grundlegende Problemstellungen im Verhältnis von Kultur, Gesellschaft, Bildung und Behinderung ermöglicht.

Im Projekt arbeitet das Wiener Team mit der Srinakharinwirot University Bangkok und der Addis Ababa University zusammen, die uns bei der Durchführung unterstützen und deren Mitarbeiter/innen gemeinsam mit dem Wiener Personal teilweise recht viel Zeit in die Datenerhebungen und Bearbeitungen investieren.

Ich empfehle, dass Sie sich die Website anschauen (http://classifications-of-disabilities.univie.ac.at/). Sie enthält eine Dokumentation der laufenden Projektaktivitäten, darüber hinaus aber auch zahlreiche Links zu Bildung und Behinderung in Österreich, Thailand und Äthiopien, aber auch zur ICF und deren Kinder- und Jugendversion ICF-CY.

Welches waren die Gründe, die zu dieser Länderauswahl geführt haben? Es wurden einerseits Länder gewählt, die eine eigene jahrhundertealte eigenständige Kultur haben und sich deutlich unterscheiden. Gleichzeitig sollen sie nicht durch den Kolonialismus geprägt sein, weder als Kolonialmächte noch als Kolonisierte. Dies trifft auf alle drei Länder zu. Auch Äthiopien gehört zu den wenigen afrikanischen Ländern, die nie kolonisiert wurden. Die Nachwirkungen einer mehrjährigen Besetzung durch das faschistische Italien kann in diesem Zusammenhang vernachlässigt werden.

Ein weiteres Merkmal war der Grad der gesellschaftlichen Entwicklung. Wir haben uns dabei am Human Development Index des Entwicklungsprogramms der Vereinten Nationen orientiert. Mit Österreich haben wir ein hoch entwickeltes Land, mit Thailand ein Schwellenland und mit Äthiopien ein Entwicklungsland. Mit der Beschränkung auf Wien, Bangkok und Addis Abeba haben wir jeweils das kulturelle, wirtschaftliche und politische Zentrum des jeweiligen Landes herausgesucht. Wir haben eine Mainstream-Kultur in allen drei Städten, die aber in Veränderung begriffen ist, durch massive interne wie externe Migrationsprozesse. Mit Deutsch, Thai und Amharisch haben wir dominierende Sprachen, allerdings breite Teile der Bevölkerung mit einer anderen Muttersprache. Soziale Ungleichheit ist ebenfalls im Bildungswesen festzustellen, mit allerdings sehr unterschiedlicher geschichtlicher Genese und gegenwärtig vorhandenen Rahmenbedingungen.

Worum geht es in diesem Projekt? Das Forschungsvorhaben benutzt die ICF als Werkzeug für die Bildungsforschung, möchte diese Klassifikation aber selbst gleichzeitig einem kritischen Blick in Bezug auf ihre Einsetzbarkeit in verschiedensten Kulturen und Gesellschaften hin unterwerfen. Darüber hinaus möchte das Projekt die Forschungsmethodik zur Befragung von Kindern mit Behinderung weiterentwickeln – mit einem besonderen Blick auf kulturell angepasste Verfahren. Ausgangspunkt ist die Liste der Umweltfaktoren in der ICF, die sich förderlich oder als Barrieren auf die Teilhaben und die Aktivität von Kindern mit Behinderung auswirken können.

Die zentrale Fragestellung der Arbeit lautet laut Antrag: Welche Umweltfaktoren fördern oder beschränken Aktivität und Teilhabe von Kindern mit Behinderung im Bildungswesen in unterschiedlichen gesellschaftlichen und kulturellen Kontexten? Daraus abgeleitet, haben wir noch die beiden folgenden Fragestellungen formuliert: Welche Barrieren und Förderfaktoren können im Bildungswesen identifiziert werden? In welcher Weise beziehen sich diese Barrieren und Förderfaktoren auf Kultur und/oder Gesellschaft?

Die Untersuchung bezieht sich auf Kinder mit Behinderungen im schulpflichtigen Alter zwischen 8 und 12 Jahren, die eine Bildungseinrichtung besuchen. Die Kinder wurden aufgrund organisch bedingter Sinnesschädigungen, motorischer und intellektueller Beeinträchtigungen als behindert klassifiziert. Im Sinne der Unterteilung der OECD handelt es sich ausschließlich um Kinder, die der Kategorie A zugeordnet wären. Dabei wurde eine in etwa gleichmäßige Verteilung in hörbeeinträchtigte, sehbeeinträchtigte, körperlich und intellektuell beeinträchtigte Kinder angestrebt. In den Schulen wurden jeweils Fälle gewählt, die aus einem Kind, einem dazugehörigen Elternteil und einer Lehrkraft bestanden. In der ersten Erhebungsphase im Herbst 2010 wurden alle Kinder in die Befragungen mit einbezogen. Bei gehörlosen Kindern geschah dies auch durch Einsatz von Gebärdensprachdolmetscher/innen. Für intellektuell beeinträchtigte Kinder wurden z.T. zusätzliche Kommunikationshilfen wie Bildkarten verwendet bzw. andere angepasste Verfahren erprobt oder entwickelt.

Vergleichbare Studien existieren bisher nicht. Es gibt zwar internationale Studien aus der Entwicklungsphase der ICF, die auch in Entwicklungsländern stattfanden. Es ging hier aber im Wesentlichen um Erprobungsstudien von Item-Listen der ICF mit einem starken Anwendungsbezug. Grundlagenforschung mit der hier anvisierten konzeptionellen Breite stellt eine Ausnahme im gegenwärtigen Forschungsbetrieb dar. Die Studie verfolgt einen Mixed-Methods-Ansatz (Creswell & Plano Clark, 2007), d.h. wir arbeiten bei den empirischen Erhebungen qualitativ wie auch quantitativ. Der Schwerpunkt liegt aber auf dem qualitativen Datenmaterial. Ergänzt werden die eigenen Daten um Dokumente des Schulsystems, die ebenfalls aufgearbeitet werden sollen.

Kinder, Eltern und Lehrkräfte werden interviewt. Für Lehrkräfte und Expert/innen des Bildungswesens verwenden wir Leitfadeninterviews, für Eltern narrative Interviews. In der ersten Erhebungsphase fanden insgesamt 43 Interviews in Wien, 76 in Addis Abeba und 90 in Bangkok statt.

Quantitative Daten werden in 2 Phasen erhoben. Die Fragebögen wurden in Deutsch und Englisch entwickelt und danach ins Amharische und in Thai übersetzt, sodass wir in allen Ländern dieselben Fragen stellen konnten. Die erste Phase fand im Herbst 2010 statt. Die ca. 120 Fragebögen pro Land zur Erhebung der quantitativen Daten, richteten sich an Eltern und Lehrkräfte. Inhaltlich orientierte sich die erste Phase an der Breite der Umweltfaktoren der ICF. Für die zweite Erhebungsphase, bei der qualitative und quantitative Daten in zwei getrennten Sequenzen zwischen Oktober 2011 und Juli 2012 erhoben werden, ist nur noch die Hälfte der Datenmengen anvisiert. Die Bearbeitung des qualitativen Datenmaterials orientiert sich an methodischen Vorschlägen der Grounded Theory (Bryant & Charmaz, 2007). Zur computergestützten qualitativen Datenanalyse verwendet das Projekt die Software ATLAS.ti.

5 Erfahrungen aus den laufenden Forschungsarbeiten

Die nachfolgenden Ausführungen wage ich gar nicht als Zwischenergebnisse zu bezeichnen, allenfalls als Werkstattbericht. Ich möchte mit einigen Bemerkungen zum Forschungsprozess selbst beginnen, die vielleicht unfreiwillig viel über den zu untersuchenden Gegenstand aussagen. Das Datenmaterial wird in vier Sprachen erhoben und analysiert: in Englisch, Deutsch, Thai und Amharisch. Dies stellt sich aktuell als große Herausforderung dar. Dass bereits so ähnliche Sprachen wie Englisch und Deutsch in Fachbegriffen große Unterschiede aufzeigen, ist bekannt und nicht selten Gegenstand von Kontroversen, denken Sie nur an die Diskussion über die Übertragung der UN-BRK ins Deutsche, die ja bekanntlich zu einer sogenannten „Schattenübersetzung" geführt hat, neben der offiziellen. Thai als eine Sprache, die keine Satzzeichen kennt und völlig anders strukturiert ist als indogermanische Sprachen, stellt für die vergleichende Forschung eine riesige Herausforderung dar. Darüber hinaus sind für uns selbstverständliche Begriffe, die sich z.B. in der ICF finden, wie z.B. der Begriff der „Werte" nicht übersetzbar, da die entsprechenden Vorstellungen kulturell nicht gegeben sind. Auch dies herauszufinden, erfordert Kooperationspartner/innen, die mit beiden Sprachen wie auch Kulturen, den westlichen wie den östlichen, vertraut sind.

Aber auch der Forschungsprozess mit asiatischen und afrikanischen Wissenschafter/innen, die ihre Ausbildung an europäischen oder amerikanischen Universitäten erhalten hatten, blieb von Missverständnissen nicht verschont.

Bei der Konzipierung der Fragebögen wurde auch mit dem Mittel der Rückübersetzung gearbeitet. Was von der Wiener Forschergruppe als ein Mittel der Validierung betrachtet wurde, das in der vergleichenden Forschung zum methodischen Standardrepertoire gehört, wurde als Misstrauen gegenüber den translatorischen Fähigkeiten unserer Kooperationspartner gedeutet. Hier war ein gegenseitiger Lernprozess nötig, aber auch möglich.

Aber auch die Datenerhebungen vor Ort liefen anders ab als erwartet. Als schwierig wurde von uns vorab die Datenerhebung in Thailand und Äthiopien eingeschätzt, als einfacher die in Wien, da wir uns hier ja in vertrauter Umgebung bewegen konnten. Der tatsächliche Verlauf der Datenerhebungen im Herbst 2010 belehrte uns eines Besseren. Tatsächlich war es relativ leicht, die Fallzahlen in Äthiopien und Thailand zusammenzubekommen, größere Schwierigkeiten bereitete es, in Wien die erhofften Konstellationen von Kind, Lehrkraft und Elternteilen zusammenzustellen. Während Eltern in Wien eher Zurückhaltung gegenüber Interviews zeigten, hatten wir in Bangkok die gegenteilige Situation, dass Eltern die Gespräche wünschten. Auch das war eine Erfahrung, die wir in einer Kultur, die eher im Ruf steht, Gefühle und die tatsächlichen Verhältnisse gegenüber Fremden zu verbergen, also sprichwörtlich „das Gesicht zu wahren", nicht erwarteten.

Die Erhebung quantitativer Daten war in Bangkok relativ einfach. In Addis Abeba waren wir mit dem Problem konfrontiert, dass die meisten Eltern Analphabeten waren. Dies konnte durch das Vorlesen der Bögen gelöst werden. Mangelhafte Deutschkenntnisse vieler Wiener Eltern führten zu schwachen Rücklaufquoten. Daher wurde für die zweite Erhebungsphase die Übersetzung der Fragebögen auch in Serbokroatisch und Türkisch anvisiert.

Auch das Datenmaterial an sich liefert eine Fülle von Auffälligkeiten, die gegenwärtig allenfalls ansatzweise erklärt werden können. Eine Einordnung auf der Ebene der Theorie wird erst zu einem späteren Zeitpunkt des Projektverlaufs möglich sein. Dies lässt sich am Beispiel des Verhältnisses von Lehrkräften und Eltern zeigen. Während thailändische Eltern auch physisch in den Schulen präsent sind, die Kinder auch pflegerisch dort unterstützen, und dies auf beiden Seiten positiv gewertet wurde, war dies in den österreichischen Schulen nirgends der Fall. Stattdessen waren Elternkontakte, wie übrigens auch in Äthiopien, eher in formalen Konstellationen wie Sprechtagen oder individuell vereinbarten Terminen angesiedelt. Die Liste der erzählenswerten Begebenheiten ließe sich um ein Vielfaches fortsetzen. Leider gehen viele Arbeiten auch der vergleichenden Sonderpädagogik nicht über dieses Niveau hinaus und erreichen nicht den Level einer wissenschaftlichen Theorie. Auch das ist ein Grund, warum ich hier und jetzt noch nicht von Zwischenergebnissen sprechen kann, sondern nur von Werkstattberichten.

Ein Punkt, der bei Forschungen in einem Entwicklungsland keinesfalls außer Acht bleiben darf, sind die Lebensbedingungen der Familien, die in Äthiopien in den in die Untersuchung einbezogenen Schulen zumeist durch Armutslagen geprägt waren. Dies sagt allerdings wenig aus über die sozialen Ressourcen, die den Kindern zur Verfügung stehen, oder auf die sie verzichten müssen.

6 Der Capabilities-Approach als komplementäre Perspektive

Insbesondere die Erfahrungen mit der Situation in Äthiopien führten uns im Projekt zu einem weiteren theoretischen Zugang, von dem wir uns für die weiteren Forschungsarbeiten viel versprechen. Es handelt sich um den Capabilities Approach, der von dem Wirtschaftswissenschafter Amartya Sen und der Philosophin Martha Nussbaum begründet wurde (Sen, 2010; Nussbaum, 2011). Obwohl er in unserem Forschungs-Antrag nirgends erwähnt wurde, haben wir im Projekt-Team gemerkt, dass er für die Entwicklungsforschung ein brauchbarer Zugang ist und uns auch Anregungen für die weitere Analyse geben kann.

Der Harvard-Professor Amartya Sen ist bekannt für seine bahnbrechenden Arbeiten über Hungersnöte und erhielt im Jahre 1998 den Wirtschafts-Nobelpreis. Seine Arbeiten beschäftigen sich mit sozialer Ungleichheit, Armut und der Situation marginalisierter gesellschaftlicher Gruppen. Er wandte sich schon früh ab von der Beurteilung der ökonomischen und gesellschaftlichen Entwicklung durch das Bruttosozialprodukt. Stattdessen hat er die tatsächliche Situation des Menschen im Blick, seine Ressourcen und seine Wahlmöglichkeiten für die Lebensgestaltung. Die Unterscheidung zwischen Hungern und Fasten nennt er wiederholt als Beispiel für den unterschiedlichen Blick auf eine physiologische gleiche Sache. Während der Fastende sich für den Nahrungsverzicht entscheidet, hat der Hungernde keine Wahlmöglichkeit.

Seine Theorien, die auch in die Entwicklung des Human Development Index des UN-Entwicklungsprogramms (UNDP, 2011) Eingang gefunden haben, gehen aus von zwei Konzepten: „functionings“ und „capabilities“. Was ist unter „functionings“ zu verstehen? „Functionings“ sind abhängig von persönlichen Zuständen („beings“) und individuellen Handlungen („doings“). Als Beispiele für „beings“ nennt er den Zustand, angemessen ernährt zu sein, über eine gute Gesundheit zu verfügen, Selbstachtung zu haben oder Teilnehmer am Leben der Gemeinde zu sein. „Doings“ bezeichnet Tätigkeiten, die hiermit verbunden sind oder dazu führen. „Functioning“ ist die Bezeichnung für den Gesamtkomplex des realisierten Lebens und gibt auch die Lebensqualität an.

„Capabilities“ bezeichnet die Befähigung, aufgrund vorhandener Ressourcen zwischen Optionen der Lebensgestaltung zu wählen. Der Begriff wird gegenwärtig sehr unterschiedlich in die deutsche Sprache übersetzt. Wir finden hier als Übersetzungen „Befähigung“, „Wahlmöglichkeiten“, „Auswahlbefähigung“ oder „Verwirklichungschancen“. Ich möchte nachfolgend beim Begriff der Capabilities bleiben. Die Möglichkeit, freiwillig zwischen verschiedenen Optionen zu entscheiden, und die für die eigene Person als adäquat empfundene auszuwählen, ist ein wesentliches Merkmal des CA. Der CA eignet sich zur ökonomischen und philosophischen Bearbeitung von Fragen nach sozialer Ungleichheit und Gerechtigkeit.

Die Rezeption des CA hat in der deutschsprachigen Sonder- und Heilpädagogik erst begonnen. Zum einen durch das Buch der Sozialphilosophin Martha Nussbaum mit dem Titel „Frontiers of Justice" (Nussbaum, 2006). Weite Teile des Buches handeln von der Übertragung des CA auf Problemstellungen bei Behinderung.

Bedeutsam ist auch die Arbeit „Justice and Equality in Education" der britischen Erziehungsphilosophin Lorella Terzi (2010). Ihr Thema ist die Anwendung des CA auf Fragestellungen der Sonderpädagogik und der Inklusiven Pädagogik.

7 Wie könnte der Behinderungsbegriff kultur- und gesellschaftsübergreifend definiert werden?

Bevor wir fragen „Wie *könnte* der Behinderungsbegriff kultur- und gesellschaftsübergreifend gefasst werden?" sollten wir vielleicht erst einmal die Frage stellen: „*Muss* der Behinderungsbegriff kultur- und gesellschaftsübergreifend gefasst werden?"

Auch wenn die UN-Konvention den Behinderungsbegriff nicht definiert hat und damit Interpretationen ermöglicht, die ihn breiter oder schmäler fassen, sollte er nicht beliebig mit Inhalten gefüllt werden. Ich denke, wir sollten uns einem gemeinsamen Begriff annähern. Dies ist allein daher schon nötig, da wir uns global über gemeinsame Inhalte verständigen müssen. An einen breit anwendbaren Behinderungsbegriff sollte die Erwartung gestellt werden, dass er der Vielfalt kultureller und gesellschaftlicher Hintergründe gerecht wird. In einem globalen Rahmen wird dies vermutlich keine neue einheitliche Definition sein können, die einen Sachverhalt kurz und prägnant formuliert. Eher müssen wir uns auf eine Minimaldefinition einstellen im Sinne des gemeinsamen Nenners. Hier kann die ICF als Sprache dienen, die uns die Begriffe Schädigung, Aktivität, Teilhabe, Umweltfaktoren und personale Faktoren beisteuert. Es könnte aber auch der Capabilities Approach hierzu einen Beitrag leisten. Das ist auch das Begriffsgerüst, aus dem ein Behinderungsbegriff im Sinne der UN-Konvention gestrickt werden könnte. Ich möchte daher versuchen, einen solchen Begriff auf der Grundlage der ICF und des CA zu formulieren:

> „Behinderung bezeichnet die Beeinträchtigung von Aktivitäten der Person und ihrer Teilhabe an relevanten Lebensbereichen, aufgrund von Schädigungen körperlicher und psychischer Strukturen und Funktionen,

in Verbindung mit Barrieren der Umwelt und personbezogenen Faktoren. Sie manifestiert sich in eingeschränkten Wahlmöglichkeiten für die Lebensgestaltung, bezogen auf die für die jeweilige Gesellschaft und Kultur geltenden Erwartungen an ein erfülltes Leben."

Die genannte Definition benutzt die Begrifflichkeit der ICF, ohne den dort medizinisch relevanten Fokus von Gesundheit anzusprechen und ergänzt sie um die Perspektive des Capabilities Approach.

8 Der Behinderungsbegriff im Kontext Inklusiver Pädagogik

Die UN-Behindertenrechtskonvention propagiert ein inklusives Bildungswesen. Sie übernimmt damit ein pädagogisches Konzept, das aus der Integrationsbewegung für Kinder mit und ohne Behinderung hervorgegangen ist und das weltweit, insbesondere aber in Europa und in Entwicklungsländern seine Verbreitung im Kontext verschiedener Dokumente der UNESCO gefunden hat. Anhand dreier Dokumente aus den Jahren 1994, 2006 und 2009 lässt sich eine schrittweise Ausweitung der Bezugsgruppe von Inklusion feststellen. Während die Salamanca-Erklärung (UNESCO, 1994) sich vorwiegend auf Kinder mit „special educational needs" bezog, damit im Wesentlichen sonderpädagogisch adressierte Kinder meinte, wurden die Gruppen in den darauf folgenden Dokumenten deutlich ausgeweitet.

Das Konzept der inklusiven Pädagogik wird gegenwärtig in Dokumenten der UNESCO, insbesondere auch mit dem Blick auf Entwicklungsländer in besonderem Maße propagiert. So zielt der Begriff der Inklusion nicht nur auf Kinder mit „special educational needs", sondern auch auf Kinder, die aus unterschiedlichen Gründen Ausschlüsse aus dem regulären Bildungswesen erfahren. In den „Guidelines for Inclusion" der UNESCO (2005) und in den „Policy Guidelines on Inclusion in Education" (2009) sind neben behinderten Kindern weitere Gruppen genannt:

- missbrauchte Kinder
- durch Kinderarbeit beeinträchtigte
- Flüchtlingskinder und entwurzelte Kinder
- Kinder aus Armutslagen
- ethnische, sprachliche und religiöse Minderheiten und Kinder mit Migrationshintergrund
- HIV-positive oder an AIDS erkrankte Kinder.

Es ist also ganz offensichtlich, dass das Konzept Inklusiver Pädagogik sich auf eine sehr viel breitere Zielgruppe bezieht, als Kinder mit Behinderung, wenngleich es entstanden ist im Kontext von Special Educational Needs.

Was ist Inklusive Pädagogik und welches sind ihre Adressaten? Der englische Begriff der „inclusive education", wie er in verschiedenen Dokumenten der UNESCO angesprochen wird, hat zwei unterschiedliche Dimensionen, welche die Bildungswissenschaft als Disziplin aber unterscheiden sollte. „Inclusive Education" ist einerseits ein Systembegriff mit Bezugnahme auf das Bildungswesen, das sich in seiner Struktur verändern und bisher marginalisierten Gruppen gerecht werden sollte. Der englische Begriff zielt andererseits auch auf die Eingrenzung eines Lehr- und Forschungsgebiets. Diese Ebenen werden nicht selten vermischt, häufig wird „inclusive education" aber auf seinen Gebrauch im Bildungssystem beschränkt.

In Artikel 24 gewährleisten die Vertragsstaaten der UN-BRK den Zugang zu einem inklusiven Bildungssystem. Damit ist der Systemaspekt einer „inclusive education" angesprochen. Ich möchte Sie mit einer eigenen Definition Inklusiver Pädagogik konfrontieren, die versucht, den aktuellen Diskussionsstand in eine sprachlich systematisierte Form zu bringen und beide Ebenen zu adressieren: „Inklusive Pädagogik bezeichnet Theorien zur Bildung, Erziehung und Entwicklung, die Etikettierungen und Klassifizierungen ablehnen, ihren Ausgang von den Rechten vulnerabler und marginalisierter Menschen nehmen, für deren Partizipation in allen Lebensbereichen plädieren und auf eine strukturelle Veränderung der regulären Institutionen zielen, um der Verschiedenheit der Voraussetzungen und Bedürfnisse aller Nutzer/innen gerecht zu werden." (Biewer, 2010, S. 193)

Es stellt sich natürlich die spannende Frage: Gehören alle Kinder mit sonderpädagogischem Förderbedarf im Sinne dieser schuladministrativen Kategorie zu den Adressaten der UN-BRK? Hierzu gibt die Konvention, wie eingangs erwähnt, keine Antwort.

Ich tendiere dazu, auf Behinderungszuschreibungen ohne somatische Komponente zu verzichten und den Schutz der BRK auf eine Kerngruppe zu beschränken, die der Kategorie A der OECD entspricht. Inklusive Pädagogik als fachlich-pädagogisches Konzept sollte sich dagegen auf alle bisherigen Adressaten der Sonderpädagogik beziehen und darüber hinaus auf weitere Gruppen. Die fehlende Festlegung des Behinderungsbegriffs in der UN-BRK kann ein Anstoß sein, die Zone der Behinderung auszuweiten, wie dies in länderbezogenen Darstellungen wiederholt geschehen ist. Nicht zuletzt auf der Basis der Behindertenrechtskonvention sehe ich einen aktuellen Bedarf an Grundlagenforschung zur Klärung des Behinderungskonzepts, wie sie in unserem Projekt CLASDISA vorgenommen wird.

Literaturverzeichnis

Biewer, G.. (2010). *Grundlagen der Heilpädagogik und Inklusiven Pädagogik* (2. Aufl.). Bad Heilbrunn: Klinkhardt (UTB).

Bryant, A. & Charmaz, K. (Hrsg.). (2007). *The SAGE Handbook of Grounded Theory.* Los Angeles, London, New Delhi, Singapore: Sage.

Creswell, J. W. & Plano-Clark, V. L. (2007). *Designing and Conducting Mixed Methods Research.* Thousand Oaks, London, New Delhi: Sage.

Geertz, C. (1995). *Dichte Beschreibung: Beiträge zum Verstehen kultureller Systeme* (4. Aufl.). Frankfurt: Suhrkamp.

Meyer, J. W. (2005). *Weltkultur. Wie die westlichen Prinzipien die Welt durchdringen.* Frankfurt: Suhrkamp.

Nieke, W. (2008). *Interkulturelle Erziehung und Bildung: Wertorientierungen im Alltag* (3. Aufl.). Wiesbaden: VS.

Nussbaum, M. (2007). *Frontiers of Justice: Disability – Nationality – Species Membership.* Cambridge (MA), London: Harvard University Press (Belknap).

Nussbaum, M. (2011). *Creating Capabilities: The Human Development Approach.* Cambridge: Belknap Press of Harvard University Press.

OECD/CERI. (2005). *Students with Disabilities, Learning Difficulties and Disadvantages: Statistics and Indicators.* Paris: OECD Publishing.

Sen, A. (2010). *The Idea of Justice.* London et al.: Pinguin.

Terzi, L. (2010). *Justice and Equity in Education. A Capability Perspective on Disability and Special Educational Needs.* London, New York: Continuum.

UNESCO (1994). *The Salamanca Statement and Framework for Action on Special Needs Education. Access and Quality.* Salamanca, Spain, 7–10 June 1994. Paris: UNESCO.

UNESCO (2005). *Guidelines for Inclusion. Ensuring Access to Education for All.* Paris: UNESCO.

UNESCO (2009). *Policy Guidelines on Inclusion in Education.* Paris: UNESCO.

United Nations (Hrsg.). (2007). *Convention on the Rights of Persons with Disabilities and Optional Protocol.* New York: UN.

United Nations Development Programme (2011). *Human Development Report 2011. Sustainability and Equity: A Better Future for All.* New York: UNDP.

World Health Organization (2001). *International Classification of Functioning, Disability and Health.* Geneva: WHO.

Menschen mit Behinderungen ein Stückweit mehr „Objekt" werden.[1] Ein weiteres Element in der „Objektivierung" von Menschen mit Behinderungen ist die verbreitete Annahme, dass Menschen mit Behinderungen asexuell sind bzw. kaum sexuelle Bedürfnisse haben. Die Konsequenzen dieser Sichtweise gefährden zum einen die physische und psychische Integrität von Menschen mit Behinderungen, zum anderen wird auch wieder ein wichtiger Teil der Rechtssubjektivität von Menschen mit Behinderungen abgesprochen und damit herabgesetzt.

In dem Bemühen, Menschen mit Behinderungen aus der Isolation zu holen, wurden Programme geschaffen, die auf die Bedürfnisse, auf den Unterstützungsbedarf von Menschen mit Behinderungen eingestellt sind. In Gesellschaften, in denen die meisten Infrastrukturen und Institutionen jedenfalls physisch, vielfach aber auch kommunikativ und letztlich auch sozial, voller Barrieren sind, hat man separate Systeme geschaffen. Viele Menschen mit Behinderungen besuchen eigene Schulen und verbringen ihren Alltag oftmals in einer Art „Paralleluniversum", in einem von der gesellschaftspolitischen Mitte getrennten, separaten Alltag.

3 Soziales Modell

Menschen mit Behinderungen nicht länger als Objekte zu sehen, die des Mitleids und der Fürsorge bedürfen, sondern als Subjekte, die selbstbestimmt alle Menschenrechte barrierefrei und, wo notwendig mit Unterstützung, selbst verwirklichen können sollen, ist die Kernaussage der Konvention über die Rechte von Menschen mit Behinderungen. Dieser längst überfällige Paradigmenwechsel, der den Fokus von den medizinischen Parametern – und einer vorgeblichen „Heilung" von Beeinträchtigungen – auf die sozialen Aspekte von Behinderung verschiebt, macht unter anderem die Barrieren in den Verhaltensmustern der Mehrheitsbevölkerung deutlich. Wie Simon Walker, der Experte des Büros der Hochkommissärin für Menschenrechte der Vereinten Nationen, bei einer Veranstaltung im britischen Parlament pointiert formulierte: „It is not about fixing people, but about fixing society."

Das multidimensionale Verständnis von Barrierefreiheit, das der Konvention zugrunde liegt, betont vor allem die Bedeutung von sozialen Barrieren wie z.B. Stereotypen, Vorurteilen und anderen Formen von Stigma in der Exklusion von Menschen mit Behinderungen. Die Konvention hält daher fest, dass „das Verständnis von Behinderung sich ständig weiterentwickelt und dass Be-

[1] Siehe dazu sehr ausführlich: Commissioner for Human Rights, Who gets to decide? Right to legal capacity for persons with intellectual and psychosocial disabilities, Issue Paper, April 2012; siehe ausführlich zu Sachwalterschaft in Österreich: Stellungnahme des Monitoringausschusses „Jetzt entscheide ich – Unterstützte Entscheidungsfindung," Mai 2012, unter http://www.monitoringausschuss.at.

hinderung aus der Wechselwirkung zwischen Menschen mit Beeinträchtigungen und einstellungs- und umweltbedingten Barrieren entsteht, die sie an der vollen, wirksamen und gleichberechtigten Teilhabe an der Gesellschaft hindern."[2]

Das Dogma, wonach Menschen mit Behinderungen nicht behindert sind, sondern behindert werden, drückt sich gerade auch in der Betonung der Wechselwirkung zwischen Menschen mit Beeinträchtigungen und der – vor allem sozialen – Umwelt aus. Im klaren Bruch mit bislang üblichen medizinischen Beschreibungen umschreibt die Konvention daher in einer nicht abschließenden Formulierung Personen mit Behinderung als „Menschen, die langfristige körperliche, seelische, geistige oder Sinnesbeeinträchtigungen haben, welche sie in Wechselwirkung mit verschiedenen Barrieren an der vollen, wirksamen und gleichberechtigten Teilhabe an der Gesellschaft hindern können."[3]

Wichtig ist zu betonen, dass die Konvention keine Definition von Behinderung enthält, jedoch eine, auch die Versagung von angemessenen Vorkehrungen umfassende Definition von „Diskriminierung". Demnach bezeichnet „Diskriminierung auf Grund einer Behinderung" jede Unterscheidung, Ausschließung oder Beschränkung auf Grund einer Behinderung, die zum Ziel oder zur Folge hat, dass die auf die Gleichberechtigung mit anderen gegründete Anerkennung, Inanspruchnahme oder Ausübung aller Menschenrechte und Grundfreiheiten im politischen, wirtschaftlichen, sozialen, kulturellen, staatsbürgerlichen oder jedem anderen Bereich beeinträchtigt oder vereitelt wird. Sie umfasst alle Formen der Diskriminierung, einschließlich der Verweigerung angemessener Vorkehrungen."[4] Im neuen Paradigma, das in Teilen dem biopsychosozialen Modell der Weltgesundheitsorganisation folgt, ist Inklusion der Schlüssel, um soziale Barrieren zu überwinden und wird Inklusion zum Prinzip, das die Adaptierung von Strukturen auf allen Ebenen erfordert.[5]

Barrierefreiheit wird vielfach mit baulichen Adaptionen gleichgesetzt. Das ist eine wichtige, jedoch nicht die einzige Dimension von Barrierefreiheit. Soziale Barrieren wie Vorurteile, defizitorientierte Bilder von Beeinträchtigung, Stereotypen und andere diskriminierende Haltungen führen dazu, dass Menschen mit Behinderungen selten eine Chance erhalten, ihr Leben selbst zu bestimmen und selbst zu entscheiden. Die Barrieren in den Köpfen verursachen vielfach, dass Dritte besser wissen, was „gut" für Menschen mit Behinderungen ist. In der Vielzahl von Barrieren, die Menschen mit Behinderungen überwinden müssen, betont die Konvention auch die kommunikativen Barrieren. Die Defi-

2 Präambel lit e Konvention über die Rechte von Menschen mit Behinderungen.

3 Vgl. Artikel 1 Konvention über die Rechte von Menschen mit Behinderungen.

4 Vgl. Artikel 2 Konvention über die Rechte von Menschen mit Behinderungen, siehe auch Fn 23.

5 Siehe dazu ausführlich: Marianne Hirschberg, Behinderung im internationalen Diskurs: Die flexible Klassifizierung der Weltgesundheitsorganisation, 2009.

nition von Kommunikation umfasst Brailleschrift, Gebärdensprachen und andere Formen assistierter Kommunikation, v.a. auch für non-verbale Menschen; barrierefreie Kommunikation zieht sich wie ein roter Faden durch den Vertrag. Die Konvention definiert wie folgt: „,Kommunikation' umfasst Sprachen, Textdarstellung, Brailleschrift, taktile Kommunikation, Großdruck, barrierefreies Multimedia sowie schriftliche, auditive, in einfache Sprache übersetzte, durch Vorleser zugänglich gemachte sowie ergänzende und alternative Formen, Mittel und Formate der Kommunikation, einschließlich barrierefreier Informations- und Kommunikationstechnologie."[6]

Ein weiteres Hindernis ist schwere Sprache: Intellektuelle Barrierefreiheit umschreibt Texte und Kommunikation, die auf die Bedürfnisse von Menschen mit intellektueller Beeinträchtigung – Lernschwierigkeiten – eingeht. Die Konvention über die Rechte von Menschen mit Behinderungen ist die erste, die verpflichtend in leichter Sprache veröffentlicht werden muss.[7]

Barrierefreiheit im physischen Sinne ist selbstverständlich auch von der Konvention erfasst: Beachtlich ist, dass die deutsche Übersetzung des einschlägigen Artikel 9 den sprachlich engeren Begriff „Zugänglichkeit" verwendet. Neben der Betonung der sozialen Barrieren und der Auswirkung von „Wechselwirkungen" ist Barrierefreiheit auch als ein Grundprinzip der Konvention verankert.[8] Barrierefreiheit ist hier im weitesten Sinne und damit nicht nur in der baulichen Dimension zu verstehen. Menschenrechtlich gibt es auch noch eine weitere, in der Konvention nicht sofort ersichtliche Dimension von Barrierefreiheit: Die Zugänglichkeit im ökonomischen Sinne, im Sinne einer „Leistbarkeit", gerade auch für Dienstleistungen und andere Servicedienste.[9]

Durch Gleichgültigkeit, Vorurteile und falsche Vorstellungen sowie Exklusion bzw. Separierung werden Menschen mit Behinderungen sehr oft daran gehindert, ihre wirtschaftlichen, sozialen und kulturellen Rechte zu verwirklichen. Die Auswirkungen von behinderungsbedingter Diskriminierung sind zum Beispiel in den Bereichen Bildung, Arbeit, Wohnung, Verkehr, Kultur und Zugang zu öffentlichen Einrichtungen und Dienstleistungen sowie zu Informationen durch die neuen Technologien und Medien besonders gravierend.[10]

---

6 Vgl. Artikel 2 Konvention über die Rechte von Menschen mit Behinderungen.

7 Artikel 49 Konvention über die Rechte von Menschen mit Behinderungen.

8 Artikel 3 lit f Konvention über die Rechte von Menschen mit Behinderungen.

9 Artikel 3 und 9 Konvention über die Rechte von Menschen mit Behinderungen; siehe zu „affordability" ausführlicher: Komitee zum Pakt für wirtschaftliche, soziale & kulturelle Menschenrechte. Allgemeine Erklärung Nr. 4, Recht auf Wohnen, Abs. 8 (c) Genf, 1991, sowie dasselbe: Allgemeine Erklärung Nr. 13, Bildung, Abs. 6 (b). – Diskussion zu Nichtdiskriminierung als Teil von Barrierefreiheit, Genf, 1999.

10 Komitee zum Pakt für Wirtschaftliche, Soziale & Kulturelle Rechte, Allgemeine Erklärung Nr. 5, Menschen mit Behinderungen, Absatz 15.

Die Diskriminierung von Menschen mit Behinderungen ist auch in vielen Bildungssystemen verbreitet.[11]

4 Bildung als Menschenrecht

„Bildung, verstanden als ein lebenslanger Prozess spielt in der Sicherstellung einer offenen, inklusiven und barrierefreien Gesellschaft eine entscheidende Rolle. Sowohl die *de iure* als auch *de facto* Diskriminierung von Menschen mit Behinderungen hat eine lange Geschichte und nimmt viele verschiedene Formen an. Sie reicht von verletzenden Diskriminierungen, wie z.B. der Verweigerung von Bildungschancen zu den eher ‚subtilen' Formen, wie z.B. Segregierung und Isolierung, bedingt durch physische und vor allem soziale Barrieren", so die Ausführungen des Fachausschusses für wirtschaftliche, soziale und kulturelle Rechte 1994.[12]

Im selben Jahr (1994) wurde in Salamanca jene Erklärung verabschiedet, in der die Wichtigkeit und Notwendigkeit von inklusiven Bildungssystemen, also Schulformen, die die Bedürfnisse aller Kinder, auch von Kindern mit Behinderungen, berücksichtigen, betont wurde.[13] Auf Basis der Feststellung, dass alle Kinder Begabungen und Neigungen haben, wurde festgehalten, dass allen Kindern mit Behinderungen der Besuch von Regelschulen in Gemeindenähe ermöglicht werden muss. Die Kinderrechtskonvention war gerade fünf Jahre beschlossen in dem Jahr als die Sowjetunion zerfiel und mit ihr der sogenannte „Kalte Krieg" ein Ende fand. Das Ende dieser Ära ist auch eine Wasserscheide im Umgang mit Menschenrechten. Hatte der Schock über die barbarischen Verbrechen des Nationalsozialismus den Impuls für die Schaffung der Allgemeinen Erklärung der Menschenrechte geschaffen, so lieferte die Dynamik des bald darauf einsetzenden Kalten Kriegs einen Aufhänger, internationale Menschenrechtsverpflichtungen vor allem auch als Spielball in internationalen Beziehungen zu verwenden. Diplomatisches Geplänkel, aber auch ernsthafte Krisen, wurden dazu genutzt, der jeweils „anderen" Seite menschenrechtliche Verfehlungen vorzuwerfen, ohne der Umsetzung auf nationaler Ebene übermäßige Aufmerksamkeit zu schenken.

Trotz oder vielleicht gerade wegen dieser Grundstimmung, entstanden im Gefolge der Allgemeinen Erklärung der Menschenrechte zahlreiche völkerrechtliche Verpflichtungen, die auch auf Bildung als Menschenrecht rekurrieren.

---

[11] Ibid.

[12] Komitee zum Pakt für Wirtschaftliche, Soziale & Kulturelle Rechte, Allgemeine Erklärung Nr. 5, Menschen mit Behinderungen, Para 15.

[13] Erklärung von Salamanca 1994.

Angefangen mit Artikel 26 der Allgemeinen Erklärung der Menschenrechte[14] hat eine der zentralsten Grundlagen für ein gleichberechtigtes und selbstbestimmtes Leben unter anderem in das erste Zusatzprotokoll der Europaratskonvention zum Schutz der Menschenrechte und Grundfreiheiten[15] Eingang gefunden. 1964 von Österreich ratifiziert[16], wird diese Verpflichtung im Pakt für wirtschaftliche und soziale Rechte 1978 vom österreichischen Parlament bekräftigt[17] und in den ebenfalls angenommenen Übereinkommen über die Rechte der Frau bzw. die Rechte des Kindes, bestätigt.[18] In der 2006 beschlossenen Konvention über die Rechte von Menschen mit Behinderungen wird die Bedeutung von Bildung in einer eigenen Bestimmung ebenfalls gewürdigt: Artikel 24.[19]

4.1 Leitsätze zur Realisierung von Bildung als Menschenrecht

Bildung ist ein zentrales Menschenrecht und spielt eine fundamentale Rolle in der Verwirklichung anderer Menschenrechte. Vor allem für sozial und ökonomisch marginalisierte Gruppen, aber auch Menschen, die historisch von Grundschulbildung, vor allem aber weiterführender Bildung ausgeschlossen wurden und werden – in vielen Ländern ist das noch immer die Bevölkerungsmehrheit: Frauen – ist Bildung der zentrale Schlüssel im Zugang zu Arbeit, Existenzsicherung, Unabhängigkeit und weg von Abhängigkeiten, die oft auch mit Gewalt und anderen Formen von Machtmissbrauch verbunden sind.

Das Recht auf Bildung sollte insbesondere durch die Verwirklichung folgender Leitsätze realisiert werden:[20]

---

14 1. Jeder hat das Recht auf Bildung. Die Bildung ist unentgeltlich, zum mindesten der Grundschulunterricht und die grundlegende Bildung. Der Grundschulunterricht ist obligatorisch. Fach- und Berufsschulunterricht müssen allgemein verfügbar gemacht werden, und der Hochschulunterricht muss allen gleichermaßen entsprechend ihren Fähigkeiten offenstehen.
2. Die Bildung muss auf die volle Entfaltung der menschlichen Persönlichkeit und auf die Stärkung der Achtung vor den Menschenrechten und Grundfreiheiten gerichtet sein. Sie muss zu Verständnis, Toleranz und Freundschaft zwischen allen Nationen und allen rassischen oder religiösen Gruppen beitragen und der Tätigkeit der Vereinten Nationen für die Wahrung des Friedens förderlich sein.
3. Die Eltern haben ein vorrangiges Recht, die Art der Bildung zu wählen, die ihren Kindern zuteil werden soll.

15 Artikel 2 1. Zusatzprotokoll zur Konvention zum Schutze der Menschenrechte und Grundfreiheiten vom 4. November 1950.

16 BGBl. 210/1958 iVm BGBl. 59/1964.

17 Artikel 13 Pakt für wirtschaftliche, soziale und kulturelle Rechte, BGBl. 590/1978.

18 Konvention zur Beseitigung jeder Diskriminierung der Frau, Artikel 10, BGBl. 443/1982, Übereinkommen über die Rechte des Kindes, Artikel 28 & 29, BGBl. 7/1993.

19 Übereinkommen über die Rechte von Menschen mit Behinderungen, Artikel 24, BGBl. III 155/2008.

20 Vgl. Komitee zum Pakt für Wirtschaftliche, Soziale & Kulturelle Rechte, Allgemeine Er-

- Zugänglichkeit: zum einen durch ein Diskriminierungsverbot: Jede/r darf ungeachtet von persönlichen Merkmalen wie z.B. Alter, Geschlecht, Herkunft oder Beeinträchtigung lernen; zum anderen die Sicherung von ökonomischer Zugänglichkeit im Sinne von erschwinglichen Kosten von Bildung mit dem Ziel, progressiv sämtliche Bildungsbereiche unentgeltlich zugänglich zu machen.
- Geeignetheit: Der Unterrichtsinhalt sowie das Unterrichtsmaterial müssen akzeptabel, relevant und kulturell passend sowie qualitätvoll sein, sodass eine maximale Förderung von individuellen Fähigkeiten möglich wird.
- Verfügbarkeit: Qualitative Bildungseinrichtungen, inklusive Nachmittagsbetreuung müssen in ausreichender Zahl und in angemessener geografischer Nähe – gemeindenah – zur Verfügung stehen, individuellen Bedürfnissen muss Rechnung getragen werden.
- Anwendbarkeit: Das Bildungssystem muss ausreichende Flexibilität für sich ändernde soziale Gegebenheiten aufweisen.

Für viele Menschen ist das Recht auf Bildung nicht realisiert, Menschen mit Behinderungen sind überproportional häufig von der Verwirklichung des Rechts auf Bildung – insbesondere in seinem vollen Umfang – ausgeschlossen. Vor allem der diskriminierungsfreie Zugang zu Allgemeinbildenden Schulen ist in vielen Ländern dieser Welt nicht gewährleistet. So schätzt z.B. die Organisation für wirtschaftliche Zusammenarbeit und Entwicklung (OECD), dass bei 15-20 % aller SchülerInnen im Laufe der Schulbildung besondere pädagogische Bedürfnisse vorliegen.[21] Menschenrechtlich ist es zum einen geboten, auf den Unterstützungsbedarf von Menschen zu achten, die einer – aus verschiedenen Gründen – marginalisierten Bevölkerungsgruppe angehören. Zum anderen ist aber auch die grundsätzliche Frage zu stellen, wer denn soweit einer vorgeblichen „Norm" tatsächlich entspricht, dass er oder sie nicht zu einem gewissen Zeitpunkt einen Unterstützungsbedarf hat. Die menschenrechtliche Prämisse, gerade auch im Bildungsbereich, lautet daher, dass in der Verwirklichung von Zugänglichkeit, Geeignetheit, Verfügbarkeit und Anwendbarkeit sämtliche KonsumentInnen von Bildungsangeboten beachtet werden müssen, vor allem auch Kinder und Jugendliche, die zu irgendeinem Zeitpunkt einen Bedarf an Assistenz oder Unterstützung haben.

4.2 Diskriminierungsverbot

Gleiches gleich und ungleiches ungleich zu behandeln, ist das Gebot des Gleichheitssatzes, der in der Umsetzung von Menschenrechten eine zentrale

---

klärung Nr. 5, Menschen mit Behinderungen, Para 6 ff.

21 Weltbank/Weltgesundheitsorganisation: Weltbericht Menschen mit Behinderungen, Juni 2011, S. 204.

Rolle einnimmt. Individuen oder Gruppen nicht aufgrund einer bestimmten Eigenschaft anders zu behandeln, ist eine selbstverständliche Vorgabe, deren Umsetzung mitunter diffizil ist. Vor allem, wenn es nicht per se Einzelpersonen sind, die diskriminierendes Verhalten setzen, sondern es das Zusammenwirken von Handlungen – aber auch Unterlassungen – ist, das strukturell zu einer Andersbehandlung führt.

Im Kontext der Nichtdiskriminierung von Menschen mit Behinderungen ist die strukturelle Dimension von Diskriminierung deutlich spürbar: Historisch geformte Bilder von Menschen mit Behinderungen – Stichwort: „lebensunwertes Leben" – und eine gesellschaftliche Tendenz zur Segregierung von Menschen mit Behinderungen kumulieren sich leicht zu systemischer Andersbehandlung. Beachtlich sind darüber hinaus auch die Auswirkungen von mehrfachen und verschärften Formen von Diskriminierung,[22] die den Ausschluss von Menschen mit Behinderungen aus vielen gesellschaftlichen Bereichen, so auch den vielfältigen Formen von Bildung, verstärken. Dies ist insbesondere dann der Fall, wenn jemand sowohl aufgrund der Zuschreibung „Beeinträchtigung" als auch „Geschlecht" oder auch „Ethnie" anders behandelt wird.

Gemäß der Konvention umfasst Diskriminierung auch die Versagung von angemessenen Vorkehrungen.[23] Angemessene Vorkehrungen sind „notwendige und geeignete Änderungen und Anpassungen, die keine unverhältnismäßige oder unbillige Belastung darstellen und die, wenn sie in einem bestimmten Fall erforderlich sind, vorgenommen werden, um zu gewährleisten, dass Menschen mit Behinderungen gleichberechtigt mit anderen alle Menschenrechte und Grundfreiheiten genießen oder ausüben können."[24] Das Konzept angemessener Vorkehrungen kann wie folgt heruntergebrochen werden: 1. Eine Person ist aufgrund der Zuschreibung „Beeinträchtigung" gefährdet, anders behandelt zu werden. 2. Es gibt konkrete Handlungsalternativen, die geeignet sind, die bestehenden Barrieren zu beseitigen. 3. Der dafür notwendige Aufwand ist verhältnismäßig.[25]

Der Diskriminierungsschutz ist in der Konvention weiters substantiiert durch eine Verpflichtung zur Gewährleistung von angemessenen Vorkehrungen, sowie durch die ausdrückliche Erfassung von Maßnahmen positiver Diskriminierung, also Regelungen, die eine temporäre Bevorzugung von Menschen

---

22 Präambel (P) Konvention über die Rechte von Menschen mit Behinderungen.

23 Siehe Definition von „Diskriminierung" in Artikel 2 Konvention über die Rechte von Menschen mit Behinderungen. Siehe auch die Verpflichtung zur Gewährleistung von angemessenen Vorkehrungen: Artikel 5 (3) Konvention.

24 Definition von „angemessene Vorkehrungen", Artikel 2 Konvention über die Rechte von Menschen mit Behinderungen.

25 Siehe dazu Aichele, V. & Althoff, N. (2012). Nicht-Diskriminierung und angemessene Vorkehrungen, in: A. Welke (Hrsg.), UN-Behindertenrechtskonvention mit rechtlichen Erläuterungen, Eigenverlag des Deutschen Vereins für öffentliche und private Fürsorge.

mit Behinderungen aufgrund des Merkmals „Beeinträchtigung" zum Inhalt haben.

4.3 Grundprinzipien der Konvention

Eine zentrale Rolle in der Verwirklichung von Gleichstellung und Inklusion nehmen die Grundprinzipien der Konvention ein.[26] Neben Chancengleichheit und Nichtdiskriminierung – auch aufgrund des Geschlechts und Alters[27] – sind dies unter anderem Selbstbestimmung, Partizipation, Inklusion und Barrierefreiheit. Die verschiedenen Facetten von Barrierefreiheit wurden bereits ausgeführt.[28]

4.3.1 Selbstbestimmung

Im Zentrum der Bemühungen um Inklusion und Barrierefreiheit steht die Sicherung der Selbstbestimmung von Menschen mit Behinderungen. Durch Unterstützungsmaßnahmen wie z.B. barrierefreie Bauten, technische Assistenz durch Hilfsmittel, vor allem aber Persönliche Assistenz durch Menschen, die Alltagsbarrieren überwinden helfen, können Menschen mit Behinderungen in der gesellschaftspolitischen Mitte partizipieren und sich auf Basis ihrer eigenen Entscheidungen einbringen. Die gemeinsame Schulbildung ist die beste Grundlage, um vor allem soziale Barrieren abzubauen und ein selbstverständlicheres Miteinander zum Vorteil aller möglich zu machen.

4.3.2 Partizipation

Die englische Originalfassung der Konvention verwendet den Begriff „participation" mehr als 30 Mal – ein Ausdruck für die menschenrechtliche, wie auch demokratiepolitische Notwendigkeit, die Teilhabe von Menschen mit Behinderungen zu gewährleisten. Der Verpflichtungskatalog der Konvention sieht daher konsequenterweise auch die Konsultation von Menschen mit Behinderungen in sämtlichen Entscheidungsprozessen als Bedingung an.[29] Sämtliche

[26] Die Grundprinzipien der Konvention nach Artikel 3: *a)* die Achtung der dem Menschen innewohnenden Würde, seiner individuellen Autonomie, einschließlich der Freiheit, eigene Entscheidungen zu treffen, sowie seiner Unabhängigkeit; *b)* die Nichtdiskriminierung; *c)* die volle und wirksame Teilhabe an der Gesellschaft und Einbeziehung in die Gesellschaft; *d)* die Achtung vor der Unterschiedlichkeit von Menschen mit Behinderungen und die Akzeptanz dieser Menschen als Teil der menschlichen Vielfalt und der Menschheit; *e)* die Chancengleichheit; *f)* die Barrierefreiheit; *g)* die Gleichberechtigung von Mann und Frau; *h)* die Achtung vor den sich entwickelnden Fähigkeiten von Kindern mit Behinderungen und die Achtung ihres Rechts auf Wahrung ihrer Identität.

[27] Vgl. Artikel 3 lit g & h Konvention über die Rechte von Menschen mit Behinderungen.

[28] Vgl. oben.

[29] Artikel 4 Abs 3 Konvention über die Rechte von Menschen mit Behinderungen.

Diskussionen und Entscheidungsprozesse im Kontext von Bildung haben daher unter Beteiligung von Menschen mit Behinderungen zu erfolgen, insbesondere mit VertreterInnen von Organisationen von Menschen mit Behinderungen und nicht nur solchen, die für Menschen mit Behinderungen arbeiten.

4.3.3 Inklusion

Die menschenrechtliche Antwort auf Marginalisierung und Exklusion lautet: Inklusion. Die Konvention verbrieft dies als Grundprinzip, das in allen Lebensbereichen als Qualifizierung ausgewiesen wird, so z.B. inklusive Arbeit und Beschäftigung.[30] Für das Bildungssystem bedeutet Inklusion, „dass alle Kinder mit Behinderungen in Regelklassen mit altersgemäßen Mitschülern unterrichtet werden sollen. Dieser Ansatz betont die Notwendigkeit, dass sich das gesamte Schulsystem ändern muss. Zu inklusiver Bildung gehört die Identifizierung und Beseitigung von Barrieren und die Bereitstellung angemessener Vorkehrungen, sodass allen Schülern Teilhabe und Erfolg in Regelschulkontexten ermöglicht wird."[31]

4.4 Inklusive Bildung: Artikel 24

Um das Recht auf Bildung „ohne Diskriminierung und auf der Grundlage der Chancengleichheit zu verwirklichen, gewährleisten die Vertragsstaaten ein inklusives Bildungssystem auf allen Ebenen", so der Auftakt der Konventionsbestimmung zum Bereich Bildung.[32] Damit werden mehrere Ziele verfolgt: die Achtung vor den Menschenrechten stärken, ebenso die Vielfalt der Menschheit, aber auch die Entfaltung des Selbstwertgefühls von Menschen mit Behinderungen. Anders formuliert: „Menschen mit Behinderungen zur wirklichen Teilhabe an einer freien Gesellschaft zu befähigen."[33] Ja, es geht natürlich auch – und zuallererst – um die Chancen und Chancengleichheit von Menschen mit Behinderungen, aber es geht mindestens genauso stark um die Sicherstellung von gemeinsamem Unterricht für jene Menschen, die „keine offensichtliche Beeinträchtigung" haben, deren soziale Fähigkeiten und sicheren Umgang mit menschlicher Vielfalt.[34]

Artikel 24 hält das Diskriminierungsverbot doppelt fest, zum einen mit dem Verweis, dass ein Ausschluss aufgrund einer Behinderung vom allgemeinen Bil-

---

[30] Vgl. Artikel 27 Konvention über die Rechte von Menschen mit Behinderungen.

[31] Weltbank/Weltgesundheitsorganisation: Weltbericht Menschen mit Behinderungen, Juni 2011, S. 205.

[32] Vgl. Artikel 24 Abs 1 Konvention über die Rechte von Menschen mit Behinderungen, beachte die Verwendung des Begriffs „integrativ" in der offiziellen, jedoch nicht verbindlichen Übersetzung der Konvention ins Deutsche.

[33] Vgl. Artikel 24 Abs 1 lit a-c Konvention über d. Rechte v. Menschen mit Behinderungen.

[34] Siehe dazu und anderen Aspekten der Umsetzung von Artikel 24 ausführlich: Stellungnahme des Monitoringausschusses zu Inklusiver Bildung, Juni 2010, unter http://www.monitoringausschuss.at.

dungssystem verboten ist.[35] Zum anderen durch den expliziten Bezug auf angemessene Vorkehrungen,[36] sowie durch die Gewährleistung der „notwendigen Unterstützung", um erfolgreiche Bildung zu ermöglichen.[37]

Gemäß der Konvention hat das Bildungssystem für Menschen mit Behinderungen den gleichberechtigen Zugang zu einer gemeindenahen, inklusiven, hochwertigen, unentgeltlichen Bildungseinrichtung – Grundschule, wie weiterführende Bildungseinrichtungen – zu ermöglichen.[38] Die Konvention unterstützt bzw. bestärkt damit Bemühungen, die auf die Förderung des Einzelnen im Bildungssystem abzielen und Vielfalt als ein – willkommenes – Faktum in ebendieses integrieren. Anders formuliert: Die Konvention unterstützt die Zielsetzungen, die das Parlament in Bezug auf das Bildungswesen in Österreich bereits formuliert hat – vergleiche Artikel 14 Bundesverfassungsgesetz.[39]

Indem das Wohl jedes einzelnen Lernenden in den Mittelpunkt rückt[40] und ein System geschaffen wird, in dem sämtliche Lernenden ihr Potenzial verwirklichen können, wird auch ein Wahlrecht obsolet. Die österreichische Schulgesetzgebung hat dieses „Recht" vor allem Eltern von Kindern mit Behinderungen eingeräumt. Es ist eine menschenrechtlich letztlich nicht haltbare Handhabe für die bis dato mehrheitlich auf Pilotprojekten und Schulversuchen basierende Integration – nicht Inklusion – von Kindern mit Behinderungen, vor allem im Grundschulwesen.

---

35 Vgl. Artikel 24 Abs 2 lit a Konvention über die Rechte von Menschen mit Behinderungen: „Menschen mit Behinderungen dürfen nicht aufgrund einer Behinderung vom allgemeinen Bildungssystem ausgeschlossen werden."

36 Artikel 24 Abs 2 lit c Konvention über die Rechte von Menschen mit Behinderungen.

37 Artikel 24 Abs 2 lit d Konvention über die Rechte von Menschen mit Behinderungen.

38 Artikel 24 Abs 2 lit b Konvention über die Rechte von Menschen mit Behinderungen.

39 Dort heißt es in Absatz 5a: „Demokratie, Humanität, Solidarität, Friede und Gerechtigkeit sowie Offenheit und Toleranz gegenüber den Menschen sind Grundwerte der Schule, auf deren Grundlage sie der gesamten Bevölkerung, unabhängig von Herkunft, sozialer Lage und finanziellem Hintergrund, unter steter Sicherung und Weiterentwicklung bestmöglicher Qualität ein höchstmögliches Bildungsniveau sichert. Im partnerschaftlichen Zusammenwirken von Schülern, Eltern und Lehrern ist Kindern und Jugendlichen die bestmögliche geistige, seelische und körperliche Entwicklung zu ermöglichen, damit sie zu gesunden, selbstbewussten, glücklichen, leistungsorientierten, pflichttreuen, musischen und kreativen Menschen werden, die befähigt sind, an den sozialen, religiösen und moralischen Werten orientiert Verantwortung für sich selbst, Mitmenschen, Umwelt und nachfolgende Generationen zu übernehmen. Jeder Jugendliche soll seiner Entwicklung und seinem Bildungsweg entsprechend zu selbständigem Urteil und sozialem Verständnis geführt werden, dem politischen, religiösen und weltanschaulichen Denken anderer aufgeschlossen sein sowie befähigt werden, am Kultur- und Wirtschaftsleben Österreichs, Europas und der Welt teilzunehmen und in Freiheits- und Friedensliebe an den gemeinsamen Aufgaben der Menschheit mitzuwirken."

40 Vgl. dazu: Komitee zum Pakt für Wirtschaftliche, Soziale & Kulturelle Rechte, Allgemeine Erklärung Nr. 13, Bildung, Absatz 7.

5 Ausblick

Die Verwirklichung von umfassender Nichtdiskriminierung im Schulwesen hat unter anderem den positiven Effekt des Abbaus von sozialen Barrieren. Damit einher geht zum einen die oftmals geforderte Stärkung sozialer Kompetenzen von Kindern und Jugendlichen, aber auch der ebenso dringend notwendige Abbau von Vorurteilen und Stereotypen, die zum überwiegenden Teil aus Ignoranz und Unwissenheit gespeist sind. Dies sind essenzielle Beiträge, um den Menschenrechtsansatz weit über den Bildungsbereich hinaus, in Österreich noch besser zu verankern.

Die Umsetzung der UN-Konvention für Menschen mit Behinderung – Herausforderung und Schwerpunkt Europäischer Sozialpolitik und Europäischer Dienstleistungsorganisationen

Franz Wolfmayr

Seit mehr als zehn Jahren arbeite ich in europäischen Dachverbänden und seit vier Jahren bin ich Präsident der EASPD, dem Europäischen Dachverband der Dienstleistungsanbieter für Menschen mit Behinderung[1] Aus der Erfahrung in diesen Interessenvertretungen und der Zusammenarbeit mit den europäischen Institutionen und NGOs werde ich im Folgenden anhand der Strategie zur Umsetzung der UN-Konvention über die Rechte der Menschen mit Behinderung[2] in der EU die Arbeitsweise der EU und die Arbeitsweise von NGOs[3] (wie EASPD) aufzeigen.

Die UN-Konvention selbst wird in diesem Buch in einem gesonderten Beitrag vorgestellt, daher setze ich ihre Kenntnis voraus. Sie ist heute immer als Ausgangspunkt, aber auch Ziel unserer Arbeit zu sehen: Menschen mit Behinderung gleiche Chancen zu schaffen, damit sie an der Gesellschaft teilhaben können.

1 Die Rolle der Europäischen Union – EU

Meine Erfahrung ist, dass europäische Sozialpolitik für die Verbesserung der Lebensbedingungen von Menschen mit Behinderung sehr wesentlich sein kann. Sie ist im Gegensatz zu österreichischer Sozialpolitik meist konsequenter entwickelt und vorbereitet, hat klare Ziele und Umsetzungsschritte, die vorgeschlagenen Maßnahmen werden finanziert und die Ergebnisse evaluiert. In der

---

1 European Association of Service Providers for Persons with Disabilities – EASPD, Avenue Auderghem 63A, B – 1030 Brüssel; EASPD repräsentiert mehr als 10.000 Dienstleistungsorganisationen in 34 europäischen Staaten in allen Lebensbereichen und für alle Zielgruppen von Menschen mit Behinderung. Nähere Informationen finden Sie unter: http://www.easpd.eu

2 UN-Konvention über die Rechte der Menschen mit Behinderung im deutschen Sprachgebrauch meist „Behindertenrechtskonvention" – (BRK). Sie wurde im Dezember 2006 von der UNO-Generalversammlung in New York verabschiedet und trat 2008 in Kraft. Österreich hat die BRK am 30. März 2007 unterzeichnet, am 26. September 2008 ratifiziert und ist damit völkerrechtlich die Verpflichtung eingegangen, die in der BRK enthaltenen Standards umzusetzen.

3 Non Governmental Organisations = Nicht-Regierungsorganisationen.

Umsetzung ist sie aber stark von den Mitgliedsstaaten abhängig, da die Kompetenzen für Sozialpolitik im Wesentlichen bei den Mitgliedsstaaten liegen.

2 EU-Politik wirkt – für Menschen mit Behinderung

Bereits vor dem Beitritt Österreichs zur EU habe ich auf nationaler Ebene an mehreren Vorhaben österreichischer NGOs mitgearbeitet: z.B. einer nationalen Gleichstellungsgesetzgebung und der Umsetzung von Rahmenbedingungen, die es Menschen mit Behinderung erleichtern, Arbeit zu finden und zu erhalten. Erst mit dem Beitritt Österreichs zur EU 1995 war die Entwicklung der sog. „*Begleitenden Hilfen*" zur Eingliederung von Menschen mit Behinderungen in den Arbeitsmarkt bundesweit möglich und 2005 wurde das *Behindertengleichstellungsgesetz* auf der Grundlage europäischer Gesetze[4] umgesetzt.

Dass die EU in ihrer Gesamtheit die BRK als erste Menschenrechtskonvention der UN unterschrieben und ratifiziert hat, war daher ein konsequenter weiterer Schritt. Von den 153 Staaten (inklusive EU), die bis heute die BRK unterschrieben haben, wurde diese auch von 26 EU-Mitgliedsstaaten[5] unterschrieben, aber nur von 19 ratifiziert. Erst mit einer Ratifizierung muss ein Staat die BRK umsetzen. Eine Unterzeichnung allein ist eine Absichtserklärung.

Die Sozialpolitik der EU verfolgt das Ziel, die größten gesellschaftlichen Ungleichheiten in Europa (unter den Staaten und innerhalb der Staaten) zu beseitigen.

[4] Richtlinie über die Gleichbehandlung von Frauen und Männern, Antirassismus-Richtlinie, Richtlinie 2000/78/EG des Rates zur Herstellung der Gleichbehandlung in Beschäftigung und Beruf. Eine Richtlinie auf EU-Ebene ist ein Gesetz, das verpflichtend in allen Mitgliedsstaaten umgesetzt werden muss.

[5] Österreich, Belgien, Bulgarien, Zypern, die Tschechische Republik, Dänemark, Estland, Finnland, Frankreich, Deutschland, Griechenland, Holland, Ungarn, Irland, Italien, Lettland, Luxemburg, Malta, Polen, Portugal, Rumänien, Slowakei, Slowenien, Spanien, Schweden, United Kingdom (dt.: Vereinigtes Königreich); von diesen haben Finnland, Irland, Holland, Malta und Polen die BRK nicht ratifiziert. In diesen Staaten wird die Auffassung vertreten, dass man erst die Voraussetzungen durch verbesserte Gesetze und Finanzierungen für Menschen mit Behinderungen schaffen müsse, bevor ratifiziert werden kann.

3 Die Organe der EU

Das oberste Organ der EU ist der *Europäische Rat.* Er besteht aus den Staats- und Regierungschefs der Mitgliedsstaaten unter dem Vorsitz des für zweieinhalb Jahre ernannten EU-Ratspräsidenten und ist für die strategische Ausrichtung zuständig. Zur Umsetzung dieser Politik gibt es mit dem *Rat der Europäischen Union* und dem *Europäischen Parlament – (EP)* zwei Legislativorgane. Der Rat der Europäischen Union besteht aus den Fachministern der nationalen Regierungen. Das Europäische Parlament besteht aus 754 Abgeordneten, die alle 5 Jahre in den 27 Mitgliedsstaaten gewählt werden.

Exekutivorgan ist die *Europäische Kommission (EK)* mit 27 Kommissaren unter dem Vorsitz des Kommissionspräsidenten. Die Verwaltung der EK erfolgt in Generaldirektionen (GDs).

Für Behindertenpolitik sind im Wesentlichen zwei GDs zuständig: die GD für Sozial- und Beschäftigungspolitik und neu, seit der letzten Neubesetzung der EK, die GD für Justiz. Diese Veränderung halte ich für eine wesentliche Stärkung der behindertenpolitischen Anliegen. Die EK zeigt damit deutlich, dass es in der Umsetzung der BRK um Rechte geht und nicht um Charity.

Neben diesen Organen setzt die EK zur systematischen Entwicklung in speziellen Bereichen *Europäische Agenturen* ein. Ich möchte hier drei erwähnen, weil sie für Menschen mit Behinderung von besonderer Bedeutung sind:

- Die **EU Agency for Fundamental Rights – (FRA)**[6] in Wien ist beauftragt, die Umsetzung der fundamentalen Rechte auch für gesellschaftliche Gruppen wie Menschen mit Behinderung darzustellen und zu fördern. Sie erhebt und analysiert dazu Daten zu einer Vielzahl von Grundrechtsfragen in der Europäischen Union und formuliert auf dieser Grundlage Empfehlungen, wie die Grundrechte der in der Europäischen Union lebenden Menschen besser geachtet werden können. Sie vernetzt sich mit Partnerorganisationen, wie z.B. EASPD oder EDF (European Disability Forum), damit die von der FRA durchgeführten Forschungsarbeiten für deren Erfordernisse relevant sind und die Arbeit anderer Organisationen ergänzen, und damit die Forschungsergebnisse die relevanten Akteure erreichen. Sie übermittelt ihre Empfehlungen an Partnerorganisationen sowie die breite Öffentlichkeit und sensibilisiert für die Grundrechte.
- Die **European Agency for Development in Special Needs Education**[7] mit Sitz in Kopenhagen ist etwas anders aufgebaut. Ihre Mitglieder sind die 27 EU-Mitgliedsstaaten, die Schweiz, Norwegen und Island, sie wird aber zum größten Teil aus Mitteln der EU finanziert. Zu ihren Aufgaben gehört ebenfalls die Erhebung und Verarbeitung von Daten und deren Aufberei-

6 http://fra.europa.eu/fraWebsite/home/home_de.htm

7 http://www.european-agency.org/

tung, sodass gegenseitiges Lernen möglich wird. Ziel ist, dass Menschen mit Behinderung uneingeschränkt an allen Bildungsprogrammen teilhaben können.

- und zuletzt das **European Centre for the Development of Vocational Training**[8] **(CEDEFOP)** mit Sitz in Thessaloniki. Das CEDEFOP ist dafür zuständig, die berufliche Ausbildung in Europa zu verbessern.

4 Instrumente der EU-Sozialpolitik

Wie ich schon angemerkt habe, haben die Mitgliedsstaaten nur wenige sozialpolitische Kompetenzbereiche an die EU übertragen. Zur Umsetzung ihrer Sozialpolitik bedient sich die EU im Wesentlichen folgender Instrumente:

- des Europäischen Sozialfonds (ESF),
- Rechtsvorschriften, die in den Mitgliedsstaaten umzusetzen sind,
- der Charta der Grundrechte der EU[9]

Der *Europäische Sozialfonds (ESF)* wurde 1961 gegründet, um die Schaffung von Arbeitsplätzen zu fördern und den Arbeitsplatz- und Ortswechsel von ArbeitnehmerInnen zu unterstützen. Für 2007-2013 verfügt der ESF über rund 55 Mrd. Euro aus dem EU-Haushalt.

Sozialer Fortschritt stützt sich vor allem auf *Wirtschaftswachstum* und wird sowohl von der nationalen als auch von der EU-Politik gefördert. Wirtschaftspolitik wird in der EU also auch als Sozialpolitik gesehen.

Sozialer Fortschritt wird auch durch *Rechtsvorschriften* gestützt, die allen EU-BürgerInnen solide Grundrechte garantieren, von denen einige in den Europäischen Verträgen verankert sind – beispielsweise das Recht von Männern und Frauen auf gleiche Bezahlung für gleiche Arbeit. Andere Rechte finden sich in Richtlinien zum Schutz von ArbeitnehmerInnen (Gesundheit und Sicherheit am Arbeitsplatz) sowie grundlegenden Sicherheitsstandards.

Im Dezember 1991 verabschiedete der Europäische Rat von Maastricht ein *Sozialkapitel zur Umsetzung der Gemeinschaftscharta der sozialen Grundrechte der Arbeitnehmer*, in der die Rechte enthalten sind, die alle ArbeitnehmerInnen in der EU genießen: Freizügigkeit[10], angemessene Bezahlung, verbesserte Arbeitsbe-

---

8 http://www.cedefop.europa.eu/EN/

9 Amtsblatt der Europäischen Gemeinschaften; (20. Juli 2012) Online im Internet: http://www.europarl.europa.eu/charter/pdf/text_de.pdf

10 EU-BürgerInnen steht es zu, in einem anderen EU-Land Arbeit zu suchen, dort zu arbeiten, ohne dass eine Arbeitserlaubnis erforderlich wäre, zu diesem Zweck dort zu wohnen, selbst nach Beendigung des Beschäftigungsverhältnisses dort zu bleiben und hinsichtlich des Zugangs zu Beschäftigung, Arbeitsbedingungen und allen anderen Sozialleistungen und Steuervorteilen genauso behandelt zu werden wie die Staatsangehörigen des Aufnahmelandes.

dingungen, sozialer Schutz, Vereinigungsrecht und Tarifverhandlungen. Im Juni 1997 wurde diese Charta in Amsterdam Bestandteil des EU Vertrages und ist somit in allen Mitgliedstaaten gültiges Recht.

4.1 Die offene Methode der Koordinierung (OMK)

Die OMK wird von der EK eingesetzt, wenn sie in Politikbereichen tätig werden will, in denen sie von den EU-Verträgen her keine Kompetenzen hat. Die Instrumente der OMK sind

- Gegenseitiges Lernen zum Austausch von sog. „Guter Praxis“ unter den Nationalstaaten,
- Statistische Vergleiche,
- Leitlinien, die die Mitgliedsstaaten bei ihrer nationalen Politik berücksichtigen sollen,
- Benchmarks, die zeigen, wie die Mitgliedsstaaten die in den Leitlinien enthaltenen Ziele erreichen, und die veröffentlicht werden,
- Empfehlungen, wie die Ziele erreicht werden können.

Obwohl sie ein sog. „weiches Instrument“ der Politikentwicklung ist, ist die OMK im Zusammenwirken aller genannten Instrumente recht wirksam. Die Wirksamkeit steigt, wenn NGOs auf nationaler und EU-Ebene die Ergebnisse der einzelnen Instrumente nutzen und in ihrer Arbeit einsetzen.

Die Europäische Kommission gibt dazu unverbindliche Empfehlungen und Leitlinien an die Mitgliedsstaaten. Im Weißbuch der Europäischen Kommission zur „*Governance der EU*“ wird die OMK folgendermaßen definiert:

> „Die offene Koordinierungsmethode wird fallweise angewandt. Sie fördert die Zusammenarbeit, den Austausch, bewährte Verfahren sowie die Vereinbarung gemeinsamer Ziele und Leitlinien von Mitgliedsstaaten, die manchmal wie im Falle der Beschäftigung und der sozialen Ausgrenzung durch Aktionspläne von Mitgliedsstaaten unterstützt werden. Diese Methode beruht auf einer regelmäßigen Überwachung der bei der Verwirklichung dieser Ziele erreichten Fortschritte und bietet den Mitgliedsstaaten die Möglichkeit, ihre Anstrengungen zu vergleichen und aus den Erfahrungen der Anderen zu lernen.“[11]

[11] Europäische Kommission, Europäisches Regieren – ein Weißbuch, 2001, S. 28; (20. Juli 2012) Online im Internet: http://www.eur-lex.europa.eu/LexUriServ/site/de/com2001_0428de01.pdf

4.2 Europäische Budgetlinien

Europäische Budgetperioden sind jeweils auf sieben Jahre geplant. 2013 endet die derzeitige Budgetperiode 2007 bis 2013, die nächste wird von 2014 bis 2020 dauern. Neben den Strukturfonds investiert die EU über spezielle Budgetlinien ebenfalls in die Umsetzung ihrer politischen Strategieprogramme. Für den Behindertenbereich bekannte Programme sind z.B. die für *Lebenslanges Lernen*, *Progress für Beschäftigung und soziale Solidarität*, aber auch *Programme für Bildung und Jugend* oder die *Forschungsrahmenprogramme* zur Entwicklung neuer Technologien.

Für die Nutzung dieser Budgetlinien gibt es jeweils klare Ausschreibungen[12]. Organisationen aus allen Mitgliedsstaaten, bei manchen Programmen sogar darüber hinaus, können Projekte einreichen. Die meisten dieser Projekte müssen mit transnationaler Beteiligung geplant und umgesetzt werden, haben meist eine zwei- bis dreijährige Dauer und verlangen eine nationale Kofinanzierung von rund 25%.

Unsere Erfahrungen mit derartigen Projekten sind äußerst positiv: Organisationen der Behindertenhilfe können Innovationen entwickeln, die MitarbeiterInnen lernen die Praxis in anderen Ländern und Organisationen kennen, Menschen mit Behinderung können im Rahmen von Projekten ebenfalls an Austauschprogrammen teilnehmen und die Projekte geben die Möglichkeit, für die Anliegen der Menschen mit Behinderung zu sensibilisieren und die Ergebnisse national und international darzustellen und zu verbreiten.

5 Die BRK in der EU

In den 27 Mitgliedsstaaten der EU leben um die 80 Millionen Menschen mit einer Behinderung.[13] Behindertenpolitik als Menschenrechtspolitik betrifft damit einen großen Teil der europäischen Bevölkerung. Obwohl die Europäische Union von ihrer Gründungsgeschichte her eine Wirtschaftsunion ist, hat sie bereits sehr früh mit der Einrichtung des ESF und später u.a. mit dem Vertrag von Amsterdam[14] Regelungen zur Regional- und Strukturpolitik der Gemeinschaft quasi in die Verfassung aufgenommen. Insbesondere sollen die beiden

[12] Vgl. z.B. in Österreich auf der Webseite der Österreichischen Nationalagentur, die für die EU in Österreich die Ausschreibung und Umsetzung solcher Programme koordiniert: http://www.lebenslanges-lernen.at/. Auf dieser Webseite werden alle Ausschreibungen aktualisiert, sind die Einreichformulare sowie die genauen Ausschreibungsbedingungen zu finden.

[13] EUROSTAT: Disability and Social Participation in Europe; 2001; (20. Juli 2012); Online im Internet: URL: http://epp.eurostat.ec.europa.eu/cache/ITY_OFFPUB/KS-AW-01-001/DE/KS-AW-01-001-DE.PDF.

[14] Artikel 13 ermächtigt die EU Maßnahmen gegen Diskriminierungen aus dem Grund der Rasse, der ethnischen Herkunft, der Religion oder der Weltanschauung, des Alters, einer Behinderung oder der sexuellen Orientierung zu setzen.

dafür eingerichteten Strukturfonds (Europäischer Regionalentwicklungsfonds – ERF und der ESF) zur sozialen Kohärenz der Gemeinschaft beitragen.

Verstärkt wurde diese Politik durch den Beschluss des Europäischen Rates 2000, in dem festgelegt wurde, dass bis 2010 die EU der wettbewerbsfähigste und dynamischste wissensbasierte Wirtschaftsraum der Welt werden sollte, fähig, dauerhaftes Wirtschaftswachstum mit mehr und besseren Arbeitsplätzen und größerem sozialen Zusammenhalt zu erzielen.[15] Insbesondere haben die europäischen Regierungschefs dort beschlossen, dass „*das europäische Gesellschaftsmodell zu modernisieren, in die Menschen zu investieren und die soziale Ausgrenzung zu bekämpfen ist*“[16]. Dazu wurden insbesondere Maßnahmen im Bildungsbereich festgelegt, die die Beschäftigungsfähigkeit verbessern sowie Maßnahmen zur „*Modernisierung des Sozialschutzes*“ und zur „*Förderung der sozialen Integration*“[17]. Explizit wurden der EU-Rat und die EK aufgefordert, „*prioritäre Maßnahmen für bestimmte Zielgruppen (zum Beispiel Minderheiten, Kinder, alte Menschen und Behinderte) zu entwickeln, wobei die Mitgliedsstaaten je nach ihrer besonderen Situation unter diesen Maßnahmen wählen können und anschließend über deren Umsetzung Bericht erstatten*“[18].

Derartige regelmäßige Berichte gehören zu dem bereits beschriebenen „weichen Instrumentarium“ der EU, der „Offenen Methode der Koordinierung – (OMK)“. Wie erwähnt, hat sich die EU damit ein Instrument geschaffen, das es ihr außerhalb ihres primären Zuständigkeitsbereichs ermöglicht, politisch tätig zu werden. Dazu gehört beinahe der gesamte Bereich der Sozialpolitik, der im Zuge der Subsidiarität zum größten Teil im Zuständigkeitsbereich der Mitgliedsstaaten liegt.

6 Die Europäische Behindertenstrategie 2010-2020

Mit der BRK hat die EU erstmals als Union eine Menschenrechtskonvention unterzeichnet und 2010 ratifiziert. Damit ist diese Konvention im politischen und organisatorischen Zuständigkeitsbereich der EU gültig.

Zu ihrer Umsetzung wurde 2011 ein Strategiedokument verabschiedet, die Europäische Behindertenstrategie 2010-2020[19]. Diese Strategie schlägt neue Pläne und Maßnahmen zur Einbindung von Menschen mit Behinderung in alle Bereiche der Gesellschaft vor, mithilfe derer die EU und die Mitgliedsstaaten die Vorschriften der BRK in die Praxis umsetzen können.

---

15 Mitteilungen des Europäischen Parlaments; Schlussfolgerungen des Vorsitzes unter http://www.europarl.europa.eu/summits/lis1_de.htm

16 A.a.O.

17 A.a.O.

18 A.a.O.

19 EU-Strategie für Menschen mit Behinderung 2010 – 2010; http://www.ec.europa.eu/social/BlobServlet?docId=6284&langId=de

Die BRK gibt Menschen mit Behinderung das Recht auf den Genuss gleicher Rechte und Chancen. Dazu braucht es barrierefreie und inklusive Mainstream-Dienstleistungen sowie spezielle Dienstleistungen, die individuelle Bedürfnisse und Wünsche aufgreifen und umsetzen.

Weiters sind dazu Organisationen notwendig, die – bezogen auf einzelne Behinderungsformen – diesen Wandel zu inklusiven Gesellschaften in Gang setzen, unterstützen und dafür eintreten, wie z.B. für verbesserten öffentlichen Transport, oder den Zugang zu öffentlichen Gesundheitseinrichtungen, um Teilhabe zu ermöglichen. Diese Organisationen sind fast immer Organisationen der Zivilgesellschaft, wie Selbstvertretungs- und Dienstleistungsorganisationen sowie Interessenvertretungen. Als NGOs haben sie ein starkes Interesse, gesellschaftliche Entwicklungen voranzubringen und die Interessen ihrer Mitglieder auch wirklich einzulösen.

Europäische NGOs kooperieren zur Erfüllung ihrer Aufgaben mit allen beschriebenen Organen der EU, auch den europäischen Agenturen.
Im Folgenden wird am Beispiel des europäischen Dachverbands EASPD stellvertretend für andere europäische NGOs beschrieben, wie diese Rolle wahrgenommen wird.

7 Die Rolle von EASPD

Als europäischer Dachverband repräsentiert EASPD heute mehr als 10.000 Dienstleistungsorganisationen in 34 europäischen Staaten. EASPD steht für die Verbesserung der Chancengleichheit von Menschen mit Behinderung durch qualitativ hochwertige Dienstleistungen. In den 15 Jahren seit seiner Gründung ist es EASPD gelungen, in den Dienstleistungsorganisationen selbst, aber auch in der Politik und vielen Verwaltungen in ganz Europa einen Innovationsprozess und Reformprozess in Gang zu setzen und zu unterstützen.

Die Organisation wird dazu v.a. in drei Bereichen tätig:

1. Politik, u.a. durch Entwicklung politischer Positionspapiere aus jährlich mindestens zwei Konferenzen und ständigen Arbeitsgruppen zu den Themen Politik, Arbeit und Beschäftigung, Bildung, Selbstständige Lebensführung und Unterstützende Technologien. EASPD entwickelt dazu eine eigenständige Agenda, in der der Verband selbst die notwendigen Themen entwickelt und auf die europäische Tagesordnung bringt (z.B. Alter und Behinderung, Arbeit für Menschen mit Behinderung, Einsatz unterstützender Technologien, Ausbildung von Personal, Maßnahmen gegen die Auswirkungen der Finanzkrise, …).
2. Entwicklung von Innovationen, v.a. durch eine Vielzahl von transnationalen Projekten, die Neu- und Weiterentwicklungen ermöglichen, aber auch den Austausch über europäische gute Praxis.
3. Information von der EU-Ebene zu den Mitgliedsorganisationen und umgekehrt (u.a. durch Sichtung und Bereitstellung von Informationen über eu-

ropäische Entwicklungen sowie mittels Studien über Entwicklungen aus den Mitgliedsstaaten, …).

Werthaltungen von EASPD

Zeitgemäße Dienstleistungen sind heute

- in die Gemeinde integriert (community based) und unterstützen v.a. die Teilhabe am Leben in der Gemeinde,
- an den individuellen Bedürfnissen jeder Person orientiert (person centered) und achten Menschen mit Behinderung als BürgerInnen und
- unterstützen die Entwicklung zu einer inklusiven Gesellschaft.

Ihr Know-how setzen die Mitglieder von EASPD u.a. dazu ein, Institutionen abzubauen und die unterschiedlichsten Gruppierungen (Gemeinden, Firmen, Bildungseinrichtungen, …) dabei zu unterstützen, inklusiver zu werden.

Leitidee ist, Dienstleistungen nicht in abgeschlossenen Sonderwelten als Spezialdienstleistungen anzubieten, sondern dort, wo die Menschen normalerweise leben und arbeiten, im „Mainstream“[20].

8 Die Organisation der Zivilgesellschaft

Es ist ein Gemeinplatz: Gesellschaften sind heute sehr komplex. Politik kann nur dann gute Strategien und Rahmenbedingungen entwickeln, wenn sie nachhaltig Formen der Einbindung der Zivilgesellschaft etabliert. Der EK ist das bewusst. Damit diese Einbindung auf europäischer Ebene möglich ist, ist eine gute Organisation der einzelnen Interessengruppen Voraussetzung. Auf europäischer Ebene nehmen solche Aufgaben viele Dachverbände in unterschiedlichen Rollen wahr. Die Vertretung der Interessen von Menschen mit Behinderungen selbst wird z.B. vom Europäischen Behindertenforum[21] wahrgenommen, Caritas Europa und Eurodiakonie wiederum vertreten ihre nationalen Organisationen in Brüssel, Angehörige von Menschen mit Behinderung und Menschen mit Intellektueller Behinderung werden von Inclusion Europe[22]

---

[20] Der Begriff „Mainstreaming“ wird heute dazu verwendet, aufzuzeigen, dass wir eine gesellschaftliche Sichtweise und gesellschaftliche Bemühungen in allen Lebensbereichen benötigen, um Behinderungen abzubauen. Wir sprechen mit der BRK vom Sozialen Modell von Behinderung, das darauf verweist, dass eine körperliche, psychische oder intellektuelle Schädigung nur dann zur Behinderung wird, wenn die gesellschaftlichen Rahmenbedingungen nicht passen, um Teilhabe zu ermöglichen. Für „Mainstreaming“ gibt es meines Erachtens keine passende deutsche Übersetzung, daher verwende ich den englischen Begriff.

[21] European Disability Forum – EDF (s. Anm. 5), http://www.edf.eu

[22] Inclusion Europe – IE (s. Anm. 5); http://inclusion-europe.org/

vertreten und wie bereits erwähnt, Dienstleistungsorganisationen für Menschen mit Behinderung von der EASPD.

Die wichtigsten Dachverbände im Sozialbereich kooperieren in der „Social Platform“[23] (SP), über die sie in der Lage sind, zu allen relevanten Themen europäischer Sozialpolitik beizutragen. Die SP ist damit zentraler Partner der EK, des EP und des Europarats in der Entwicklung von Strategien, bei ihrer Umsetzung wie auch ihrer Evaluierung.

Europäische Organisationen im Zusammenwirken für die Umsetzung der BRK

Die BRK schafft eine neue Sichtweise auf Behinderung, die speziell für Sozial- und Gesundheitsdienstleistungen von Bedeutung ist. Sie schafft den Rahmen und ist Katalysator für die Weiterentwicklung weg von einer paternalistischen Sichtweise zu einer Sichtweise, die sich an den Menschenrechten orientiert: Bürgerschaft, Teilhabe, Einbindung und Engagement sind Herausforderungen für alle Menschen und damit auch Schlüsselwörter für die Zukunft der Dienstleistungen.

9 Wie funktioniert europäische Politik?

Vor Unterzeichnung und Ratifizierung gab es auf unterschiedlichsten Ebenen eine Meinungsbildung zur BRK. Im Behindertenbereich aktive NGOs, allen voran EDF, brachten das Thema auf die Tagesordnung der europäischen Institutionen. Die EK, speziell der damalige Kommissar für Soziales und Arbeit, Vladimir Spidla, und das EP, dort speziell die sog. „Disability Intergroup“,[24] unterstützten die Initiative. Solche Konsultationen laufen informell in Form von Eingaben und Vorschlägen und formell in Form von Konsultationen ab. An Konsultationen der EU kann sich heute jede Organisation beteiligen, die fachlich etwas beizutragen hat. Europäische Konsultationen werden internetbasiert durchgeführt, ihre Ergebnisse werden ausgewertet und veröffentlicht sowie im Rahmen des weiteren Gesetzwerdungsprozesses berücksichtigt.

Für europäische NGOs sind derartige Konsultationen eine Möglichkeit der Mitwirkung an neuen Initiativen und Gesetzen.

23 http://www.socialplatform.eu

24 Im Europäischen Parlament gibt es 45 Intergroups. Das sind Arbeitsgruppen, die sich parteiübergreifend mit Themenbereichen beschäftigen und parlamentarische Initiativen vorbereiten. Sie agieren weniger parteipolitisch als sachorientiert.

10 Die Arbeitsweise der EASPD

a) EASPD arbeitet transparent

Die „Regeln guten Regierens“ (vgl. Fußnote 11) setzen die Mitglieder der EASPD auch in ihrem Wirkungsbereich um.

„Gutes Regieren“ basiert auf fünf einander ergänzenden Grundsätzen:

1. Offenheit: Alle Organe der Organisation legen Wert auf Transparenz, die Vermittlung der Entscheidungen und der Entscheidungsgrundlagen und das in einfacher und für alle verständlicher Sprache.
2. Partizipation: Die Mitglieder und die gewählten Organe müssen systematisch in die Entwicklung und Umsetzung der EASPD-Politik einbezogen werden, von der Entwicklung von Ideen bis zu ihrer Umsetzung.
3. Verantwortlichkeit: Es muss klar sein, wer wofür in der Organisation verantwortlich ist, damit die Organisation, die unterschiedlichen Gremien und die Gesamtstruktur das tun kann, was sie in ihrem Jahresprogramm beschließt. Die Ergebnisse muss die Organisation öffentlich machen.
4. Effektivität: Klare Ziele und Vorhaben, laufende Evaluierungen und wenn notwendig Nachfolgeaktionen sowie klare Aktionspläne zur Umsetzung der getroffenen Entscheidungen sind in der Organisation vorhanden.
5. Kohärenz: Die einzelnen Maßnahmen in den unterschiedlichen Arbeitsfeldern von EASPD sowie die gewählten Arbeitsweisen müssen kohärent aufeinander und das Ziel von EASPD abgestimmt sein. Ziel ist, durch hochwertige Dienstleistungen die Chancengleichheit von Menschen mit Behinderung zu verbessern.

Um das umzusetzen, hat die EASPD eine klare Führungsstruktur mit klaren Verantwortlichkeiten[25] entwickelt und umgesetzt:

- Der *Präsident* vertritt die Organisation nach innen und außen, leitet sie, führt den Vorsitz in Generalversammlung, Vorstand und Executive Committee und setzt mit dem Generalsekretär die beschlossenen Maßnahmen um.
- Das *Executive Committee* (1 Präsident, 3 VizepräsidentInnen, 1 Schatzmeisterin) führt die laufenden Geschäfte, unterstützt und berät den Generalsekretär und die Vorsitzenden der Standing Committees[26].

---

[25] Vgl. Statuten, Organigramm und Geschäftsordnung von EASPD exemplarisch für andere Europäische NGOs unter http://www.easpd.eu/AboutEASPD/tabid/3506/Default.aspx

[26] EASPD hat ständige Ausschüsse zu den Themen „politische Wirksamkeit“, Inklusive Bildung, Arbeit und Beschäftigung, Erweiterungsfragen eingerichtet. Diese Ausschüsse tagen mehrmals im Jahr und entwickeln politische Positionen der Organisation und die inhaltlichen Arbeitsvorhaben. Darüber hinaus bereiten sie die Auseinandersetzung mit RepräsentantInnen der Verwaltung und der Politik vor.

- Der *Vorstand* (bestehend aus 21 Mitgliedern aus ganz Europa und aus allen Arbeitsfeldern von Dienstleistung) entwickelt die strategischen Vorgaben und kontrolliert die Tätigkeit des Executive Committee.
- Die *Generalversammlung* ist das oberste Organ der Organisation, sie wählt den Vorstand und die Funktionäre, beschließt das Arbeitsprogramm und das Budget und entlastet den Vorstand und den Generalsekretär.
- Der *Generalsekretär* führt gemeinsam mit seinen MitarbeiterInnen alle Tagesgeschäfte entsprechend dem beschlossenen Jahresprogramm.
- In vier *Ständigen Ausschüssen*[27] sowie in drei Interessengruppen (Unterstützende Technologien, Umsetzung von Artikel 19 zur unabhängigen Lebensführung in allen Bereichen, psychische Gesundheit) werden die Inhalte und die konkrete Ausrichtung sowie alle Maßnahmen im jeweiligen Bereich für das Executive Committee und das Generalsekretariat aufbereitet.

Die jährlichen Arbeitsprogramme werden auf der Basis einer mittelfristigen strategischen Orientierung entwickelt, die der Vorstand in einer intensiven Arbeitsphase erarbeitet hat und laufend anpasst. Eine wesentliche strategische Entscheidung in EASPD ist es dabei, alle Vorhaben auf die BRK zu beziehen.

EASPD ist sich bewusst, dass dies für viele Mitgliedsorganisationen eine enorme Herausforderung bedeutet. Die Dienstleistungen in den einzelnen Staaten sind aus historischen, kulturellen und finanziellen Gründen sehr unterschiedlich entwickelt. Die Angebote reichen von großen Institutionen bis zu modernen, gemeindenahen Dienstleistungen. Diese Heterogenität können wir auch in den handlungsleitenden Paradigmen finden, sie reichen von medizinischer Versorgung über Dienstleistungen mit Charity-Charakter bis zur Akzeptanz von Menschen mit Behinderungen als gleichwertige BürgerInnen, die ein Recht auf volle Teilhabe am Leben haben.

b) EASPD setzt relevante Themen

Für Dienstleistung gibt es spezielle Herausforderungen zu beachten:

- Dienstleistung hat immer mit großen Budgets zu tun, es geht also um Wirtschaftlichkeit.
- Die Qualität von Dienstleistung ist entscheidend, es geht also um die Umsetzung der BRK im Alltag.
- Dienstleistung wird immer von Personal erbracht, es geht also um Qualifizierung von Personal und um angemessene Anstellungsbedingungen.
- Mit gesellschaftlichen Entwicklungen verändern sich Dienstleistungen, es geht also um die Schließung von Institutionen und den Aufbau gemeinde-

27 Vgl. Fußnote 26.

naher Dienstleistungen genauso wie um die Entwicklung neuer Dienstleistungsformen.

Solche Themen auf die europäische und nationalstaatliche Tagesordnung zu bringen und dort zu etablieren, ist eine Aufgabe von EASPD. Dazu nutzt EASPD seine interne Struktur und entwickelt die Themen so, dass sie mit anderen gemeinsam weiter bearbeitet werden können. Themen, die derzeit auf der Tagesordnung stehen, sind u.a. Alter und Behinderung, Selbstständige Lebensführung gemäß Artikel 19 BRK für Zielgruppen wie ältere Menschen, Menschen mit sog. Doppeldiagnosen (mit intellektueller Behinderung und Problemen in der psychischen Gesundheit) und Menschen mit schwerster Behinderung, verbesserter Einsatz unterstützender Technologien, Ausbildung von Fachpersonal, Arbeit für Menschen mit Behinderung, Regionale Teilhabeplanung.

Sind Themen aufbereitet, schafft EASPD über mindestens zwei jährliche internationale Konferenzen die Möglichkeit, dass sich alle „Stakeholder“[28] einbringen können. Ist das Thema umsetzungsreif, steht am Ende einer solchen Konferenz eine sog. „Deklaration“, mit der die weitere Umsetzungsstrategie festgelegt wird. Mittlerweile ist es EASPD gelungen, in zahlreichen Themenbereichen über diese Deklarationen europäische Arbeitsvorhaben und Arbeitsweisen zu beeinflussen. Beispiele dafür sind:

- Deklarationen zum Thema Alter und Behinderung aus Graz (2006)[29], Barcelona (2009)[30] und Linz (2011)[31]
- Deklaration zum Thema Arbeit und Beschäftigung aus Thessaloniki (2009)[32]
- Deklaration zum Thema Inklusive Bildung aus Dublin (2009)[33]
- Deklaration zum Thema „Inclusion of the most excluded“ über Menschen mit schwerster Behinderung aus Helsinki (2010)[34]
- Deklaration über „Leben in der Gemeinde“ aus Skopje (2010)[35]

---

28 Der Begriff lässt sich schwer ins Deutsche übersetzen; der Autor verwendet im Deutschen meist den Begriff „Interessengruppen“.

29 http://www.chanceb.at/aad/index.php?seitenId=14

30 http://www.ijic.org/index.php/ijic/article/viewArticle/521/1035

31 http://www.easpd.eu/Portals/easpd/Conference%20Linz/EASPD%20Linz%20Declaration%202011.pdf

32 http://www.easpd.eu/LinkClick.aspx?fileticket=36353633336E536B5045493D&tabid=5177&language=en-US&stats=false

33 http://www.easpd.eu/LinkClick.aspx?fileticket=31354E564B3662544A61453D&tabid=5199&language=en-US&stats=false

34 http://www.easpd.eu/LinkClick.aspx?fileticket=5841463743325561 7A37383D&tabid=5254&language=en-US&stats=false

35 http://easpdskopjeconference.openthewindows.org/ManifestoEN.html

- Maßnahmen in Zusammenhang mit „Armut und Behinderung" aus Brüssel (2010)[36]

c) EASPD arbeitet in Partnerschaft

Die Mitwirkung an europäischer Politik gelingt gut, weil EASPD formelle Partnerschaften und Mitgliedschaften auf allen Ebenen der Politikentwicklung etabliert hat. Damit ist EASPD heute eine der Schlüsselorganisationen im Behindertenbereich auf europäischer Ebene und kann dort seinen Einfluss geltend machen. EASPD ist bzw. verfügt über:

- Partizipativen Status im *Europarat*[37] - Unabhängige Nichtregierungsorganisationen sind ein wesentlicher Bestandteil der europäischen Gesellschaft und haben wesentliche Bedeutung für die Demokratie. Der Europarat gibt internationalen NGOs (INGOs) die Möglichkeit, einen partizipativen Status zu erwerben. EASPD ist eine dieser Organisationen.
- Mitglied im *Monitoring Ausschuss des Europarats* für den Aktionsplan für Behinderung.
- Vollmitglied der *NGO „Liaison Group des Europäischen Wirtschafts- und Sozialausschusses"*[38], einem beratenden Organ der EU, das den zentralen EU-Organen (EK, Europäischer Rat, EP) mit seinem Sachverstand zur Seite steht. Zu diesem Zweck erarbeitet der Ausschuss Stellungnahmen zu EU-Legislativvorschlägen und behandelt in Initiativstellungnahmen weitere Themen, die seiner Meinung nach aufgegriffen werden sollten.
- Vollmitglied der *„Plattform der Europäischen Sozialen NGOs"* (vgl. Fußnote 23)
- Mitglied von *„Social Economy Europe"*[39], dem Verband zur Vertretung der sozialwirtschaftlichen Interessen im Rahmen der europäischen Sozialpartnerschaft

36 http://www.easpd.eu/LinkClick.aspx?fileticket=594B4B4268584241657534 3D&tabid=5297&language=en-US&stats=false

37 Der Europarat hat 46 Mitgliedsstaaten. Er verfolgt das Ziel, unter diesen Staaten ein einheitliches Bild davon herzustellen, was sie unter Demokratie, politischer Freiheit, Rechtsstaatlichkeit, und Bewahrung der Freiheiten des Einzelnen verstehen. Alle Mitgliedsstaaten sind verpflichtet, ihr politisches Handeln nach diesen Prinzipien auszurichten. Im Europarat in Straßburg sichert ein Generalsekretär die Umsetzung der vom Ministerkomitee, der Parlamentarischen Versammlung, dem Kongress der Gemeinden und Regionen des Europarates sowie der Konferenz der Internationalen Nichtregierungsorganisationen (INGOS) entwickelten und beschlossenen Maßnahmen. Die INGOS sind ein offizielles Gremium des Europarats und haben partizipativen Status, weil sie an der Umsetzung der Aufgaben des Europarats mitwirken.

38 http://www.eesc.europa.eu/?i=portal.de.home

39 http://www.socialserviceseurope.eu wurde erst im Dezember 2011 gegründet. EASPD hat sich sehr für die Gründung eingesetzt, um über einen Dachverband zu verfügen, der auf europäischer Ebene auch in der Europäischen Sozialpartnerschaft mitwirken kann.

- Sitz in der sog. *„High Level Group on Disability"* der GD Beschäftigung und Soziales. In diesem Gremium sind alle Nationalstaaten vertreten sowie für das Thema relevante NGOs, wie EASPD und EDF.
- Teilnahme an den Sitzungen der sog. *Disability Intergroup des Europäischen Parlaments*
- Mitglied der *Sozialwirtschafts-Intergroup des Europäischen Parlaments*
- Mitglied der *Interessengruppe für Pflege des Europäischen Parlaments*
- Regelmäßige formelle und informelle Besprechungen mit der *Abteilung für Integration von Menschen mit Behinderung der EK*
- Mitglied des *European Citizen Action Service* (ECAS)[40]
- Enge Zusammenarbeit mit dem *Europäischen Behindertenforum EDF und Inclusion Europe*
- Vertrag zur Zusammenarbeit mit der *International Association for the Scientific Study of Intellectual Disabilities (IASSID)*[41]
- Vertrag zur Zusammenarbeit mit *Nordic Cooperation on Disability* (NSH)[42]

Über diese formalen Formen der Zusammenarbeit kann EASPD sicherstellen, dass seine Beiträge zur europäischen Behindertenpolitik und zur Umsetzung der BRK über die richtigen Kanäle weiter bearbeitet werden können. Wie die Liste zeigt, ist die Zusammenarbeit sehr breit angelegt, von der europäischen Politik bis zur Forschung, von der Sozialpartnerschaft zur BürgerInnenbeteiligung.

Durch die Einladung zur Mitwirkung an den von EASPD veranstalteten Konferenzen wird sichergestellt, dass die Deklarationen und sonstigen Ergebnisse von hohem Interessenausgleich getragen sind und tatsächlich den „Stand der Technik" in Bezug auf jede Thematik darstellen.

11 Schlussfolgerungen

Die Umsetzung der BRK braucht ein gut eingespieltes und verlässliches Zusammenwirken von Politik, Verwaltung und Zivilgesellschaft (über NGOs). Will die Zivilgesellschaft eine maßgebliche Rolle dabei spielen, muss sie sich organisieren. Die EU hat dazu viele Formen der Zusammenarbeit mit der Zivilgesellschaft etabliert.

40 http://www.ecas-citizens.eu/

41 http://www.iassid.org

42 http://www.norden.org/en/nordic-council-of-ministers/councils-of-ministers/nordic-council-of-ministers-for-health-and-social-affairs-mr-s/institutions-and-co-operative-bodies/co-operative-bodies/nordic-council-on-disability/

Zur Umsetzung der BRK wurde eine Europäische Behindertenstrategie verabschiedet. Zu ihrer Umsetzung ist die EK wieder auf die Organisationen der Zivilgesellschaft auf europäischer und nationaler Ebene angewiesen. Die notwendige Zusammenarbeit funktioniert umso besser, je mehr formale Formen dafür etabliert sind, um alle Interessengruppen (Politik, Verwaltung, Forschung, NGOs, Wirtschaft, …) einzubinden.

Gelingt das, profitieren Menschen mit Behinderungen auf allen Ebenen von verbesserten Teilhabemöglichkeiten.

Literaturverzeichnis

EASPD; What about me – including the most excluded / improving the Quality of Life of People with Profound Disabilities; Conference Manifesto; Helsinki 2010; (20.07.2012); Online im Internet: http://www.easpd.eu/LinkClick.aspx?fileticket=58414637433255617A37383D&tabid=5254&language=en-US&stats=false

EASPD; "Towards community-living: current realities & future challenges"; Skopje 2010; (20.07.2012); Online im Internet: http://easpdskopjeconference.openthewindows.org/ManifestoEN.html

EASPD; Final Report: Poverty and Disability – How can we break the link?; Brüssel 2010; (20.07.2012); Online im Internet: http://www.easpd.eu/LinkClick.aspx?fileticket=594B4B4268584241657534 3D&tabid=5297&language=en-US&stats=false

EASPD; Deklaration von Graz: Alter und Behinderung – Menschen mit Behinderung werden älter, ältere Menschen werden behindert; Graz 2006; (20.07.2012); Online im Internet: http://www.chanceb.at/aad/index.php?seitenId=14

Salvador Carulla, Luis et. al.; Barcelona declaration on bridging knowledge in long-term care and support; In: International Journal of Integrated Care; Barcelona 2009; (20.07.2012); Online im Internet: http://www.ijic.org/index.php/ijic/article/viewArticle/521/1035

EASPD; Linz Declaration: Independent Living for Ageing Persons with Disabilities – EASPDs contribution to European Year for Active Ageing and Solidarity between Generations; Linz 2011; (20.07.2012); Online im Internet: http://www.easpd.eu/Portals/easpd/Conference%20Linz/EASPD%20Linz%20Declaration%202011.pdf

EASPD; Thessaloniki Declaration: Position Paper on Employment for Persons with Disabilities; Thessaloniki 2009; (20.07.2012); Online im Internet: http://www.easpd.eu/LinkClick.aspx?fileticket=36353633336E536B5045493D&tabid=5177&language=en-US&stats=false

EASPD; Dublin Manifest zur Inklusiven Bildung – was sollte jetzt getan werden?; Dublin 2009; (20.07.2012); Online im Internet: http://www.easpd.eu/LinkClick.aspx? fileticket=31354E564B3662544A61453D&tabid=5199&language=en-US&stats=false

EU-Strategie für Menschen mit Behinderung 2010 – 2020; Brüssel 2010; (20.07.2012); Online im Internet: http://www.ec.europa.eu/social/BlobServlet?docld=6284&langld=de

Europäische Kommission: RICHTLINIE 2000/78/EG DES RATES vom 27. November 2000 zur Festlegung eines allgemeinen Rahmens für die Verwirklichung der Gleichbehandlung in Beschäftigung und Beruf; Brüssel 2000; (20.07.2012); Online im Internet: http://eur-lex.europa.eu/LexUriServ/LexUriServ.do?uri=OJ:L:2000:303:0016:0016:DE:PDF

Links

Amtsblatt der Europäischen Gemeinschaften. http://www.europarl.europa.eu/charter/pdf/text_de.pdf

CEDEFOP – European Center for the Development of Vocational Training. http://www.cedefop.europa.eu/EN/

EASPD – European Association of Service Providers for Persons with Disabilities. http://www.easpd.eu

EASPD – Statuten und Geschäftsordnung. http://www.easpd.eu/AboutEASPD/tabid/3506/Default.aspx

European Disability Forum – EDF. http://www.edf.eu

European Agency for Development in Special Needs Education. http://www.european-agency.org

European Citizen Action Service. http://www.ecas-citizens.eu

Europäischer Wirtschafts- und Sozialausschuss. http://www.eesc.europa.eu/?i=portal.de.home

EUROSTAT – Disability and Social Participation in Europe. http://epp.eurostat.ec.europa.eu/cache/ITY_OFFPUB/KS-AW-01-001/DE/KS-AW-01-001-DE.PDF

Fundamental Rights Agency. http://fra.europa.eu/fraWebsite/home/home_de.htm

Inclusion Europe. http://inclusion-europe.org/

International Association for the Scientific Study of Intellectual Disabilities (IASSID). http://www.iassid.org

Mitteilungen des Europäischen Parlaments; Schlussfolgerungen des Vorsitzes. http://www.europarl.europa.eu/summits/lis1_de.htm

Nordic Council of Ministers on Disability. http://www.norden.org/en/nordic-council-of-ministers/councils-of-ministers/nordic-council-of-ministers-for-health-and-social-affairs-mr-s/institutions-and-co-operative-bodies/co-operative-bodies/nordic-council-on-disability/

Österreichische Nationalagentur. http://www.lebenslanges-lernen.at/

Social Services Europe. http://www.socialserviceseurope.eu

Social Platform. http://www.socialplatform.eu

Weißbuch über gutes Regieren der EU. http://www.eur-lex.europa.eu/LexUriServ/site/de/com2001_0428de01.pdf

Pädagogische Diagnostik und Beurteilung als wesentliche Bestandteile einer inklusiven Pädagogik

Ewald Feyerer

1 Der Wandel der (Sonder-)Pädagogik bedingt einen Wandel der Diagnostik

Ausgehend von der jahrzehntelangen Vorherrschaft medizinischen Denkens innerhalb der Heil- und Sonderpädagogik wurde Behinderung im Sinne des „medizinischen oder individualtheoretischem Paradigmas" (Bleidick, 1979, S. 68) als Krankheit mit einer bestimmten Ursache und mit Symptomen gesehen, deren Besserung nur durch *besondere* Therapien von *besonderen* SpezialistInnen in besonderen Anstalten geleistet werden kann. Basis dafür waren Diagnosen wie „geistig behindert", gegen die sich Feuser vehement ausspricht, da damit die Bildungslaufbahn eines betroffenen Menschen festgelegt wird. Durch die Diagnose „geistig behindert" bringen wir den Menschen, hinsichtlich Komplexität und Heterogenität, in sehr vereinfachte Lernfelder *(= Reduktion der Komplexität durch Reduktion der Wirklichkeit)*. Da dieser Mensch dann nur jene Fortschritte machen kann, die ihm prophezeit wurden, bestätigt sich die Diagnose (= *self-fulfilling prophecy*) (Feuser, 1995).

Dem defektorientierten Ansatz der Heil- und Sonderpädagogik wird eine ökosystemische Sichtweise entgegengestellt, die Behinderung im Sinne der WHO-Definition von 1980 (ICIDH[1]) konsequent nicht als Eigenschaft bestimmter Personen, sondern *als sozial bedingte* Folge von individualer Schädigung (impairment) oder Leistungsminderung bzw. Funktionsbeeinträchtigung (disability) sieht. Selektion und Separation werden nicht als logische Folge von Behinderung, sondern als die Behinderung selbst gesehen. Behinderung ist aus dieser Sicht kein unveränderbarer, genetisch, hirnorganisch oder sonst wie biologisch vorgegebener Defekt, sondern eine durch soziales Handeln und Erleben veränderliche Bedingung des Menschseins. Sind Kinder ungenügend in ihr Ökosystem integriert, haben sie zu wenige Anregungen zur Auseinandersetzung mit ihrer konkreten Lebenswelt, *werden* sie behindert.

Ein gemeinsamer Unterricht ist ein unverzichtbares Mittel, um die in unserer Gesellschaft vorherrschende Separation beeinträchtigter Menschen langfristig zu verändern, denn Ziel und Weg müssen ident sein. Es gilt, die Vielfalt des menschlichen Seins anzuerkennen und zu fördern und jedem Menschen die

---

1 http://www.dimdi.de/static/de/klassi/diagnosen/icdverz/icdv-5.htm#nr217 [24.03.2012]

gleiche Würde und das gleiche Recht entgegenzubringen, unabhängig von seiner Intelligenz, seiner Bewegungsfähigkeit, seinem Sprachvermögen, etc. Gleichwertigkeit – nicht Gleichmacherei – ist daher eines der grundlegendsten Prinzipien inklusiver Pädagogik.

Ein weiteres wichtiges Prinzip ist der *Kind-Umfeld-Ansatz*. Dieses Prinzip bezieht sich auf den Wechselwirkungsprozess zwischen Individuum und Gesellschaft und die Bedeutung der sozialen Umwelt im Prozess der Ontogenese. Ob ein bestimmtes Kind in einer bestimmten Schule optimal unterrichtet und erzogen werden kann, hängt nicht alleine von den Fähigkeiten des Kindes, sondern gleichermaßen von den Fähigkeiten der Schule ab. Die pädagogischen Möglichkeiten der Schule können in vielen Fällen verändert werden, die personalen Lernbedingungen kaum. Die inklusive Schule stellt sich daher auf die Möglichkeiten der SchülerInnen ein, anstatt bloß eine Anpassung der Kinder an die Schule zu fordern.

Ziel pädagogischen Handelns ist die Manipulation der sozial gemachten Lernbedingungen, wobei nicht von Defekten, sondern von den jeweiligen Kompetenzen ausgegangen wird. Dieser Perspektivenwechsel *„Weg von den Defekten – hin zu den Kompetenzen"* drückt sich auch in der neuen Diktion der WHO aus, die mit der ICF[2] den gesamten Lebenshintergrund im Sinne von Kontextfaktoren mitberücksichtigt und anstelle von Schädigung *Körperfunktion bzw. Körperstrukturen*, statt Leistungsminderung *Aktivität/Leistung* und anstelle des Begriffes Behinderung jenen der *Partizipation* setzt und auch Umwelt als entscheidenden Faktor berücksichtigt.

Um zu verhindern, dass Inklusion nur Fassade bleibt, muss es zu einer Revision des vorherrschenden Menschenbildes kommen. Feuser (1986) definiert das der Integration/Inklusion zugrunde liegende Menschenbild folgendermaßen:

- Der Mensch ist in allen seinen Lebensäußerungen nur als Ganzheit zu begreifen. Biologisch-organische, psychische und soziale Funktionen sind nicht voneinander trennbar.
- Der Mensch ist grundsätzlich Individuum und als solches aktiv handelndes Subjekt, welches durch die tätige Auseinandersetzung mit der Umwelt diese erkennen und sich anzueignen vermag.
- Der Mensch ist grundsätzlich ein soziales Wesen.
- Beeinträchtigungen des Menschen auf biologischer, organischer oder psychischer Ebene sind nicht sein „Wesen", noch definieren sie den Prozess seiner/ihrer Entwicklung. Sie sind lediglich Bedingungen seiner/ihrer Existenz und damit der Entfaltung seiner/ihrer Lebens-, Lern- und Entwicklungsprozesse (S. 23).

[2] ICF – International Classification of Functioning, Disability and Health, Fassung 2005, URL: http://www.dimdi.de/static/de/klassi/icf/index.htm [10.03.2012]

Beeinträchtigungen sind somit als „normal" zu akzeptieren, da sie als stets vorhandene Möglichkeit zum Menschsein gehören und „abnorme" Verhaltensweisen beeinträchtigter Menschen als Ausdruck individueller Lebensäußerungen höchst „normal" sind. Damit können Menschen aber nicht mehr länger aufgrund ihrer Symptome kategorisiert, selektiert und separiert werden, sondern sind als Menschen in all ihrem subjektiven So-Sein, in ihren biografischen und gesellschaftlichen Bezügen als *unverwechselbare bio-psycho-soziale Entitäten* anzunehmen, um ihnen eine möglichst autonome und selbstbestimmte Entwicklung zu ermöglichen (Feuser, 1995).

Eine Diagnostik im Sinne einer Statusdiagnostik, die anhand von Abweichungen defizitorientiert und individualtheoretisch Behinderung ursächlich am Kind festschreibt, ist daher mit der Idee einer inklusiven Pädagogik nicht vereinbar. Eine inklusive Schule benötigt vielmehr eine prozessorientierte Diagnostik, die auf pädagogische Wirksamkeit ausgerichtet ist und im Folgenden kurz dargestellt wird.

2 Förderdiagnostik bzw. Individuelle Lernprozessbegleitung

Im Zusammenhang mit dem „Paradigmenwechsel in der Sonderpädagogik"[3] wurde auch eine intensive Diskussion über die Funktion von Diagnose geführt, die sich wohl am besten mit dem Schlagwort *„Weg von der Selektionsdiagnose, hin zur Förderdiagnose"* bezeichnen lässt. Dabei sollen nicht die negativen Normabweichungen bestätigt, nicht die Schwächen gesucht, sondern vor allem die Stärken eines Schülers/einer Schülerin festgestellt und seine/ihre Entwicklungsbedingungen durch eine Kind-Umfeld-Analyse geklärt werden.

Individualisierung und Differenzierung können als die Kernelemente inklusiver Bildung und Unterrichtung bezeichnet werden. Besondere Bedeutung kommt dabei dem sogenannten „Individuellen Förderplan" (IFP), der in der deutschsprachigen Literatur auch als „Förderplan", „Sonderpädagogischer Förderplan" oder „Individueller Entwicklungsplan" (IEP) bzw. „Persönlicher Entwicklungsplan" (PEP) bezeichnet wird, zu. In der englischsprachigen Literatur hat sich der Begriff „Individual Education Plan" durchgesetzt.

In jüngster Zeit wird die Förderplanarbeit immer öfter auch mit dem Begriff „Assessment" in Verbindung gebracht, der in einem Projekt der European Agency sehr umfassend definiert wird (Watkins, 2007, S. 15):

> „Assessment bezeichnet die Art und Weise, wie Lehrkräfte und andere Personen, die an der Bildung und Erziehung einer Schülerin/eines Schülers beteiligt sind, systematisch Informationen über ihren/seinen Leistungsstand und/oder ihre/seine Entwicklung in verschiedenen Er-

[3] Vgl. auch Eggert, 1998.

fahrungsbereichen (Schule, Verhalten, soziales Umfeld) sammeln und nutzen."

Individuelle Förderpläne spielen als Instrument zur Feststellung der Lernausgangslage, zur dauerhaften Lernprozessbegleitung, zur Beurteilung der Schülerleistungen und zur Qualitätssicherung eine wichtige Rolle. Sollen schriftlich ausgefertigte Förderpläne längerfristig ihre pädagogische Wirksamkeit entfalten, muss man sich über ihren Stellenwert klar sein. Ein Förderplan soll in erster Linie ein Arbeitsinstrument für all jene sein, die am Förderungsprozess beteiligt sind. Deshalb wird seine Form sehr stark von den Bedürfnissen und Gewohnheiten der beteiligten Personen abhängen. Ganz allgemein lässt sich jedoch sagen, dass er mindestens drei Kriterien erfüllen muss, nämlich die der Übersichtlichkeit, Flexibilität und Praktikabilität. Das Postulat von Dietrich Eggert – „Es gibt keine Patentrezepte! Es gibt nur individuelle Lösungen für individuelle Probleme." (2000, S. 309) – kann auch bei der Gestaltung eines Förderplans als Handlungsmaxime gelten. Aber auch wenn Pläne individuell sehr unterschiedlich gestaltet werden, müssen aus der Sachlogik heraus folgende Elemente enthalten sein (auch Schob & Jainz, 2004):

- Beschreibung des Ist-Standes
- Schwerpunkte der Förderbereiche samt Zielsetzungen
- Rahmenbedingungen der Förderung (personell, materiell, organisatorisch)
- Fördermaßnahmen
- Evaluationsergebnisse und Schlussfolgerungen für die Weiterentwicklung

In der Eingangsdiagnose werden Lernstände, Kompetenzen, Emotionen, Verhalten, Ressourcen, Risikofaktoren und Entwicklungsbedingungen erfasst. Während des Förderhandelns finden begleitende Feindiagnosen der Lernentwicklung, der Lernumgebung, des LehrerInnenhandelns und der begleitenden Emotionen statt. Die Fähigkeit, angemessene pädagogische Diagnosen zu erstellen, gehört deshalb genauso zu einer qualitativen Förderplanarbeit wie die Kompetenz, methodisch-didaktisch adäquate Fördermaßnahmen zu konzipieren, idealerweise partizipativ, kooperativ und interdisziplinär.

Schlee (2004) betont, dass die zentrale Leistung der Sonderpädagogik weniger in einer ausgefeilten Diagnostik mittels höchst differenzierter Checklisten von Fehlfunktionen liegt als vielmehr in der Fähigkeit, Fördermaßnahmen so zu planen und umzusetzen, dass sie für die betroffenen SchülerInnen kompetenz- und lebensweltbezogen Handlungs- und Entwicklungsräume eröffnen. Ausgehend von den gemeinsam vereinbarten Zielsetzungen ist zuerst zu klären,

- welche konkreten Maßnahmen zur Zielerreichung führen können,
- wer in die Arbeit eingebunden ist,

- wer für welche Tätigkeit Verantwortung trägt,
- in welchen sozialen Zusammenhängen die Förderung stattfindet (gemeinsamer Unterricht, Einzelförderung, ...),
- auf welche Weise an die Stärken des Schülers/der Schülerin angeknüpft werden kann,
- wie Hindernisse beseitigt werden können,
- mit welchen Methoden sich die erwarteten Lern- und Entwicklungsschritte feststellen lassen,
- in welchen zeitlichen Rahmen die Maßnahmen eingebettet sind.

Anschließend erfolgt die Durchführung der Fördermaßnahmen, idealerweise eingebunden in das alltägliche Geschehen sowie eine regelmäßige Evaluierung, ob und wie die Förderziele erreicht worden sind, als Grundlage für die nächsten Ziele und Maßnahmen.

Voraussetzung dafür, dass Individuelle Förderpläne wirklich inklusiv im Sinne einer Lernprozessbegleitung individualisierter und differenzierter Unterrichtsprozesse in heterogenen Lerngruppen eingesetzt werden, ist eine entsprechend inklusive Grundhaltung. Die noch immer zu findenden Handlungs- und Orientierungsmuster wie

- *Status und Eigenschaftsorientierung* (= Behinderung als individuelles, stabiles Persönlichkeitsmerkmal: jemand ist behindert),
- Defizit- und Defektorientierung (= Behinderung ist eine negative Abweichung vom Normalsein: Behinderte gelten als anormal, deviant, krank) und die daraus abgeleitete
- Förder- und Fürsorgeorientierung (= Behinderte sind hilflos, antriebsschwach, können ihre Situation nicht realistisch einschätzen, müssen daher umsorgt, behütet und beschützt werden),
- sind für eine inklusive Erziehung, Unterrichtung und Bildung dysfunktional und müssen durch
- Prozess- und Situationsorientierung,
- Barrieren- und Ressourcenorientierung und
- Assistenz- und Adaptionsorientierung
- ersetzt werden (Wocken, 2011).

In einem inklusiven Bildungssystem muss die Sonderpädagogik somit weg vom alles bestimmenden Fokus auf das beeinträchtigte Kind, wie das zum Beispiel noch immer in den Standards der sonderpädagogischen Förderung des VdS gefordert wird (Schuhmann, Burghardt & Stöppler, 2009) und in der Praxis der Förderplanarbeit zu beobachten ist (Hauer & Feyerer, 2006), und hin zu einem Fokus auf Barrieren in den Systemen und effektiven, subsidiären Angeboten zur Verringerung dieser Barrieren und zu größeren Bildungserfolgen. Am besten könnte das implementiert werden, wenn die Sonderpädagogik an den Universitäten und Hochschulen durch das Lehr- und Forschungsgebiet Inklusive Pädagogik ersetzt wird, das von einer österreichischen ExpertInnengruppe zur PädagogInnenbildung Neu so definiert wird:

> „Inklusive Pädagogik vereint, transferiert und entwickelt Erkenntnisse der bisher getrennt vermittelten Fachgebiete Sonderpädagogik, Integrationspädagogik, Interkulturelle Pädagogik, gendergerechte Pädagogik und Hochbegabtenförderung zur Absicherung der Heterogenität in einem inklusiven Bildungssystem. Sie berücksichtigt insbesondere die pädagogischen Erfordernisse von Kindern und Jugendlichen mit Beeinträchtigungen und Entwicklungsstörungen, mit Migrationshintergrund und normabweichenden Begabungsstrukturen sowie von Kindern und Jugendlichen aus armen bzw. armutsgefährdeten Familien."[4]

Ein solcher Lehr- und Forschungsbereich hätte eine inklusionstaugliche Diagnostik praxistauglich zu machen, die heute erst in Ansätzen mit folgenden Kriterien skizziert werden kann (Wocken, 2011, S. 220ff.):

- Pädagogische Relevanz (Handlungsrelevanz)
- *Prozessorientierung* (in Verbindung mit Unterricht und Förderung, hypothetisch und informell, niederschwellig, zeitnah, nicht eigenschafts-, sondern curriculums- und lerngegenstandsbezogen, unaufwendige Begleitung pädagogischer Prozesse)
- *Situationsorientierung* (die gesamte Lernsituation, Kind-Umfeld steht im Mittelpunkt diagnostischer Erkenntisbemühungen)
- *Kompetenzorientierung* (nicht die Schwächen, Defizite, Mängel, sondern die vorhandenen Stärken sind Ausgangspunkt effektiver Förderung, es wird daher gezielt nach Stärken der SchülerInnen gesucht)
- *Partizipationsorientierung* (andere LehrerInnen, aber auch die Eltern und SchülerInnen selbst werden am Prozess beteiligt)
- *Verstehend und nicht erklärend* (es geht nicht darum, etwas objektiv zu erklären, sondern darum, das Kind empathisch zu verstehen)

Dazu müssen bestehende Verfahren sehr kritisch hinterfragt und weiterentwickelt werden.

> „Kontexte, in denen Kinder lernen, lassen sich verändern, Persönlichkeiten eher nicht. Die große Herausforderung für die Lehrerbildung besteht heute vor allem darin, zum einen jeden pädagogischen Prozess auch diagnostisch zu nutzen und zum andern die Erkenntnisse aus der Diagnostik in unterrichtlichen Prozessen lern- und entwicklungswirk-

4 http://www.phooe.at/fileadmin/Daten_PHOOE/Inklusive_Paedagogik_neu/Publikationen/Bericht-April2012_Kurzfassung_fertig.pdf [11.04.2012]

> sam werden zu lassen. (…) Umso notwendiger erscheint es, Diagnostik und Unterricht in der Lehrerbildung in einen Zusammenhang zu stellen" (Schuhmann, Burghardt & Stöppler, 2009, S. 112f.).

Eine so gedachte pädagogische Diagnostik kann dann die Grundlagen für die in der UN-BR-Konvention (BRK 2006, Art. 24, AbS. 2) geforderten *angemessenen Vorkehrungen und wirksamen, individuell angepassten Unterstützungsmaßnahmen innerhalb des allgemeinen Bildungssystems* liefern.

3 Inklusive Pädagogik und Förderdiagnostik bedingen einen Wandel der Leistungsbeurteilung

In den deutschsprachigen Ländern ist die Note schlechthin *das* Maß für die schulische Leistung in unserer Gesellschaft. Je älter die Kinder werden, desto wichtiger werden die Noten für die Eltern und damit auch für die Kinder, da sie noch immer die Grundlage für die weitere Bildungslaufbahn bilden, obwohl alle wissenschaftlichen Untersuchungen seit den 60er-Jahren die Fragwürdigkeit von Zensuren belegen (siehe auch Feyerer & Prammer, 2003, S. 148f.) und nordeuropäische Länder wie Finnland längst bewiesen haben, dass man auch ohne Noten und Sitzenbleiben höchste schulische Leistungen erreichen kann.

Inklusiver Unterricht muss Rücksicht auf die Unterschiedlichkeit der Kinder nehmen. Dies geht nur mit einem schülerzentrierten Unterricht, bei dem davon abgegangen wird, allen SchülerInnen zur gleichen Zeit und im selben Tempo die gleichen Lernziele vorzugeben und dann zu überprüfen. Vielmehr ist der gemeinsame Lerngegenstand auf die unterschiedlichen Lernvoraussetzungen der Kinder anzupassen, also zu individualisieren. Vergleiche und Reihungen in Form von Ziffernzensuren sind damit nicht mehr sinnvoll durchzuführen. Wie soll z.B. mit Noten die Leseleistung „gerecht" beurteilt werden, wenn ein/e SchülerIn schon am Anfang der ersten Klasse alles fließend lesen kann, der/die andere aber erst einige Buchstaben aus seinem/ihrem Namen kennt? Wie soll beim Mathematiktest in der vierten Klasse „gerecht" berücksichtigt werden, dass es drei verschiedene Schwierigkeitsstufen gibt? Das der Ziffernbeurteilung zugrunde liegende Theoriegebäude der Normalverteilung ist in inklusiven Schulen nicht mehr passend, denn ein Durchschnitt, an dem die einzelnen Schülerleistungen „gerecht" gemessen werden sollen, kann nicht gebildet werden, wenn die Individualität der Kinder Grundlage des unterrichtlichen Handelns ist. Unterschiedliche Lernbedingungen und individualisierte Lernziele verlangen daher ein großes Repertoire an Methoden und bedingen eine Beurteilungsform, die einerseits eine differenzierte Beschreibung der Lernausgangslage und des Lernfortschritts jedes/r einzelnen SchülerIn ermöglicht und andererseits auf jegliche Kategorisierung und Typologisierung verzichtet.

Stern (2008, S. 63ff.) listet u. a. folgende mögliche Alternativen zur Ziffernnote auf:

- *Verbale Bewertung:* Beschreibung der Leistung mit Worten, manchmal auch in Form eines Briefes
    - Vorteile: die Leistung kann differenziert beschrieben werden; Ausdruck von Anerkennung, Ermutigung und Ansporn leicht möglich;
    - Nachteile: hoher Aufwand für genaue Diagnose und förderlich formuliertes Feedback;
    - Gefahren: katalogartige, verallgemeinernde Formulierungen; Missverständnisse, Kränkungen;

  Tipp: Selbsteinschätzung des/der SchülerIn als fixen Bestandteil in die verbale Bewertung einbeziehen, ebenso SchülerIn schriftlich festhalten lassen, in welchen Punkten sie/er mit der Bewertung übereinstimmt, bei welchen nicht sowie persönliche Ziele und Vorsätze.
- *Pensenbuch, Lernzielorientierte Bewertung (L.O.B.)*: differenzierte Lernzieldiagnose mittels detaillierter Listen altersgemäßer Lernziele für alle fachlichen und überfachlichen (z.B.: soziale) Kompetenzbereiche; jedes Ziel wird nach Kriterien wie „beherrscht", „hat geübt" oder „hat kennengelernt" bewertet. Mindestens einmal pro Semester gibt es ein „Zielgespräch" zwischen LehrerIn(nen), Eltern und SchülerIn.
    - Vorteile: Zielorientiertheit; Lernausgangslage und nächste Ziele sind für LehrerIn(nen), SchülerIn und Eltern übersichtlich dargestellt; Lernziele des Pensenbuches erleichtern die mittelfristige Unterrichtsplanung;
    - Nachteile: Mehraufwand für LehrerInnen und Eltern, bei hoher Differenziertheit in den Zielen wird der Katalog sehr umfassend und unübersichtlich;
    - Gefahren: die drei Bewertungskategorien werden als Noten gedacht und behandelt statt als Ausdruck von lernpsychologisch begründeten Niveaus; die Häkchen werden abgezählt und verglichen;
    - Tipp: SchülerInnen so früh wie möglich in Bewertung und Planung einbeziehen; elektronische Datenbanken erleichtern die Verwaltung der vielen Daten.
- *Lernfortschrittsbericht, Entwicklungsbericht, „Record of Achievement"*: Nicht die Lernergebnisse, sondern der Lernprozess werden bewertet; die Lernerfolge und Leistungssteigerungen werden beschrieben und mit individuellen Lernvoraussetzungen und Lerngelegenheiten statt mit für alle gültigen Jahreszielen der Lehrpläne verglichen. Entwicklungsberichte, die in Oberösterreich an vielen Schulen erprobt wurden, sind lernzielorientierte Beurteilungen, die über einen längeren Zeitraum aufzeichnen, wann welche Lernziele wie erreicht wurden, ergänzt mit Elementen der direkten Leistungsvorlage (z.B. beurteilte Blätter aus dem Geometrieunterricht, die Fachbereichsarbeiten

des/der SchülerIn, etc.). Zum Schulabschluss wird alles zu einem persönlich gestalteten Buch gebunden.
   - Vorteile: Berücksichtigung der individuellen Lernbedingungen; informiert übersichtlich über Lernfortschritte, liefert Informationen zur Unterrichtsplanung und bietet förderdiagnostische Einblicke;
   - Nachteile: Mehraufwand für Eltern und LehrerInnen; hoher Verwaltungsaufwand;
   - Gefahren: bewusster Verzicht auf Vergleichbarkeit verunsichert SchülerInnen und Eltern öfters; Wunsch nach „Was-wäre-wenn-Noten" im persönlichen Gespräch;
   - Tipp: regelmäßige Elternarbeit zur Minimierung der Verunsicherung; dem Wunsch nach „Was-wäre-wenn-Noten" keinesfalls nachgeben.
- *Portfolio, Kommentierte Direkte Leistungsvorlage (KDL5)*: eine Sammlung von durch die SchülerIn selbst ausgewählten Arbeiten; die gebräuchlichsten Varianten sind das *Produkt-Portfolio* (= „Best-of-Sammlung" zur direkten Leistungsvorlage), das *Kurs-Portfolio* (= Sammlung von Belegen zu einem Kurs, einem Fach, einer Projektwoche, etc.) und das *Prozess-Portfolio* (= Sammlung von Arbeitsergebnissen mit allen Korrekturen, Ergänzungen sowie Reflexionen zum persönlichen Lernstand und den nächsten Lernzielen; auch als Rohmaterial für eines der beiden oberen Portfolios geeignet).
   - Vorteile: Der/Die BetrachterIn kann sich ein direktes Bild über die geleistete Arbeit machen; die positiven Ergebnisse stehen im Mittelpunkt, Stolz auf eigene Leistung steigert die Motivation;
   - Nachteil: Es sind nur Ausschnitte aus dem Leistungsspektrum sichtbar; nur schwer vergleichbar;
   - Gefahren: Lernziele, Bewertungs- und Auswahlkriterien werden nicht klar genug besprochen; Fokussierung auf die Ablieferung guter Produkte seitens der LehrerInnen führt zu Stress und Vermeidungsstrategien seitens der SchülerInnen;
   - Tipp: Prozess-Portfolios mehrfach überarbeiten und verbessern lassen; dazu genaue Anleitungen und Hilfestellungen anbieten; SchülerInnen das Portfolio auch selbst beurteilen lassen.
- Vereinbarungen zum eigenverantwortlichen Leistungsnachweis wie „Notenvertrag", „Leistungsblatt" oder „Selbsteinschätzungs-Mandala": Zu Beginn eines jeden Schuljahres stellt die LehrerIn die Modalitäten der Leistungsbewertung vor. In einem Notenvertrag wird vereinbart, welche Leistungen als Mindestanforderung zu erbringen sind und was notwendig ist, um eine bessere Beurteilung zu erreichen. In Kombination mit einem Leistungsblatt kann jede/r die Leistungsnachweise selbstverantwortlich sammeln und das

---

[5] Eine ausführlichere Beschreibung dieser Form findet sich auch in Stadtschulrat für Wien (2008, 139ff.).

eigene Lernen steuern. Das Selbsteinschätzungs-Mandala ist eine kreisförmige Grafik, in der alle Kompetenzbereiche (kognitive Leistungen, fachliches Können, soziales Verhalten, methodisches Können, Selbstbewusstsein und Arbeitsverhalten) mehr oder weniger differenziert eingetragen sind. Durch farbliches Markieren kann ausgedrückt werden, welche Bereiche und Ziele bereits wie gut beherrscht werden. So entsteht ein farblich gestaltetes Kompetenzprofil, das zwar nur eine pauschale Gesamteinschätzung darstellt, aber sehr gut zur Reflexion über die jeweiligen Stärken und Entwicklungsmöglichkeiten geeignet ist.

- Vorteile: Die Notenbewertung wird transparenter; Schularbeiten und Tests werden nachrangig, zusätzliche, den individuellen Stärken entsprechende Leistungen bekommen mehr Gewicht; durch mehr Eigenverantwortung entsteht positiveres Lernklima; Platz für originelle Ideen und Produkte; in der Folge mehr Eigenmotivation;
- Nachteile: auf Noten wird nicht verzichtet; hoher Aufwand für individuelles Überprüfen und Rückmelden;
- Gefahren: manche lernschwache SchülerInnen eventuell mit der erwarteten Eigenständigkeit und Selbststeuerung überfordert;
- Tipp: SchülerInnen bereits bei der Festlegung der Lernziele und der Form des Vertrages, des Mandalas, etc. einbeziehen und auf ihre Wünsche und Vorstellungen Rücksicht nehmen; ausreichende Erläuterungen und Hilfestellungen geben.

Grundsätzlich werden alternative Formen der Leistungsbeurteilung angewandt, um pädagogische Ziele zu erreichen. Einfach Noten durch verbale Berichte zu ersetzen, reicht nicht aus, um von einer Alternative sprechen zu können. Alternative Formen sind ein Werkzeug zur Demokratisierung und Humanisierung der Schule, damit die SchülerInnen lernen können,

- eigene Ziele zu stecken,
- diese Ziele zu erreichen,
- notwendige Hilfe dafür einzuholen und zu geben,
- sich mit ihrer eigenen Leistung respektive Leistungsbereitschaft auseinanderzusetzen,
- über Motive, Gedanken und Absichten ihrer Arbeit zu reflektieren,
- Feedback zu geben und anzunehmen,
- Lernen als Aufgabe zu sehen, die ihre Bereitschaft, ihren Einsatz und gegenseitige Unterstützung braucht,
- mit Fremd- und Selbsteinschätzungen umzugehen.

Von der ersten Klasse an sollen Kinder lernen können, sich und die anderen im Gespräch richtig einzuschätzen:[6] Was haben wir in dieser Woche gelernt? Was ist mir gut gelungen? Warum? Worin kann ich mich noch verbessern? Was werde ich dafür tun? Was gefällt dir an der Arbeit deiner MitschülerIn besonders gut? Hast du dein Bestes gegeben? Ich bewerte diese Aufgabe so, siehst du das auch so? Dies sind Fragen, die die unterschiedlichen Zugänge und Maßstäbe sichtbar, verhandelbar und akzeptierbar machen, denn was für das eine Kind eine tolle Leistung ist, für die es sich enorm angestrengt hat, kann für das andere Kind eine Kleinigkeit sein.

Wird mit den Kindern von Beginn an so gearbeitet, kann man davon ausgehen, dass sich viele Kinder mehr zumuten, als ihnen die LehrerIn vorgeben würde. Zudem kann man in einem so gewonnenen Klima der gegenseitigen offenen Einschätzungen und solidarischen Kritik davon ausgehen, dass Kooperation wichtiger als Konkurrenz ist, ohne dass die Leistung zu kurz kommt. Damit sehen die SchülerInnen auch kein Problem darin, dass z.B. körperlich beeinträchtigte KlassenkollegInnen oder solche mit einer Sinnesschädigung einen *Nachteilsausgleich* benötigen und erhalten. Dieser Nachteilsausgleich kann in unterschiedlichster Art und Weise angeboten werden und bezieht sich auf die Form, den Umfang oder die Zeitdauer der Leistungsfeststellung.

> „Das kann so aussehen, dass die Schülerin/der Schüler zum Bewältigen von Aufgaben mehr Zeit erhält, mündliche Leistungen auch schriftlich erbracht werden können [und umgekehrt] oder zusätzliche technische Hilfsmittel bereitgestellt werden. Zum Nachteilsausgleich kann auch die personelle Unterstützung durch Lehrkräfte oder sonstiges pädagogisches Personal während der Leistungserbringung gehören. (…)
> Beispiele:
> - Ein Schüler kann wegen seiner Spastik in den Händen im Geometrieunterricht nicht mit Zirkel und Lineal ein Dreieck konstruieren. Er erhält stattdessen die Aufgabe, die Konstruktionsbeschreibung einem Schulhelfer zu diktieren.
> - Eine Schülerin erhält wegen ihrer Hörschädigung die Vorgaben für die Klassenarbeit schriftlich und darf die Arbeit in einem Nebenraum schreiben.
> - Eine hochgradig sehgeschädigte Schülerin erhält alle Materialien vergrössert. Da sie zum Erfassen des Textes mehr Zeit benötigt, erhält sie auch eine Zeitverlängerung.
> - Ein Schüler, der in Mathematik gut ist, jedoch noch grosse Schwierigkeiten beim Erfassen von Texten hat, erhält die schriftlichen Arbeits-

[6] Stern (2008) beschreibt übrigens auch für das Lernen der Selbst- und Fremdeinschätzung hilfreiche Instrumente wie z.B. Lernjournal, Kraftfeldanalyse, Wochenrückblick oder Blitzfeedback mit Ampel-Würfel ausführlich und anschaulich.

anweisungen vorgelesen, bevor er mit der selbständigen Bearbeitung der mathematischen Aufgabenstellungen beginnt" (Schöler, 2009, S. 61f.).

4 Zusammenfassung

Die Ausrichtung der Sonderpädagogik am medizinischen bzw. individualtheoretischen Behinderungsbegriff ist auch in heutigen integrativen Settings noch stark verankert und prinzipiell die Basis aller gesetzlichen Maßnahmen. So zeigen z.B. Hauer und Feyerer (2006), dass sowohl die theoretische Verortung durch die LandesschulinspektorInnen, die legistische Verankerung als auch die von ExpertInnen empfohlenen Musterpläne und die in der Praxis zur Anwendung kommenden Förderpläne der LehrerInnen auf den Defiziten der SchülerInnen aufbauen und sonderpädagogische Fördermaßnahmen für das Kind ohne Berücksichtigung des Unterrichtsstoffes für die gesamte Klasse bzw. außerschulischer Fördermaßnahmen geplant werden. Eine Kind-Umfeld-Analyse, welche auch die Lernumwelt (das Lehrerverhalten, Lehr- und Lernmittel, Lehr- und Lernmethoden, MitschülerInnen, sonstige Beteiligte) als eventuelle Ursache von Lernschwierigkeiten einbezieht, war ebenso wenig zu finden wie eine strukturell verankerte Beteiligung der betroffenen Eltern und SchülerInnen in den Assessmentprozess.[7]

Ein inklusives Verständnis von Behinderung bedingt einen neuen Zugang zu Diagnostik, Pädagogik und Leistungsbeurteilung, denn Ziel einer inklusiven Schule ist nicht die Selektion, sondern die gemeinsame und individualisierte Förderung *aller* Kinder[8]. Jedes Kind soll sich entsprechend seinen/ihren Fähigkeiten optimal entwickeln können, selbstverständlich auch die sehr begabten SchülerInnen. Noten und Leistungsgruppen sind dazu nicht notwendig, sehr wohl aber sachliche und ermutigende Rückmeldungen über die erbrachten Leistungen.

Stern (2008, S. 92f.) nennt neben der Leistungstransparenz noch fünf weitere Prinzipien für gute Leistungsbeurteilung: Leistungsfeststellung und -bewertung soll das fachliche Lernen fördern, zur Chancengerechtigkeit beitragen, ein offener Prozess sein, gültige und nachvollziehbare Schlüsse über den Lernerfolg liefern und kohärent (auf langfristige Bildungsziele abgestimmt) sein.

---

[7] Von Salzburg und Oberösterreich ist mir bekannt, dass aufgrund dieser Studie Änderungen im Assessmentverfahren entwickelt wurden.

[8] Auch für die Ressourcenzuteilung könnte zumindest in den Förderbereichen Lernen, sozial-emotionales Verhalten und Sprache auf die Etikettierung einzelner SchülerInnen verzichtet werden.

Wird darauf Rücksicht genommen, kann man ohne Probleme auf die Ziffernbeurteilung verzichten und den Klassendurchschnitt im Sinne einer Sozialnorm durch einen individuellen Beurteilungsmaßstab ersetzen, der sich selbstverständlich auch an fachlichen Kriterien der Sachnorm orientiert. Leistungsbeurteilung wird damit zu einem wichtigen Bestandteil einer pädagogischen Diagnostik im Zusammenhang mit *Förderdiagnostik* bzw. *Lernprozessbegleitung*. Wird im traditionellen Verständnis noch klar zwischen Diagnostik und Leistungsbeurteilung unterschieden, kommt heute mit dem Konzept des *Assessment* eine ganzheitliche Sichtweise zum Tragen, die diagnostische, didaktische und lernstrukturelle Aspekte vereint:

„Pädagogische Diagnostik hat nicht mehr den Charakter einer normorientierten Statusdiagnose, sondern beinhaltet eine historische Dimension, einen Entwicklungsaspekt und geht generell von den Fähigkeiten und dem Lernwillen bei Schüler/innen aus" (Eberwein & Knauer, 2003, S. 9). Jede Leistungsbewertung ist dabei gleichzeitig die Feststellung der jeweiligen Lernausgangslage für die Zielsetzungen und Lernangebote im nächsten Unterrichtsabschnitt.

Literaturverzeichnis

Bauer, L., Raditsch, D. & Seifner, C. (2009). Schulorganisation und Schulrecht: Gesetzliche Grundlagen. In bm:ukk (Hrsg.), *Sonderpädagogik aus inklusiver Sicht. Studientexte* (S. 71–83). Wien: Jugend & Volk.

Bleidick, U. (1979). *Sonderpädagogische Grundlegungsprobleme*. Kurseinheit der Fernuniversität Hagen.

BRK (2006). *UN-Konvention über die Rechte behinderter Menschen: Originalfassung vom 13.12.2006*. Verfügbar unter http://www.un.org/disabilities/default.asp?navid=12&pid=150 [22.07.2009].

BRK (2006). *UN-Konvention über die Rechte behinderter Menschen: Originalfassung vom 13.12.2006*. Deutsche Übersetzung, Verfügbar unter: http://www.alle-inklusive.behindertenbeauftragte.de/cln_160/nn_1430096/SharedDocs/Downloads/DE/AI/BRK,templateId=raw,property=publicationFile.pdf/BRK.pdf [22.07.2009].

Eberwein, H. & Knauer, S. (2003). *Lernprozesse verstehen: Wege einer neuen (sonder-)pädagogischen Diagnostik* (2., neu ausgestattete Auflage). Weinheim, Basel: Beltz.

Eggert, D. (2000). *Von den Stärken ausgehen: Individuelle Entwicklungspläne (IEP) in der Lernförderdiagnostik*. Dortmund: Verlag Modernes Lernen.

Eggert, D. (1998). Von der Testdiagnostik zur qualitativen Diagnose in der Sonderpädagogik. In H. Eberwein & S. Knauer (Hrsg.), *Handbuch Lernprozesse verstehen* (S. 16–38). Weinheim: Beltz.

Feuser, G. (1995). *Behinderte Kinder und Jugendliche zwischen Integration und Aussonderung*. Darmstadt: Wissenschaftliche Buchgesellschaft.

Feuser, G. (1986). Integration: Humanitäre Mode oder humane Praxis? *Demokratische Erziehung, 12* (1), 22–27.

Feyerer, E. & Prammer, W. (2003). *Gemeinsamer Unterricht in der Sekundarstufe I: Anregungen für eine integrative Praxis*. Weinheim, Berlin, Basel: Beltz.

Fragner, J. (1983). Der genormte Mensch hat sich in den Mittelpunkt gedrängt. *BEHINDERTE in Familie, Schule und Gesellschaft, 6* (4), 38–45.

Haeberlin, U. (1985). *Das Menschenbild für die Heilpädagogik*. Bern, Stuttgart: Hauptverlag.

Hauer, K. & Feyerer, E. (2006). *Individuelle Förderpläne für Schüler/innen mit ASO-Lehrplan: Eine Bestandsaufnahme der Situation in Österreich (2005/06) und internationale Aspekte: Teilstudie im Rahmen des Projekts „Entwicklung nachhaltiger Strategien zur Qualitätssicherung und Qualitätsentwicklung im sonderpädagogischen Bereich“.* Verfügbar unter: http://www.cisonline.at/ publikationen/individuelle-foerderung-publikationen/individuelle-foerderplaene-fuer-schuelerinnen-mit-aso-lehrplan.html [05.12.2008].

Schlee, J. (2004). Lösungsversuche als Problem: Zur Vergeblichkeit der so genannten Förderdiagnostik. In W. Mutzeck & P. Jogschies (Hrsg.), *Neue Entwicklungen in der Förderdiagnostik* (S. 23–38). Weinheim: Beltz.

Schob, C. & Jainz, A. (2004). Förderplan – Förderplanung. In W. Mutzeck & P. Jogschies (Hrsg.), *Neue Entwicklungen in der Förderdiagnostik* (S. 289–292). Weinheim: Beltz.

Schuhmann, G., Burghardt, M. & Stöppler, T. (2009). Zur Qualität professionellen Handelns von SonderpädagogInnen. In F. B. Wember & S. Prändl (Hrsg.), *Standards der sonderpädagogischen Förderung* (S. 109–122). München: Reinhardt.

Stadtschulrat für Wien (Hrsg.) (2008). *Wiener Reformpädagogische Mehrstufenklassen: Ein Modell für alle Kinder.* Wien: Stadtschulrat für Wien.

Stern, T. (2008). *Förderliche Leistungsbewertung.* Verfügbar unter http://www.bmukk.gv.at/ schulen/pwi/25plus und http://www.oezeps.at [28.06.2010].

Watkins, A. (2007). *Assessment in Inclusive Settings: Key Issues for Policy and Practice (Assessment in inklusiven Schulen: Bildungspolitische und praxisorientierte Aspekte).* Odense, Dänemark: European Agency for Development in Special Needs Education. Verfügbar unter: http://www.european-agency.org/site/info/publications/agency/ereports/docs/ 19docs/assessmentDE.doc [15.10.2008].

Wocken, H. (2011). *Das Haus der inklusiven Schule: Baustellen – Baupläne – Bausteine.* Hamburg: Feldhaus.

Anxiety in children and adolescents – A case analysis

Constantina Demetriou, Elena Longhi, Elfriede M. Ederer-Fick & Cecilia A. Essau

1 Introduction

All children and adolescents experience anxieties and fears as a normal part of growing up (Essau, Sasagawa, Anastassiou-Hadjicharalambous, Olaya Guzmán, & Ollendick, 2011), which makes it difficult to differentiate "normal" from "pathological" (or an anxiety disorder) anxiety. Anxiety is classed as a disorder that should be treated when (Essau, 2007): (1) The duration and intensity does not correspond to the real danger of the situation; (2) Occurs in "harmless" situation; (3) Chronic; (4) Cause impairment in various life domains. Finally, in older children, they have no possibility to explain, reduce, and cope with the situation.

2 Classification

Our current classification systems – the Diagnostic and Statistical Manual currently in its fourth edition (DSM-IV) (American Psychiatric Association; APA, 2000) and the International Classification of Diseases currently in its 10th revision (ICD) (World Health Organization; WHO, 1992) – make an explicit distinction between "normal" and "pathological" anxiety based on the number, severity, persistence, and impairment of symptoms. Additionally, the symptoms cannot be better accounted for by another of the mental disorders, a general medical condition, or as a result of substance use (APA, 2000).

In DSM-IV (APA, 2000), anxiety disorders can be categorized into eight separate major diagnostic syndromes, which will be presented below.

- Separation Anxiety Disorder (SAD) is defined as an excessive fear of separation from a caregiver that is unusual for the individual's developmental level. Children with SAD may become tearful, throw or tantrums, and may experience somatic complaints in response to separation (Schniering, Hudson & Rapee, 2000). These children often exhibit school refusal and dependent features. This may interfere with their academic performance because the child with SAD may have missed significant amount of schooling before coming for treatment (Rockhill et al., 2010). They may be reluctant to engage in social activities, especially overnight activities. They also sometimes complain about sleep difficulties either because they experience nightmares when they sleep or because they may be unable to sleep alone (Ollendick & Seligman, 2005).

- Specific Phobia is a persistent dread of an object or situation that is clearly out of proportion to the threat, resulting in significant functional impairment. Confrontation with the feared objects or situations provokes an immediate anxiety response. In children this fear is expressed by crying, tantrums, freezing, or clinging. Adolescents or older children may recognize that the fear is excessive; however, this may not be the case with younger children.
- Social Phobia is referred to as an excessive fear of social situation (e.g., giving speeches or having to perform in a musical recital) or a fear of embarrassment or negative evaluation by others. As a result, the situations are avoided or endured with great distress (Essau, 2007; Ollendick & Seligman, 2005). In children, there must be evidence of capacity for age-appropriate social relationships with familiar people, the anxiety must occur in peer settings, not just with adults and may be expressed by crying, tantrums, freezing or clinging.
- Generalized Anxiety Disorder (GAD) is characterized by an exaggerated worry about several areas of life functioning. The anxiety and worry is frequently accompanied by somatic complaints such as fatigue, muscle tension, and sleep disturbance. Children and adolescents with GAD may show concerns about their competence, excessive self-consciousness, and a strong need for reassurance. The worry must be difficult to control. This pattern must persist for at least six months and the number of somatic symptoms that must be present are three for adults and adolescents, and one for children.
- Obsessive – Compulsive Disorder (OCD). The essential feature of OCD is the presence of either obsessions or compulsions that cause marked distress, are time-consuming, or significantly interfere with the person's normal routine activities. Obsessions are recurrent, persistent thoughts, impulses or images that are intrusive and cause anxiety and distress, and are not simply excessive worries about real life problems. The person attempts to ignore or suppress the thoughts, or neutralize them with another thought or action. Compulsions (e.g., worry about committing a sin) are repetitive behaviours or mental acts that a person feels driven to perform in response to obsessions or according to rigid rules. The behaviours (e.g., excessive washing, checking) are aimed at preventing some dreaded event.
- Panic Disorder is characterized by the presence of repeated panic attack, which is a period of intense fear or discomfort. Panic attacks usually develop abruptly, peak within 10 minutes that are accompanied by symptoms

such as accelerated heart rate, sweating, chest pain, fear of losing control or going crazy, fear of dying, etc.

- Posttraumatic Stress Disorder (PTSD) occurs following exposure to a threat to life or physical integrity and elicits intense fear, horror or helplessness. Symptoms related to intrusive recollection, avoidant and numbing, hyper-arousal must be present for at least one month and cause significant distress and impairment in important areas of functioning. Acute Stress Disorder (ASD) is characterized by the development of severe anxiety that occur within a month after exposure to an extreme traumatic stressor. In children, it is diagnosed only if the child's symptoms cause clinically significant impairment for longer than two days following the event (APA, 2000).

Symptoms of PTSD and ASD are characterized into 3 domains: reexperiencing (intrusive thoughts such as flashbacks), avoidance (e.g., reluctance to describe the event) and hyperarousal (exaggerated startle response and impaired ability to rest).

3 Assessment

Assessment always precedes treatment and the success of the intervention often depends on the information provided about the problem (Essau & Ollendick, 2009). Assessing childhood anxiety may be difficult by the need to obtain reliable and valid information from multiple informants. Parent and teacher reports are problematic in the assessment of anxiety because of the lack of overt signs and symptoms displayed by the child. Furthermore, child reports, particularly from younger children, also have questionable validity because the ability to respond to questions about ones internal state is dependent upon cognitive and social maturity. To compensate for these difficulties, a multimethod approach may be used. This approach involves using various assessments by different informants in various settings. Such method could reduce the amount of error variance in the assessment and presents a comprehensive picture of the child's behavioural, social, and emotional functioning.

4 Self-Report Questionnaire

Self-report instruments are used to assess the anxiety experience from the perspective of the child (Table 1). The standard format of self-report questionnaires is Likert-style responses to items in terms of frequency of experiencing anxiety symptoms. In research, questionnaires are frequently used to quantify symptoms before and after treatment, to compare responses across different diagnoses, and as a means of screening children in the community (Silverman

& Serafini, 1998). In clinical setting, the responses can be used in quantifying the child's presenting symptoms which may be helpful in the treatment plan.

Scales	Description	Age group
For Anxiety		
Multidimensional Anxiety Scale for Children (March, Sullivan, & Parker, 1999)	39 items; 4 scales (physical symptoms, social anxiety, harm avoidance, separation/panic anxiety)	8 – 16 years
Revised Children's Manifest Anxiety Scale (Reynolds & Richmond, 1978)	37 items; 3 scales (physiological symptoms, worry and oversensitivity, fear/concentration)	6 – 19 years
Fear Survey Schedule for Children-Revised (Ollendick, 1983)	80 items; 5 scales (fear of failure and criticism, fear of the unknown, fear of injury and small animals, fear of danger and death, medical fears)	7 – 18 years
Spence Children's Anxiety Scale (Spence, 1998)	38 items; 6 scales (GAD, SAD, social phobia, panic disorder and agoraphobia, OCD, and fears of physical injury).	12 – 17 years
Screen for Child Anxiety Related Emotional Disorders (Birmaher et al., 1997)	41 item; 5 scales (panic, separation anxiety, social phobia, GAD, and school phobia)	12 – 17 years
For specific subtypes of anxiety		
Social Phobia and Anxiety Inventory for Children (Beidel et al., 1996)	26 items to assess levels of social anxiety and social anxiety disorder	8 – 18 years
Social Anxiety Scale for Adolescents (La Greca & Stone, 1993)	22 items; 3 scales (fear of negative evaluations, social avoidance and distress specific to new situations, generalized social avoidance and distress)	14 – 17 years
Penn State Worry Questionnaire – Children and Adolescents (Chorpita et al., 1997)	16 items; assess intensity and inability to control pathological worry.	6 – 18 years

Table 1: Examples of self-report questionnaires for the assessment of anxiety symptoms in children and adolescents

5 Diagnostic Interviews

Interviews are typically classified as either structured or unstructured. In unstructured interviews, no attempt is made to standardise the gathering of information across respondents and are commonly used in clinical settings (Essau & Ollendick, 2009).

Structured interview can be divided into highly (i.e., contain exact wording and sequence of questions, well-defined rules for recording, and rating of the respondents' answers) and semi-structured (i.e., contain flexible guidelines for conducting the interview and recording of information).

The most commonly used interviews for assessing anxiety in children and adolescents are the Modified Schedule for Affective Disorders and Schizophrenia in School-Age Children (Puig-Antich & Chambers, 1978), the Anxiety Disorders Interview Schedule for Children (Silverman & Albano, 1996), the Diagnostic Interview Schedule for Children (Piacentini et al., 1993), The Child and Adolescent Psychiatric Assessment (Angold et al., 1995).

6 Behavioural Observation

Observational procedures are widely used for developing a formal functional analysis of a child's presenting problem (March & Albano, 1998; Silverman & Serafino, 1998). This method involves observing verbal (e.g., positive self-references) and nonverbal behaviour (e.g., body posture), which can be measured in terms of frequency or response duration. Observation can be conducted in the child's normal environment (e.g., the classroom) or in a contrived situation (e.g, laboratory) developed to stimulate the natural environment.

7 Self-monitoring

Self-monitoring allows individual to systematically record ongoing subjective states or behaviors, either at regular intervals or whenever they occur (Haynes, 1978). The most commonly used self-monitoring procedure in children and adolescents is that of daily diaries, either in pictorial and printed versions. Daily diaries can be used to elicit situational variables, time of the day, location, behavioural consequences, and anxiety rating. As such daily dairies are useful in providing information related to the intensity, precipitators, consequences of anxious reactions, and the associated cognition.

8 Epidemiology

The lifetime prevalence of anxiety disorders in children or adolescents range from 15 to 31.9% (Essau & Gabbidon, in press). The period prevalence for anxiety disorders has been estimated to range from 3.1 to 18%. Within the subtypes of anxiety disorders, the most common are specific phobia, whereas panic disorder, PTSD, OCD, and GAD are less common. For example, in the Bremen Adolescent Study (Essau et al., 2000), the lifetime rates of phobias were about 3%; the rates of PTSD and OCD were less than 2%, and that of panic disorder and GAD were less than 1%.

In addition to being common, anxiety disorders frequently co-occur both within anxiety disorders and with other mental disorders, with up to 72% of those who meet the diagnosis of anxiety disorders meeting criteria for at least one other psychiatric disorders such as depressive, substance use, and disruptive behaviour disorders (Angold, Costello, & Erkanli, 1999; Essau et al., 2000; Feehan, McGee, Raja, & Williams, 1994; Lewinsohn, Zinbarg, Seeley, Lewinsohn, Sack, 1997).

Gender: Anxiety disorders are more common in girls than in boys, with a 3:1 female preponderance (Essau et al., 2000). Several speculations have been offered to explain for this gender difference. The preponderance of anxiety disorder among girls may be related to their general tendency to be ruminative about current and future events (Lewinsohn et al., 1998). Others (Lewinsohn et al., 1998) argued that this difference may be due to gender difference in experiences and social roles in boys and girls. Ten out of 13 psychosocial factors examined were associated with both anxiety and gender (Lewinsohn et al., 1998). These factors were: major life events, self-consciousness, low self-esteem, low social self-competence, poor coping skills, low family social support, physical illness, lifetime physical symptoms, and emotional reliance. It was concluded that gender differences in anxiety disorders cannot be explained by differing social roles and experiences. They argued that the female vulnerability to anxiety is "associated with some type of genetic, rather than purely environmentally determined, gender differences" (p. 113).

Age: Findings on the prevalence of anxiety disorders by age vary across studies. In the recent NCS-A study (Merikangas et al., 2010), anxiety disorders were equally distributed across age groups, however, considerable variations were found within the subtypes of anxiety disorders. PTSD, GAD, panic disorder, and social phobia demonstrated a consistent increase with age (Merikangas et al., 2010) with the greatest increase occurring between age 12–13 to 14–15 years (Essau et al., 2000).

9 Psychological Treatment

Cognitive behavioral therapy (CBT) has emerged as the treatment of choice for anxiety disorders in children and adolescents with anxiety disorders (Seligman & Ollendick, 2011). Much research has provided support for the effectiveness of CBT in treating anxiety disorders in children and adolescents (Barrett, Dadds, & Rapee, 1996; Cobham, Dadds, & Spence, 1999; Essau, Conradt, Sasagawa, & Ollendick, 2012). However, studies to examine the extent to which the effectiveness of CBT in the treatment of anxiety disorders could be generalized to young people with genetic disorders is rare.

9.1 Emotional and Social Skills Training for Individuals with WS (ESST-WS)

The ESST-WS is an early intervention program for anxiety disorders that has been specifically developed for young people with Williams Syndrome (WS) (Essau & Longhi, in preparation). WS is a rare genetic disorder which occurs in 1 in 20000 live births, which is caused by a microdeletion of at least 25 genes on chromosome 7q11.23 (Donnai & Karmilof-Smith, 2000). It is characterised by a distinctive facial dysmorphology, growth retardation, joint laxity, hyperacusis, as well as cardiovascular abnormalities (Blomberg et al., 2006). A high proportion of those with WS have mild to moderate mental retardation, and mild to severe learning difficulties. Interestingly people with WS seem to be good in social interactions because of their language abilities, friendliness and lack of social inhibition (Meyer-Lindenberg et al., 2005). In reality this overshadows WS behavioural and emotional problems which are characterised by high levels of anxiety and fears (Dykens, 2003). About 80% of the adolescents with WS have been reported to meet the criteria for at least one mental disorders (Dykens, 2003; Leyfer et al., 2006).

Below we describe a case study in the implementation of the ESST-WS in an adolescent boy with a Williams Syndrome.

9.2 The Case of AP

The present case describes a 19-year-old male with WS who will be referred to as "AJP". AJP's mother wanted her son to participate in the ESST-WS because of social withdrawal, panic attacks, and depression.

AJP was diagnosed with WS when he was three years of age. As a child, he suffered from cardiac problems for which he had to undergo surgery. His parents divorced when he was 7 years old, and he was raised by his mother and step-father together with his 2 older sisters. He lives in a residential home with two same aged boys who have autistic disorder. He used to attend a main stream college, but has not been able to attend college since the last four months before the intervention. This happened after he experienced a sudden panic attack at college. Since then he has been house-bound and feared that he will get another panic attack if he were to get out of his house.

Before the assessment and the first treatment, the leader (CAE) made phone calls to AJP to discuss the procedures involved. Details of AJP's clinical presentation and results of intervention progress will next be discussed.

9.2.1 Assessment

Assessments were conducted at pre-treatment, mid-treatment, post-treatment, and follow-up (3 months after the last treatment session). Because of AJP's writing and reading difficulties, questionnaires to assess his anxiety/worry, stress, and depressed were read to him by an independent assessor. A diagnostic interview schedule was also administered by an independent assessor at the pre-treatment and at the follow-up assessment. In addition to these tests, AJP was also requested to monitor his mood on a daily basis.

9.2.2 Instruments

The *Composite International Diagnostic Interview* was used to assess anxiety and depressive disorders based on DSM-IV criteria (Wittchen et al., 1991). The *Penn State Worry Questionnaire* (PSWQ) (Meyer, Miller, Metzger, & Borkovec, 1990) is a 16-item inventory designed to assess the pathological worry characteristic of GAD. *The Depression, Anxiety, and Stress Scale* (DASS; Lovibond & Lovibond, 1995) was used to assess depressive, anxiety, and stress symptoms.

9.2.3 Treatment

AJP received 6 weeks of individual ESST-WS. Because of AJP's concentration level, all the six sessions were split into two 25 minutes sessions, with a break of about 60 minutes between the two slots. Intervention techniques included cognitive restructuring (e.g., using cue cards as proposed by Quakley et al., 2004), role-playing, in vivo exposure exercises, social skills training, and homework assignments. As most of the young people with WS love animals, many illustrations have animal characters (Figures 1 & 2) (Essau & Longhi, in preparation).

AJP refused to go to college because he feared that he might get another panic attack. Therefore, the intervention was slightly modified to include an emphasis on:

- Establishing a fear-hierarchy for going to his college. Subjective Units of Discomfort (SUDS) elicited by going to the college, were gathered throughout each of the exposure tasks.
- Increasing his level of pleasant activities that included activities that he used to enjoy such as playing golf and dancing.
- Cognitive-restructuring that was used to deal with his uncontrollable worries (e.g., excessive worries about his future), and cognitive dysfunction (e.g., getting crazy).

Figure 1: A story used in the ESST-WS

Figure 2: Feeling cards

10 Results

10.1 Pre-Assessment

The baseline assessment confirmed that AJP met the diagnoses of DSM-IV panic disorder and major depression. AJP was cooperative and friendly during the assessment. At times, he seemed fidgety – playing with his fingers and rocking back and forth.

- Panic disorder: According to AJP, he experienced his first panic attack while he was in his science class. He described his panic attack as coming very abruptly and out of the blue. He experienced very intense feeling of fear; he also had chest pain, nausea, and felt that he might faint. He was also afraid that he might go crazy or even die. He sweat so much that his shirt was completely wet. Although his panic attack lasted for about 7 to 10 minutes, he felt "shaky" for the rest of the day. He was so overwhelmed by this feeling that he refused to go to college since that day. Not only did he refuse to go college, he has been increasingly become house-bound. He fears that if he goes outside, he will get another panic attack.
- Major depression: AJP reported losing interest in doing activities (e.g., playing golf and dancing) that he used to enjoy. He reported constantly feeling depressed, miserable, and tired, and could sleep all day long. He did not feel like eating and had lost weight. His felt guilty that his mother and friends are very concerned about him. He constantly had thoughts about dying, but denied having any intentions or having any concrete plans to commit suicide.

10.2 Post- and Follow-up Assessments

Three months following treatment, AJP no longer met diagnostic criteria for panic disorder and depression. Questionnaire data revealed consistent decreases in depressive, anxiety and stress symptoms on the DASS throughout the course of treatment. There was a steady decline in worry scores on the PSWQ, as well as on depression, anxiety and stress subscales on the DASS at post-treatment and at follow-up. All the scores remained well within the normal range. The number of activities that AJP did with his friends increased over the course of treatment, including a weekly golf and a dance class. AJP has also been back to his college, first for 2 hours per day twice a week. This was increased to attending classes in the mornings for 3 days a week.

11 Discussion and Conclusion

The results suggest that CBT was successful in reducing anxiety and depression in an individual with WS who was diagnosed with a panic disorder and major depression. Three months following treatment, AP no longer met diagnostic criteria for these disorders.

The overall outcomes from the ESST-WS that uses the principles of the CBT to anxiety management with high functioning young people with Williams Syndrome was effective when the program used the adaptations as outlined above. Specifically, visual aids such as the feeling thermometer and picture schedules outlining each session, and the use of scripts were incorporated into the treatment package to facilitate comprehension of therapy tasks. To conclude, ESST-WS is effective in reducing anxiety and depression. This is an important result because of the high frequency of anxiety and depression experienced by individuals with Williams Syndrome, and left untreated could lead to a negative course and outcome.

References

American Psychiatric Association (2000). *Diagnostic and Statistical Manual of Mental Disorders* (Vol. 4). Washington, DC: American Psychiatric Association.

Angold, A., Prendergast, M., Cox, A. et al. (1995). The child and adolescent psychiatric assessment (CAPA). *Psychological Medicine, 25*, 739–753.

Angold, A., Costello, E. J., & Erkanli, A. (1999). Comorbidity. *Journal of Child Psychology and Psychiatry and Allied Disciplines, 40* (1), 57–87.

Barrett, P.M., Dadds, M. R., & Rapee, R. M. (1996). Family treatment of childhood anxiety: a controlled trial. *Journal of Consulting and Clinical Psychology, 64*, 333–342.

Beidel C. D., Turner S. M., & Fink C. M. (1996). Assessment of childhood social phobia: construct, convergent, and discriminative validity of Social Phobia and Anxiety Inventory for Children (SPAI-C). *Psychology Assessment, 8*, 235–240.

Birmaher, B., Khetarpal, S., Brent, D., Cully, M., Balach, L., Kaufman, J., & McKenzie Neers, S. (1997). The Screen for Child Anxiety Related Emotional Disorders (SCARED): Scale construction and psychometric characteristics. *Journal of the American Academy of Child and Adolescent Psychiatry, 36*, 545–553.

Blomberg, S., Rosander, M., & Andersson, G. (2006). Fears, hyperacusis and musicality in Williams syndrome. *Research in Developmental Disabilities, 27,* 668–80.

Chorpita, B. F., Tracey, S. A., Brown, T. A., Collica, T. J., & Barlow, D. H. (1997). Assessment of worry in children and adolescents: An adaptation of the penn state worry questionnaire. *Behavior Research and Therapy, 35*, 569–581.

Cobham, V. E., Dadds, M. M., & Spence, S. H. (1999). Anxious children and their parents: What do they expect? *Journal of Clinical Child Psychology, 28*, 220–231.

Donnai, D., & Karmiloff-Smith, A. (2000). Williams syndrome: From genotype through to the cognitive phenotype. *American Journal of Medical Genetics, 97*, 164–171.

Dykens, E. M. (2003). Anxiety, fears, and phobias in persons with Williams syndrome. *Developmental Neuropsychology, 23*, 291–316.

Essau, C. A., & Gabbidon, J. (in press). Epidemiology, Comorbidity and Mental Health Services Utilization. In C. A. Essau & T. H. Ollendick (Eds.), *Treatment of Childhood and Adolescent Anxiety Disorders.* London: Wiley-Blackwell.

Essau, C. A., & Longhi, E. (in preparation). *Anxiety and depressive disorders among young people with Williams Syndrome.*

Essau, C. A., Conradt, J., & Petermann, F. (2000). Frequency, comorbidity, and psychosocial impairment of anxiety disorders in adolescents. *Journal of Anxiety Disorders, 14*, 263–279.

Essau, C. A (2007). Anxiety in children: when is it classed as a disorder that should be treated? *Expert Review of Neurotherapeutics, 7*, 909–911.

Essau, C. A., Conradt, J., Sasagawa, S., & Ollendick, T. M. (2012). Prevention of Anxiety Symptoms in Children: A Universal School-Based Trial. *Behavior Therapy, 43*, 450–464.

Essau, C. A., & Ollendick, T. H. (2009). Diagnosis and Assessment of Adolescent Depression. In S. Nolen-Hoeksema & L. M. Hilt (eds.*), Handbook of Depression in Adolescents.* New York: Routledge.

Essau, C. A., Sasagawa, S., Anastassiou-Hadjicharalambous, X., Olaya Guzmán, B., & Ollendick, T. M. (2011). Psychometric properties of the Spence Child Anxiety Scale with adolescents from five European countries. *Journal of Anxiety Disorders, 25*, 19--27.

Feehan, M., McGee, R., Nada-Raja, S. & Williams, S. M. (1994). DSM-III-R disorders in New Zealand 18-year-olds. *Australian and New Zealand Journal of Psychiatry, 28*, 87–99.

Haynes, S. N. (1978). *Principles of behavioral assessment.* New York: Gardner.

Kendall, P. C., & Warman, M. J. (1996). Anxiety disorders in youth: Diagnostic consistency across DSM-III-R and DSM-IV. *Journal of Anxiety Disorders, 10*, 453–463.

La Greca, A. M. & Stone, W. L. (1993). Social anxiety scale for children-revised: Factor structure and concurrent validity. *Journal of Clinical Child Psychology, 22*, 17–27.

Lewinsohn, P. M., Gotlib, I. H., Lewinsohn, M., Seely, J. R., & Allen, N. B. (1998). Gender differences in anxiety disorders and anxiety symptoms in adolescents. *Journal of Abnormal Psychology, 107*, 109–117.

Lewinsohn, P. M., Zinbarg, R., Seeley, J. R., Lewinsohn, M., & Sack, W. H. (1997). Lifetime comorbidity among anxiety disorders and between anxiety disorders and other mental disorders in adolescents. *Journal of Anxiety Disorders, 11*, 377–394.

Leyfer, O. T., Woodruff-Borden, J., Klein-Tasman, B. P., Fricke, J. S., & Mervis, C. B. (2006). Prevalence of psychiatric disorders in 4 to 16-year-olds with Williams syndrome. *American Journal of Medical Genetics B: Neuropsychiatric Genetics, 141*, 615–622.

Lovibond, P. F., & Lovibond, S. H. (1995). The structure of negative emotional states: Comparison of the Depression Anxiety Stress Scales (DASS) with the Beck Depression and Anxiety Inventories. *Behaviour Research and Therapy, 33*, 335–343.

March, J. S. & Albano, A. M. (1998). New developments in assessing pediatric anxiety disorders. *Advances in Clinical Child Psychology, 20*, 213–241.

March, J. S., Sullivan, K., & Parker, J. (1999). Test–retest reliability of the Multidimensional Anxiety Scale for Children. *Journal of Anxiety Disorders, 13*, 349–358.

Masi, G., Mucci, M., Nicoletta, B., Bertini, N., Milantoni, L., & Arcangeli, F. (2005). A naturalistic study of referred children and adolescents with obsessive-compulsive disorder. *Journal of the American Academy of Child and Adolescent Psychiatry, 44*, 673–681.

Merikangas, K. R., He, J. P., Burstein, M., Swanson, S. A., Avenevoli, S., Cui, L., Benjet, C., Georgiades, K., & Swendsen, J. (2010). Lifetime Prevalence of Mental Disorders in U.S. Adolescents: Results from the National Comorbidity Survey Replication–Adolescent Supplement (NCS-A). *Journal of the American Academy of Child and Adolescent Psychiatry, 49*, 980–989.

Meyer, T. J., Miller, M. L., Metzger, R. L. & Borkovec, T. D. (1990). Development and validation of the Penn State Worry Questionnaire. *Behaviour Research and Therapy, 28*, 487-495.

Meyer-Lindenberg, A., Hariri, A. R., Munoz, K. E., Mervis, C. B., Mattay, V. S., Morris, C. A., et al. (2005). Neural correlates of genetically abnormal social cognition in Williams syndrome. *Nature Neuroscience, 8*, 991–993.

Ollendick, T. H. & Seligman, L. D. (2005). Anxiety Disorder. In R. Harrington & H. Steinhausen (Eds.), *A Clinician's Handbook of Child and Adolescent Psychiatry* (pp.144-187). Cambridge: Cambridge University Press.

Piacentini, J., Shaffer, D., & Fischer, P.W. (1993). The Diagnostic Interview Schedule for Children-Revised version (DISC-R): II. Concurrent criterion validity. *Journal of the American Academy of Child and Adolescent Psychiatry, 32*, 658–665.

Puig-Antich, J., & Chambers, W. (1978). *The Schedule for Affective Disorders and Schizophrenia for School-aged Children.* New York: State Psychiatric Institute.

Quakley, S., Reynolds, S. & Coker, S. (2004). Visual cues and age improve children's abilities to discriminate between thoughts, feelings and behaviours. *Behaviour Research and Therapy, 42*, 343–356.

Reynolds, C. R., & Richmond, B. O. (1978). What I think and feel: A revised measure of children's manifest anxiety. *Journal of Abnormal Child Psychology, 6*, 271–280.

Rockhill, C., Kodish, I., DiBattisto, C., Macias, M., Varley, C. & Ryan, S. (2010). Anxiety disorders in children and adolescents. *Current Problems in Paediatric and Adolescent Health Care, 40 (4)* 66–99.

Schniering, C. A. , Hudson, J. L. & Rapee, R. M. (2000). Issues in the diagnosis and assessment of anxiety disorders in children and adolescents. *Clinical Psychology Review; 20* (4), 453–478.

Silverman, W. K., & Albano, A. M. (1996*). The Anxiety Disorders Interview Schedule for DSM-IV-Child and Parent Versions.* London: Oxford University Press.

Silverman, W. K. & Serafini, L. T. (1998). Assessment of child behavior problems: Internalizing disorders. In A. S. Bellack & M. Hersen (Eds.), *Behavioral assessment: A practical handbook* (pp. 342–360, 4th ed.). Boston, USA: Allyn & Bacon.

Spence, S. H. (1998). A measure of anxiety symptoms among children. *Behavior Research and Therapy, 36*, 545–566.

Valance, A, & Garralda, E. (2008). Anxiety disorders in children and adolescents. *Psychiatry, 7* (8), 325–330.

Wittchen, H. U., Robins, L. N., Cottler, L. B., Sartorius, N., Burke, J. D., & Regier, D. (1991). Cross-cultural feasibility, reliability and sources of variance of the Composite International Diagnostic Interview (CIDI): Results of the Multicenter WHO/ADAMHA Field Trials (Wave I). *British Journal of Psychiatry, 159*, 645–653.

World Health Organization (1992). *The ICD-10 classification of mental and behavioral disorders.* Geneva: World Health Organization.

Resilienz, Ressourcenorientierung und Inklusion

Susanne Schwab & Michael Fingerle

1 Einleitung

In einer Welt, in der vielseitige Belastungen (z.B. Gewalterfahrungen, Stress, kritische Lebensereignisse, familiäre Problemlagen wie Armut, Arbeitslosigkeit oder Erziehungsprobleme, …) ein Risiko für die Entwicklung von Menschen darstellen, stellt sich die Resilienzforschung die Frage, welcher personalen und sozialen Ressourcen es bedarf, um die psychische und physische Gesundheit erhalten und schützen, beziehungsweise Risikolagen bewältigen zu können (vgl. z.B. Opp, 2006). Unter Resilienz könnte also die Widerstandsfähigkeit von Menschen gegenüber Risikofaktoren verstanden werden, eine „erworbene psychische Robustheit“ (Petermann & Schmidt, 2009).

Resilienz wird über die Kombination von Risikofaktoren und positiven Entwicklungsergebnissen in der individuellen Biografie erfasst (Aichinger, 2011; Fingerle, 2011a), wobei keine verbindlichen Regeln hinsichtlich der Auswahl der Risikofaktoren oder der Kriterien für positive Entwicklung bestehen. Ähnliches gilt auch für die Zeitspanne, die man bei der Analyse berücksichtigt – sie kann einige Jahre oder das ganze Leben umfassen. Dies hat zur Folge, dass das in Längsschnittstudien (Laucht, Esser & Schmidt, 1999; Lösel & Bender, 1999; Werner & Smith, 2001) identifizierte Ergebnis, das Resilienzphänomen, von Studie zu Studie etwas Unterschiedliches erfassen könnte. Betrachtet man beispielsweise die Überwindung eines Traumas, so ist nicht klar, ob Menschen, die das Trauma bereits nach einem Jahr überwunden haben, dieselbe Bewältigungsleistung erbracht haben oder über dasselbe Bewältigungspotenzial verfügen, wie Menschen, die sich erst nach mehreren Jahren von diesem belastenden Ereignis erholt haben. Diese und andere Schwierigkeiten führen zu einer Vielzahl an Interpretationen des Phänomens der Resilienz. Es lässt sich als Persönlichkeitseigenschaft, aber auch als Bewältigungskapazität oder Bewältigungskapital verstehen. Hinzu kommt, dass die Bedeutung sozialer Ressourcen für die Entstehung einer positiven Entwicklung unter riskanten Bedingungen keineswegs unterschätzt werden darf. Es wäre eine unzuverlässige Verkürzung, wollte man das Resilienzphänomen in erster Linie auf Personenmerkmale zurückführen. Sozialen Faktoren kommt in toto ein größeres Gewicht zu als personalen Faktoren (Rutter, 2006).

Die Ursprünge der Resilienzforschung liegen in der Psychologie und Medizin, in der Sonderpädagogik fand dieses Konzept erst später seine Anwendung (Grünke, 2003). In der deutschsprachigen Pädagogik erlebte die Resilienzforschung infolge des Perspektivenwechsels von einer primär defizitorientierten sonderpädagogischen Förderung und Diagnostik zu einer Stärken- oder Ressourcenorientierung starken Aufschwung. Infolgedessen kam es auch ab der zweiten Hälfte der neunziger Jahre des 20. Jahrhunderts zu einer Zunahme an Publikationen zum Thema Resilienz. Die Existenz von Resilienz gilt mittlerweile als empirisch gut belegt (Werner, 2006; Sroufe, 2005; O'Dougherty, Wright & Masten, 2006). Zu den bekanntesten Längsschnittstudien, welche das Phänomen der Resilienz bestätigten und die Wirkung von Risiko- und Schutzfaktoren untersuchten, gehören mitunter die Kauai-Studie (Werner & Smith, 2001), die Mannheimer Risikokinderstudie (Laucht, Esser & Schmidt, 1999), sowie die Bielefelder Invulnerabilitätsstudie (Lösel & Bender, 1999). Im Rahmen der Kauai-Studie, wurde die psychische Entwicklung eines gesamten Geburtsjahrgangs (N= 698) auf der Insel Kauai über 40 Jahre (1955-1995) hinweg untersucht. Die Entwicklung der Kinder wurde zu mehreren Messzeitpunkten (im Alter von 1, 2, 10, 18, 32 und 40 Jahren) von verschiedenen ExpertInnen (u.a. PsychologInnen, KinderärztInnen, etc.) untersucht. Die Ergebnisse dieser Studie machten deutlich, dass es bei jenen Personen, welche durch bestimmte Risiken (z.B. Armut, Vernachlässigung, Misshandlungen, usw.) betroffen waren, sowohl resiliente Personen gab, welche sich trotz der Risiken erstaunlich positiv entwickelten, als auch Personen, welche sich negativ entwickelten (z.B. Lern- und Verhaltensprobleme aufwiesen, psychische Probleme hatten). Dabei ist anzumerken, dass nur wenige Studien in Entwicklungsländern oder in Kriegsgebieten durchgeführt wurden. In neuerer Zeit wurden weniger Längsschnittstudien durchgeführt, sondern (hauptsächlich qualitative) Querschnittstudien, welche vernachlässigte Gruppen (wie z.B. Flüchtlingskinder, Kinder, die Opfer oder Zeugen von Gewalt wurden oder Kinder, die zur Kinderarbeit gezwungen wurden) untersuchten (z.B. Bolger & Patterson, 2003; Holt, Buckley & Whelan, 2008; Liebel, 2004; Shamai, Kimhi & Enosh, 2007).

Mithilfe der bisher durchgeführten Studie konnten zahlreiche Risikofaktoren und Schutzfaktoren in der Entwicklung dieser Kinder identifiziert werden. Kritisch anzumerken ist hier aber, dass Risikofaktoren und Schutzfaktoren wie Resilienz und Vulnerabilität nicht klar voneinander abgrenzbar sind.

Trotz der empirischen Bestätigung des Resilienzphänomens an sich liegt in der Wissenschaft keine einheitliche Definition von Resilienz vor (Fingerle, 2011a; Zander, 2008). Sprachlich gesehen stammt der Begriff Resilienz vom englischen „resilience" ab, wäre mit „Ausdauer", „Belastbarkeit", „Widerstandsfähigkeit", „Zähigkeit", „Durchhaltevermögen" oder „Unverwüstlichkeit" zu übersetzen und bezeichnet damit sowohl empirische Phänomene als auch theoretische Konzepte zu seiner Erklärung (Fingerle, 2009). Bezüglich der Interpretation von Resilienz reichen die Definitionen von Resilienz als Persönlichkeitseigenschaft (Goldstein & Brooks, 2006; Skodol, 2010), als Bewältigungskapital (Fingerle, 2011a) bis hin zu einer Fähigkeit (Masten, 2001; Scheithauer, Petermann & Niebank; 2002; Welter-Enderlin, 2008; Wustmann, 2005), wobei jedoch zumeist darüber Einigkeit herrscht, dass die mit Resilienz verbundenen Prozessqualitäten erlernbar sind (Egeland, Carlson & Scroufe, 1993; Wieland, 2011). Resilienz wird als ein dynamisches Zusammenspiel von Risiken und Ressourcen (Karoly, 2010; Kaplan, 2005) verstanden, welches sich in der Interaktion mit der Umwelt entwickelt (Luthar, Cicchetti & Becker, 2000; Wustmann, 2005), wobei das Resilienzphänomen über Situationen und Zeitpunkte hinweg variieren kann und heute keineswegs mehr als stabile Persönlichkeitseigenschaft angesehen wird (Aichinger, 2011; Fingerle, 2011b). „Resilienz ist ein Beziehungskonstrukt, das Ergebnis eines Prozesses zwischen dem Kind und seinem sozialen Umfeld. Kein Kind ist per Geburt „resilient"" (Wustmann, 2011, S. 350). Anzuführen ist hier auch, dass in der Literatur zumeist nur von „der" Resilienz im Singular gesprochen wird, tatsächlich existieren aber eine Vielzahl von Resilienzen (Fingerle, 2011a; Luthar 1993), weshalb auch mit Bender und Lösel (1998) von bereichsspezifischen Resilienzen gesprochen werden kann. In jedem Falle entsteht resilientes Verhalten in der Auseinandersetzung mit widrigen Umständen (Nuber, 2005) – es müssen also Risikofaktoren vorhanden sein, damit von Resilienz gesprochen werden kann. Hier deutet sich bereits an, dass es schwer fallen kann, Resilienz von Risikofaktoren, Ressourcen und Schutzfaktoren oder auch verwandten Konzepten wie der Vulnerabilität abzugrenzen, oftmals werden diese verschiedenen Begriffe auch irreführend verwendet.

Grundsätzlich lassen sich diese Begriffe jedoch durchaus voneinander abgrenzen. Die folgenden Definitionen orientieren sich an der Literaturlage (Petermann und Schmidt, 2006; 2006) und versuchen, eine definitorische Differenzierung vorzunehmen:

- Ressourcen sind verfügbare Potenziale (einer Person oder ihrer Umwelt), welche eine gesunde und stabile Entwicklung unterstützen. Ressourcen haben für die Bewältigung alltäglicher Herausforderungen des Lebens eine wichtige Bedeutung, sie können entweder angeboren sein, sich entwickeln oder auch in der Umwelt verfügbar sein.
- Der Begriff der Resilienz sollte von jenem der Ressourcen unterschieden werden, da Resilienz nicht quasi automatisch entsteht, wenn Ressourcen verfügbar sind. Resilienz stellt das Ergebnis eines Lernprozesses dar, in dem gelernt wird, welche Ressourcen verfügbar sind und wie eigene, sozial anschlussfähige Ziele mit Ressourcen erreicht werden können. In diesem Sinne stellt Resilienz eine Leistung dar und eine Ressource eine Leistungsvoraussetzung.
- Schutzfaktoren, auch protektive Faktoren genannt, senken die Wahrscheinlichkeit dafür, dass eine Störung auftritt, sollten aber selbst keinen direkten Effekt zur Folge haben. Im Laufe der Resilienzforschung wurde zunächst versucht, das Phänomen auf spezifische Merkmale der resilienten Kinder

und ihrer Umgebungen zurückzuführen. Als Ziel galt es, Schutzfaktoren zu identifizieren, welche die pathogenen Auswirkungen von Risikofaktoren kompensieren.

- Risikofaktoren sind Merkmale einer Person, ihrer Umwelt oder bestimmte Ereignisse, welche die Auftretenswahrscheinlichkeit für negative Zustände (z.B. psychische Störungen) erhöhen und stellen somit ein unmittelbares Komplement zu Ressourcen dar. Einzelne Risikofaktoren treten miteinander in Interaktion und wirken kumulativ, insofern ist es in der Regel auch nicht möglich, konkrete Folgen einzelner Faktoren für die Entwicklung zu prognostizieren.
- Vulnerabilität oder auch Verletzlichkeit ist eine Personeneigenschaft, welche sich darauf bezieht, dass Belastungen schlechter verarbeitet werden. Je höher also die Vulnerabilität einer Person ist, umso größer ist das Risiko, bei auftretenden Risiken eine psychische Krankheit zu entwickeln. Insofern stellt Vulnerabilität selbst einen personalen Risikofaktor dar und könnte als negatives Pendant zur Resilienz verstanden werden.

2 Resilienz, Schutz- und Risikofaktoren

Grundsätzlich unterscheidet man sowohl bei den Schutz- als auch bei den Risikofaktoren zwischen personalen und sozialen Faktoren. Während personale (oder auch internale) Faktoren innerhalb einer Person zu finden sind, handelt es sich bei sozialen (bzw. externalen) Faktoren um Faktoren aus der Umgebung (Eigenschaften der Familien und soziale Strukturen, in denen Kinder heranwachsen). Eine andere Möglichkeit der Unterscheidung wäre, hinsichtlich biologischer, psychologischer und psychosozialer Faktoren zu differenzieren. In der Kauai-Studie (Werner & Smith, 2001) sowie vielen Nachfolgestudien (z.B. Bender & Lösel, 1998; Werner & Smith, 2001) wurden dabei verschiedene Faktoren identifiziert (siehe dazu auch Fingerle, 2009; Wustmann, 2005):

- Zu den am häufigsten gefundenen personalen Schutzfaktoren in den empirischen Studien zählen unter anderem eine hohe Sozialkompetenz sowie ein positives Selbstkonzept, Kommunikations- und Problemlösefähigkeiten, die effektive Nutzung von eigenen Talenten und Interessen, die Fähigkeit, zielgerichtet zu planen und zu handeln, eine flexible Form der Stressbewältigung, Selbstvertrauen, eine optimistische, zuversichtliche Lebenseinstellung sowie Intelligenz. Aber auch Talente, Interessen und Hobbys können Schutzfaktoren sein.
- Soziale Schutzfaktoren sind unter anderem eine enge Bindung an eine stabile und verlässliche Bezugsperson, klare Strukturen und Regeln innerhalb der Familie, gleichzeitig verfügbare emotionale Unterstützung sowie das Vorhandensein positiver Rollenvorbilder für konstruktives Bewältigungsverhal-

ten. Eine sichere Bindung scheint dabei nach der Literatur der stärkste Schutzfaktor zu sein. Stabile Bezugspersonen liefern emotionale und soziale Unterstützung und müssen nicht ausschließlich aus dem Familienkreis stammen. Zudem wirken ein positives unterstützendes Erziehungsverhalten beziehungsweise ein autoritativer Erziehungsstil förderlich. Auch positive Peer-Kontakte sowie die Teilhabe in sozialen Netzwerken kann solche Hilfen bieten (Aichinger, 2011). Der Bereich der familiären Ressourcen ist aber insbesondere für jüngere Kinder sehr zentral, da diese an die Familie gebunden sind. Resiliente Kinder, welche in zerrütteten Familien aufwachsen, haben oft eine stabile Bezugsperson (Eltern, Großeltern, Geschwister), die dem Kind hilft, eine stabile Beziehung aufzubauen. Zudem kommen resiliente Kinder zumeist aus einer hohen sozioökonomischen Schicht. Auch das grundsätzliche Vorhandensein von prosozialen Rahmenmodellen beziehungsweise Normen und Werten stellt eine Ressource dar.

- Bei den personalen Risikofaktoren wären unter anderem chronische Krankheiten, aber auch Behinderungen der Kinder hinzuzuzählen. Soziale Risikofaktoren, welche in der Literatur immer wieder genannt werden, sind der Minoritätenstatus (z.B. Migrationshintergrund), Armut, Arbeitslosigkeit, Erziehungsprobleme, Vernachlässigung, elterliche Erkrankungen, traumatische Erfahrungen (Naturkatastrophen, Kriegserlebnisse, Missbrauch, etc.) (Fröhlich-Gildhoff & Rönnau-Böse, 2009).

Eine Aufgabe der Resilienzforschung ist es, aus dem Wissen um das Phänomen Resilienz einen pädagogischen Nutzen zu gewinnen und Folgerungen für die Förderung von Resilienz zu erzielen (Wieland, 2011). Wenn es nun aber darum geht, Resilienz zu fördern und präventiv zu arbeiten, ergeben sich verschiedenste Schwierigkeiten. Ein Problem ist die mangelnde Abgrenzbarkeit zwischen Risiko- und Schutzfaktoren, eine weitere Herausforderung ist aber auch deren probabilistischer Charakter (Fingerle, 2011b), Risiko- oder Schutzfaktoren sind keine stabilen, eindeutigen und unveränderlichen Faktoren, sondern Wahrscheinlichkeitsfaktoren. Zudem ist die Wirkung von Schutzfaktoren beziehungsweise Risikofaktoren auf die Resilienz noch ungeklärt (Liebel, 2009). Dies liegt unter anderem daran, dass die Beziehung zwischen Risiko- und Schutzfaktoren empirisch noch nicht ausreichend untersucht wurde. Ursprünglich wurde eine dichotome Unterscheidung zwischen Schutz- und Risikofaktoren angenommen. Augenscheinlich lässt sich ja vermuten, dass Risikofaktoren die Wahrscheinlichkeit für eine erfolgreiche Problembewältigung senken, wohingegen Schutzfaktoren diese erhöhen sollten. Eine derartige Wirkungsweise entspräche letztlich einer geringeren Nettorisikobelastung, da die Schutzfaktoren die Risikofaktoren teilweise oder ganz kompensieren würden. Hierbei ist jedoch zu beachten, dass es unklar ist, wie sich verschiedene Faktoren kumulativ verhalten oder sogar potenzieren.

Die einfachere Betrachtungsweise, bei der man Risiko- und Schutzfaktoren als Gegenpole betrachtet und ihre Summe sozusagen wie negative und positive Zahlen bilanziert, hat demgegenüber den Vorteil einer leichteren Handhabung. Sie birgt aber andere Probleme. Denn tatsächlich ist es so, dass sich die Beziehung zwischen Schutz- und Risikofaktoren viel komplexer darstellt: Schutzfaktoren können sogar in bestimmten Bedingungskonstellationen selbst einen Risikofaktor darstellen (Fingerle, 2009). Beispielsweise kann ein hohes Selbstwertgefühl mit konstruktivem Bewältigungsverhalten einhergehen (Cicchetti & Rogosch, 1997), jedoch bei aggressiven Personen als Risikofaktor für die Aufrechterhaltung der Aggressivität beitragen (Baumeister, Smart & Boden, 1996; Hughes, Cavell & Grossman, 1997). Wenn derselbe Faktor, in Abhängigkeit der individuellen Konstellation mit anderen Variablen, zu differenten Ergebnissen führt, so bezeichnet man dies als Multifinalität (Fingerle, 2008).

Risiko- und Schutzfaktoren sind also nicht scharf voneinander abzugrenzen, sie sollten jedoch unabhängig voneinander entweder als Schutz- oder als Risikofaktor analysiert werden (Fingerle, 2011a).

Zudem stellt sich die Frage von Moderator- und Mediatoreffekten. Nach Ittel und Scheithauer (2008) sind Mädchen beispielsweise eher durch internale Risikofaktoren gefährdet, während bei Jungen externale Risikofaktoren eine höhere Rolle spielen. Ein methodisches Problem, welches sich im Rahmen der Studien zur Resilienzforschung zeigt ist, dass die Studien zumeist im Nachhinein feststellen, welche Personen resilient sind und welche nicht. Im Vorfeld wird eine mehr oder weniger systematische Auswahl an Variablen festgelegt, anhand welcher später signifikante Unterschiede zwischen jenen Personen festgestellt werden sollen, die erfolgreich sind beziehungsweise sich positiv entwickeln, und jenen, die weniger erfolgreich sind oder sich negativ entwickeln. Dabei wird oft auch das Zielkriterium (Entwicklung) unterschiedlich operationalisiert (z.B. über Schulerfolg, psychische Gesundheit, abweichendes Verhalten, etc.). Insofern sind auch die Ergebnisse innerhalb der Resilienzforschung nur mit gewissen Einschränkungen vergleichbar. Insbesondere gilt jedoch, dass eine zuverlässige und konkrete Vorhersage, ob durch eine Förderung auch dauerhafte Resilienz entsteht, auf der Basis der bisher vorliegenden Erkenntnisse mit sehr großen Unsicherheiten verknüpft wäre.

3 Förderung der Resilienz

Hinsichtlich der Resilienzförderung gilt insbesondere der Trend, so früh wie möglich zu beginnen, da pädagogisch-psychologische Interventionsprogramme zum Aufbau personaler Ressourcen umso effektiver sind, je früher sie eingesetzt werden. Insofern ist es nicht weiter verwunderlich, dass besonders im Bereich der Frühkindpädagogik Resilienzförderung betrieben wird. Grundsätzlich bezieht Frühförderung jedoch nicht auch automatisch Resilienzförderung mit ein, wenngleich diese ein hohes resilienzförderndes Potenzial aufweist. Zudem sollte Resilienzförderung nicht auf ein bestimmtes Alter oder gar eine bestimmte Institution eingeschränkt werden, wenngleich Interventionen, welche sich auf einen bestimmten Lebensabschnitt beziehen, durchaus zweckmäßig sein können. Funktionierende Förderprogramme bedürfen einer hohen individuellen Adaptivität, die NutzerInnen müssen während der Förderung unterstützt, jedoch auch danach noch begleitet werden. Infolge der komplexen Wirkungsweise von Schutz- und Risikofaktoren müssen die Förderfortschritte kontinuierlich beobachtet werden, um auch eventuell gegenläufigen Entwicklungen entgegenzuwirken. „Die alleinige Konzentration auf den Aufbau personaler Ressourcen dürfte für den Aufbau jenes Bewältigungskapitals, das sich bei resilienten Personen findet, noch nicht ausreichend sein. Gemäß der „probabilistischen Natur“ des Resilienzphänomens sind Ressourcen keine Faktoren, die in jedem Falle positive Ergebnisse nach sich ziehen. Es bedarf auch der Anleitung und Beratung in ihrer Identifikation und sinnvollen Nutzung, d.h. im Erwerb von als sinnhaft erlebten Lebenspraxen“ (Fingerle, 2011b, S. 215).

Ein weiteres Problem, welchem sich die zukünftige Resilienzforschung stellen muss, ist, dass zwar unterschiedliche Präventions- und Interventionsprogramme ihre Anwendung finden, langfristige Effekte jedoch nicht nachgewiesen werden konnten (Masten, 2001). Insofern ist es notwendig, sich von einfachen Ursache-Wirkungs-Mechanismen zu distanzieren und an die Resilienzförderung realistische Hoffnungen zu setzen sowie eine probabilistische Sichtweise anzunehmen.

Bei der Prävention ist die Grundannahme, dass durch aktives Handeln negativen Ereignissen in der Zukunft vorgebeugt werden kann, wobei an verschiedenen Punkten angesetzt werden kann. Einerseits kann man risikozentriert vorgehen und versuchen, Risikofaktoren zu eliminieren beziehungsweise zu minimieren, auf der anderen Seite kann man jedoch auch ressourcenzentrierte Prävention betreiben und versuchen, verschiedene Schutzfaktoren zu stärken. Die Gefahr, die hier von Kritikern der Resilienzforschung gesehen wird, ist, dass die Förderung von individuumsorientierten Aspekten dazu führt, dass das Bestreben, ungünstige Sozialisationsbedingungen zu verändern, beendet wird (siehe dazu Wieland, 2011). Die wirksamsten Interventionsprogramme beinhalten allerdings neben der Förderung von Stärken und dem Ansetzen an zentralen Entwicklungsverläufen auch zusätzlich die Verringerung der (veränderbaren) Risiken (Yates & Masten, 2004), wodurch neben dem Kind auch die Familie und die Umwelt ins Blickfeld geraten muss.

Der Resilienz im schulischen Bereich kommt eine große Bedeutung zu, fraglich ist jedoch, ob Schule als Schutz- oder als Risikofaktor verstanden werden kann. Schulen üben auf die Entwicklung von Kindern einen beträchtlichen

Einfluss aus, welcher nicht nur die kognitiven, sondern auch die psychischen und sozialen Aspekte betrifft. Das System Schule kann sowohl als Ressource fungieren (positives Schulklima, positive Peer-Beziehungen, positive Beziehungen zu LehrerInnen, Selbstwirksamkeit, Leistungsfähigkeit, etc.), aber auch als Risikofaktor (Gewalterfahrungen, Stress, usw.). Ein sehr bekanntes Präventionsprogramm im schulischen Bereich ist beispielsweise das von Seligman entwickelte „Penn Prevention Program", welches den kindlichen Optimismus durch die Vermittlung von Coping-Strategien, Konfliktlösungsfähigkeiten und realistische Kontrollüberzeugungen, fördert (Seligman 1999).

4 Resilienz und Inklusion

Es liegt nahe, im Rahmen eines förderpädagogischen Textes auch Überlegungen über Zusammenhänge zwischen den Begriffen Resilienz und Inklusion anzustellen. Hier muss jedoch sehr differenziert vorgegangen werden, denn zunächst einmal entstammen die beiden Begriffe unterschiedlichen Kategorien. Bei der Resilienz handelt es sich – je nach Sichtweise – um ein Konstrukt, eine Fähigkeit oder um eine Konstellation aus personalen und sozialen Kapitalien. Der Inklusionsbegriff bezieht sich hingegen auf einen Rechtsanspruch: das Recht auf Teilhabe, Selbstverwirklichung und Selbstbehauptung, auch und gerade bei Vorliegen einer Behinderung (um die Argumentation nicht zu sehr zu verkomplizieren, möchten wir hierbei zunächst vom Aspekt der sozialen Konstruktion einer Behinderung absehen. Daraus folgt, dass ein Zustand der Exklusion (des Nicht-Inkludiert-Seins) nicht als ein persönliches Defizit oder als Resultat maladaptiver Verhaltensweisen angesehen werden kann, sondern als Ergebnis bestimmter sozialer Rahmenbedingungen interpretiert werden muss. Aufgrund einer Behinderung von sozialer Teilhabe und Selbstbestimmung ausgeschlossen zu werden (und dies beinhaltet dann auch die Exklusion infolge der gesellschaftlichen Konstruktion der Kategorie „Behinderung") ist somit kein selbstverschuldeter Zustand, kein frei gewählter Verzicht auf die Wahrnehmung eines Rechts und genauso ist die Herstellung von inklusiven Bildungs- und Lebensbedingungen eine von der Gesellschaft, nicht vom exkludierten Individuum zu erbringende Leistung. Unter dieser einschränkenden Perspektive kann „Behinderung" als ein Entwicklungsrisiko betrachtet werden – allerdings als ein Risikofaktor, der vom betroffenen Individuum nicht aus eigener Kraft aufgelöst werden kann. Anders gesagt: Unter Exklusionsbedingungen ist keine optimale Bearbeitung dieses speziellen Risikofaktors möglich. Es kann also keine Rede davon sein, dass eine Stärkung des Bewältigungskapitals von Menschen mit Behinderung Inklusionsanstrengungen ersetzen oder überflüssig machen könnte. Ausgrenzung lässt sich zwar in gewissem Sinne psychisch bearbeiten, es würde jedoch an Zynismus grenzen, wollte man die Bearbeitung des Inklusionsproblems auf die Seite der Ausgegrenzten verlagern und den Entwicklungserfolg am Grad der erlangten Inklusion messen. Kommen jedoch zu einer Behinderung Risikofaktoren hinzu, so stellt sich auch hier die Frage nach der Förderung des Bewältigungskapitals, bei der es allerdings in Abhängigkeit von der Behinderungsform auf andere oder zumindest anders konturierte Ressourcen ankommen kann als im Falle anderer Risikokonstellationen. So kommt hier der Sichtweise der Eltern auf Behinderung eine besondere Bedeutung zu.

Die Gruppe der Kinder mit Behinderung ist eine äußerst heterogene Gruppe, nicht nur, dass zwischen verschiedensten Arten spezifischer Behinderungen unterschieden werden kann (z.B. Körperbehinderung, Lernbehinderung, Verhaltensauffälligkeit, geistige Behinderung), auch innerhalb der Kinder mit denselben spezifischen Behinderungen gibt es große Unterschiede. Wir haben es insgesamt also mit einer sehr heterogenen Gruppe zu tun, daher ist es auch nicht möglich, generalisierbare Aussagen zu treffen. Insofern sind bei resilienzfördernden Maßnahmen für Kinder mit Behinderung individualisierende und zielgruppenbezogene Strategien zu verfolgen.

Grundsätzlich ist es aber so, dass sich Familien, in welchen Kinder mit Behinderung aufwachsen, ganz speziellen Herausforderungen stellen müssen. Die erhöhten Anforderungen beziehen sich sowohl auf die sozial-emotionale Ebene (z.B. Zukunftsangst), die kognitive Ebene (z.B. Notwendigkeit, Fachwissen zu besitzen) als auch auf die Handlungsebene (z.B. Koordination von Untersuchungen, Gestalten einer barrierefreien Umgebung etc.) (Sarimski, 2001). Beispielsweise sind Signale von Kindern mit Behinderungen (insbesondere einer geistigen Behinderung) viel schwieriger zu deuten und somit gestaltet sich auch der Aufbau einer verlässlichen und stabilen Beziehung schwieriger (Sarimski, 2001). In Abhängigkeit der Art der Behinderung ihres Kindes und dessen Schweregrad (Sarimski, 1996) sowie eventuell zusätzlicher Verhaltensauffälligkeiten (Baker, Blacher & Crnic, 2002) erleben Eltern eine erhöhte Stressbelastung (Sarimski, 2001). Die Tatsache, dass ein Kind ganz spezielle Bedürfnisse hat, führt aber nicht zwingend zu problematischen Familienbeziehungen oder psychischen Problemen bei den Eltern (Doege, Aschenbrenner, Nassal, Holtz & Retzlaff, 2011). Kennzeichen resilienter Familien von Kindern mit Behinderung sind, dass diese sowohl innerhalb der Familie als auch außerhalb der Familie (Selbsthilfegruppen, ExpertInnen, etc.) über differenzierte soziale Unterstützungssysteme verfügen. Diese Familien haben zumeist äußerst realistische Erwartungshaltungen, was die Entwicklung der Kinder mit Behinderung betrifft und versuchen den speziellen Herausforderungen mit kreativen Problemlösungen zu begegnen.

Auf Ebene des Kindes stellen sich positive Sozialkontakte mit Peers als Schutzfaktor gleichsam wichtig dar für Kinder mit wie ohne Behinderung; so profitieren auch Kinder mit Behinderung davon, wenn sie zu anderen Kindern positive stabile Beziehungen aufbauen. Daher gibt es auch viele Studien, die

Netzwerkarbeit bei Kindern mit Behinderung untersucht haben (z.B. Niehaus, 2001).

5 Fazit

Resilienz bezeichnet die Widerstandsfähigkeit von Menschen gegenüber Risikofaktoren. Empirische Befunde sprechen für eine hohe Komplexität des Phänomens und dafür, dass die rigide Ansicht von Schutz- und Risikofaktoren relativiert werden sollte und Resilienz somit aus einer probabilistischen Sicht betrachtet werden sollte. In der Resilienzforschung zeigen sich noch etliche konzeptionelle (z.B. mangelnde Abgrenzung zu anderen Konzepten, Fehlen einer allgemeingültigen Definition) und methodische Probleme (z.B. Mangel an Systematik hinsichtlich der untersuchten Faktoren, des festgelegten Zeitrahmens, unzureichende Stichprobengröße etc.). Dennoch stellt Resilienz ein wichtiges Konzept dar, das Optimismus in Bezug auf pädagogische Präventionskonzepte erlaubt. Die Frage, inwiefern Kinder mit spezifischen Behinderungen (Lernbehinderung, Verhaltensauffälligkeit, geistiger Behinderung) im Vergleich zu Kindern ohne Behinderung von der Resilienzforschung- und förderung profitieren, muss erst noch geklärt werden.

Literaturverzeichnis

Aichinger, A. (2011). Von der Pathogenese zur Salutogenese. In A. Aichinger (Hrsg.), *Resilienzförderung mit Kindern* (S. 17–32). Wiesbaden: Verlag für Sozialwissenschaften.

Baker, B. L., Blacher, J. & Crnic, K. A. (2002). Behavior problems and parenting stress in families of three-year-old children with and without developmental delays. *American Journal on Mental Retardation, 107*, 433–444.

Baumeister, R. F., Smart, L. & Boden, J. M. (1996). Relation of threatened egotism to violence and aggression: The dark side of high self-esteem. *Psychological Review, 103,* 5–33.

Bender, D., & Lösel, F. (1998). Protektive Faktoren der psychisch gesunden Entwicklung junger Menschen. Ein Beitrag zur Kontroverse um saluto- und pathogenetische Ansätze. In J. Margraf, J. Siegrist & S. Neumer (Hrsg.), *Gesundheits- oder Krankheitstheorie? Saluto- versus pathogenetische Ansätze im Gesundheitswesen* (S. 117–145). Berlin: Springer.

Bolger, K. E. & Patterson, C. J. (2003). Sequelae of child maltreatment: Vulnerability and resilience. In S. S. Luthar (Hrsg.), *Resilience and vulnerability: Adaptation in the context of childhood adversities* (S. 156–181). New York, NY: Cambridge University Press.

Cicchetti, D. & Rogosch, F. A. (1997). The role of self-organization in the promotion of resilience in maltreated children. *Development and Psychopathology, 9*, 799–817.

Doege, D., Aschenbrenner, R. M., Nassal, A., Holtz, K.-L. & Retzlaff, R. (2011). Familienkohärenz und Resilienz bei Eltern von Kindern mit intellektueller Behinderung. *Zeitschrift für Gesundheitspsychologie, 19*, 3, 113–121.

Egeland, B. R., Carlson, E. & Scroufe, L. A. (1993). Resilience as process. Special issue: Milestones in development of resilience. *Development and Psychopathology, 5,* 517–528.

Fingerle, M. (2008). Risiko- und Schutzfaktoren innerhalb der Schule. In J. Borchert, B. Hartke, P. Jogschies (Hrsg.), *Frühe Förderung entwicklungsauffälliger Kinder und Jugendlicher* (S. 206–217). Stuttgart: Kohlhammer.

Fingerle, M. (2009). Aktueller Forschungsstand zum Resilienzkonzept. *Jugendhilfe, 47*, 3, 204–208.

Fingerle, M. (2011a). Die Verwundbarkeit des Resilienzkonzepts und sein Nutzen. *Sonderpädagogische Förderung heute, 56,* 122–135.

Fingerle, M. (2011b). Resilienz deuten – Schlussfolgerungen für die Prävention. In M. Zander (Hrsg.). *Handbuch Resilienzförderung* (S. 208–218). Wiesbaden: VS Verlag für Sozialwissenschaften.

Fingerle, M., Freytag, A. & Julius, H. (1999). Ergebnisse der Resilienzforschung und ihre Implikationen für die (heil)pädagogische Gestaltung von schulischen Lern- und Lebenswelten. *Zeitschrift für Heilpädagogik, 6,* 300–307.

Fröhlich-Gildhoff, K. & Rönnau-Böse, M. (2009). *Resilienz.* München: Reinhardt Verlag.

Goldstein, S. & Brooks, R. B. (2006). Handbook of *Resilience in Children.* New York: Springer Science + Business Media.

Grünke, M. (2003). *Resilienzförderung bei Kindern und Jugendlichen in Schulen für Lernbehinderte. Eine Evaluation dreier Programme zur Steigerung der psychischen Widerstandsfähigkeit.* Lengerich: Pabst Science Publishers.

Hughes, J. H., Cavell, T. A. & Grossman, P. B. (1997). A positive view of self: Risk or protection for agressive children? *Development and Psychopathology, 9*, 75–94.

Ittel, A. & Scheithauer, H. (2008). Geschlecht als Stärke oder Risiko? Überlegungen zur geschlechtsspezifischen Resilienz. In G. Opp & M. Fingerle (Hrsg.), *Was Kinder stärkt. Erziehung zwischen Risiko und Resilienz* (S. 311–326). München: Ernst Reinhardt GmbH & Co KG.

Laucht, M., Esser, G. & Schmidt, M. H. (1999). Was wird aus Risikokindern? Ergebnisse der Mannheimer Längsschnittstudie im Überblick. In G. Opp, M., Fingerle & A. Freytag (Hrsg.), *Was Kinder stärkt. Erziehung zwischen Risiko und Resilienz* (S. 71–93). München: Ernst Reinhardt.

Luthar, S. S., Cicchetti, D. & Becker, B. (2000). The construct of resilience: A critical evaluation and guidelines for future work. *Child Development, 71*, 543–562.

Holt, S., Buckley, H. & Whelan, S. (2008). The impact of exposure to domestic violence on children and young people: A review of the literature. *Child Abuse & Neglect, 32*, 797–810.

Kaplan, H. B. (2005). Understanding the concept of resilience. In R. B. Brooks & S. Goldstein (Hrsg.), *Handbook of resilience in children* (S. 39–47). New York: Kluwer Academic/Plenum.

Karoly, P. (2010). Psychopathology as dysfunctional self-regulation. When resilience resources are compromised. In J. W. Reich, A. J. Zautra & J. S. Hall (Hrsg.), *Handbook of adult resilience* (S. 146–170). New York: Guilford Press.

Liebel, M. (2004). *A will of their own: Cross-cultural perspectives on working children.* London, UK: Zed Books.

Liebel, M. (2009). *Kinderrechte – aus Kindersicht.* Berlin & Münster: LIT.

Lösel, F. & Bender, D. (1999). Von generellen Schutzfaktoren zu differentiellen protektiven Prozessen. Ergebnisse und Probleme der Resilienzforschung. In G. Opp, M. Fingerle, & A. Freytag (Hrsg.), *Was Kinder stärkt. Erziehung zwischen Risiko und Resilienz* (S. 37–58). München: Reinhardt.

Luthar, S. S. (1993). Annotation: Methodological and conceptual issues in research on childhood resilience. *Journal of Child Psychology and Psychiatry, 34,* 442–453.

Masten, A. S. (2001) Ordinary magic. Resilience process in development. *American Psychologist, 56*, 227–238.

Niehaus, M. (2001). Netzwerkarbeit von und für Frauen mit Behinderung – Ein Plädoyer. *Behinderte in Familie, Schule und Gesellschaft, 24*, 1, 37–42.

Nuber, U. (2005). Resilienz: Immun gegen das Schicksal? *Psychologie Heute, 32*, 9, 20–27.

O'Dougherty Wright, M. & Masten, A. S. (2006). Resilience processes in development. Fostering positive adaptation in the context of adversity. In S. Goldstein & R. B. Brooks (Hrsg.), *Handbook of resilience in children* (S. 17–37). New York: Springer.

Opp, G. (2006). Schule – Chancen oder Risiko? In G. Opp & M. Fingerle (Hrsg.), *Was Kinder stärkt. Erziehung zwischen Risiko und Resilienz* (S. 227–244.). München: Reinhardt.

Petermann, F. & Schmidt, M. H. (2006). Ressourcen – ein Grundbegriff der Entwicklungspsychologie und Entwicklungspsychopathologie. *Kindheit und Entwicklung, 15*, 118–127.

Petermann, F. & Schmidt, M. H. (2009). Ressourcenorientierte Diagnostik – eine Leerformel oder nützliche Perspektive? *Kindheit und Entwicklung 18*, 1, 49–56.

Rutter, M. (2006). Implication of resilience concepts for scientific understanding. In B. M. Lester, A. S. Masten & B. McEwen (Eds.), Resilience in children (S. 1–12). Boston, MA: Blackwell.

Sarimski, K. (1996). Parenting stress in early intervention. In M. Brambring, H. Rauh & A. Beelmann (Hrsg.), *Early childhood intervention: Theory, evaluation, and practice* (S. 208–218). Berlin, New York: de Gruyter.

Sarimski, K. (2001). *Kinder und Jugendliche mit geistiger Behinderung.* Göttingen: Hogrefe.

Scheithauer, H., Petermann, F. & Niebank, K. (2002). Frühkindliche Risiko- und Schutzbedingungen: Der Familiäre Kontext aus entwicklungspsychopathologischer Sicht. In Rollett, B. & Werneck, H. (Hrsg.), *Klinische Entwicklungspsychologie der Familie* (S. 69–97). Göttingen: Hogrefe.

Scheithauer, H. (2008). fairplayer.manual: Förderung von sozialen Kompetenzen und Zivilcourage – Prävention von Bullying und Schulgewalt. Göttingen: Vandenhoeck & Ruprecht GmbH & Company KG.

Seligman, M. E. P. (1999). *Kinder brauchen Optimismus.* Hamburg: Rowohlt.

Shamai, M., Kimhi, S. & Enosh, G. (2007). Social systems and personal reactions to threats of war and terror. *Journal of Social and Personal Relationships, 24*, 747–764.

Skodol, A. E. (2010). The resilient personality. In J. W. Reich, A. J. Zautra & J. S. Hall (Hrsg.), *Handbook of adult resilience* (S. 112–125). New York: Guilford Press.

Sroufe, L. A. (2005): Attachment and Development: A prospective, longitudinal Study from birth to adulthood. *Attachment and Human development, 7*, 349–36.

Welter-Enderlin, R. (2008). Einleitung: Resilienz aus Sicht von Beratung und Therapie. In R. Welter-Enderlin & B. Hildenbrand (Hrsg.), Resilienz – gedeihen trotz widriger Umstände (S. 7–19). Heidelberg: Carl-Auer-Verlag.

Werner, E. E. (2006). Wenn Menschen trotz widriger Umstände gedeihen – und was man daraus lernen kann. In R. Welter-Enderlin & B. Hildenbrand (Hrsg.), *Resilienz – Gedeihen trotz widriger Umstände* (S. 28–42). Heidelberg: Carl-Auer-Verlag.

Werner, E. E. & Smith, R. (2001). *Journeys from childhood to midlife: Risk, resilience, and recovery.* Ithaca: Cornell University Press.

Wieland, N. (2011). Resilienz und Resilienzförderung – eine begriffliche Systematisierung. In M. Zander (Hrsg.), *Handbuch Resilienzförderung* (S. 180–207). Wiesbaden: VS Verlag für Sozialwissenschaften.

Wustmann, C. (2005). Die Blickrichtung der neueren Resilienzforschung. *Zeitschrift für Pädagogik, 51*, 192–206.

Wustmann, C. (2011). Resilienz in der Frühpädagogik – Verlässliche Beziehungen, Selbstwirksamkeit erfahren. In M. Zander (Hrsg.), *Handbuch Resilienzförderung* (S. 350–359). Wiesbaden: VS Verlag für Sozialwissenschaften.

Yates, T. M. & Masten, A. S. (2004). Fostering the future: Resilience theory and the practice of positive psychology. In P. A. Linley & S. Joseph (Hrsg.), *Positive psychology in practice* (S. 521–539). Hoboken, NJ: Wiley.

Zander, M. (2008). *Armes Kind – starkes Kind? Die Chance der Resilienz.* Wiesbaden: Verlag für Sozialwissenschaften.

Interdisziplinäre Frühförderung und Familienbegleitung

Jitka Barlova und Markus Gebhardt

1 Einleitung

Eltern haben meist konkrete Vorstellungen darüber, wie sie sich das Leben nach der Geburt eines Kindes vorstellen. Wenn dieses Kind jedoch eine Behinderung aufweist, entsprechen die praktischen Erfahrungen meist nicht den ursprünglichen Vorstellungen der jungen Eltern. Häufig bringt diese Dissonanz zwischen den Erwartungen der Eltern und ihren konkreten Erfahrungen sowie die schwierigere Interaktion mit dem Kind die Eltern in eine kritischere Lebenslage. So geben viele Mütter von Kindern mit Behinderungen eine sehr hohe subjektive Belastung an, die sich in allgemeiner psychischer Belastung und Erschöpfung ausdrückt (Sarimski, 2010).

In solchen Situationen helfen Programme zur frühen Intervention, deren ökonomischer sowie praktischer Nutzen durch zahlreiche Studien belegt ist (Guralnick, 1997; Karoly, 1998; Weiss, 2002). Generell gilt, je früher eine Förderung stattfindet, desto effizienter und wirksamer ist diese auch (Wagenknecht, Meier-Gräwe & Fegert, 2009).

Im Vergleich zum Schulalter verläuft die Entwicklung eines Kindes im Alter von null bis drei Jahren rasant. Wichtige Grundlagen verschiedenster Entwicklungsbereiche werden in dieser Zeit gelegt, wie zum Beispiel Sprache, Motorik, Bindungs- und Explorationsverhalten des Kindes (Sarimski, 2010). Um diese Entwicklung trotz der Behinderung des Kindes voranzutreiben und dem Kind die bestmögliche Chance zur Entfaltung seiner Persönlichkeit zu geben, setzt man in der interdisziplinären Frühförderung auf eine individuell angepasste Förderung. Dies bedeutet, dass ein Team aus FrühförderInnen, PsychologInnen und ÄrztInnen mit den Eltern und dem Umfeld des Kindes zusammenarbeitet. Diese Kooperation mit den Eltern ist der wichtigste Baustein in der Frühförderung, da nur so die Förderung auch in den Alltag der Familie eingebunden werden kann. Meist findet die Förderung in spielerischer Form statt. Die vordergründigen Ziele bestehen in einer Stärkung der positiven Interaktion zwischen den Eltern und dem Kind sowie im Ermöglichen von positiven Lernmomenten für das Kind (Straßmeier, 2007).

Die Frühförderung ist ein komplexes System verschiedenartiger Hilfen (Speck & Thurmair, 1989), welches man nach Sohn (2000, 17) folgendermaßen definieren kann:

> „Unter der Frühförderung verstehen wir spezielle Hilfeangebote für Kinder, vorwiegend im Vorschulalter, mit körperlichen, geistigen oder

seelischen Auffälligkeiten und für ihre Bezugspersonen mit dem Ziel, eine kindliche Entwicklungsgefährdung möglichst früh zu erkennen, und mittels fachlicher und menschlicher Hilfen dazu beizutragen, dem Kind die bestmöglichen Bedingungen zum Aufbau seiner Persönlichkeit und zur Entwicklung seiner Fähigkeiten und Fertigkeiten zur Alltagsbewältigung zu schaffen. Die Hilfeangebote dienen der Kompetenzsteigerung des Kindes, werden jedoch nicht vom Leistungsstand des einzelnen Kindes oder dessen vermuteten Perspektiven abhängig gemacht. Die Eckpfeiler früher Hilfen, Prävention, Förderung und Kooperation mit den Bezugspersonen können in vielfältiger Art und durch verschiedene Berufsgruppen in der Praxis begründet und entwickelt werden; sie sind dabei stets den Grundsätzen der Interdisziplinarität, Ganzheitlichkeit, Familienorientierung, Hilfe zur Selbsthilfe und sozialer Integration verpflichtet und beziehen das soziale Umfeld mit ein."

2 Internationale Perspektiven zur Frühförderung

Die Frühförderung als eigenes Fach entwickelte sich in einzelnen Ländern unterschiedlich. So war in den Vereinigten Staaten die Frühförderung ein Angebot für sozial benachteiligte Kinder, die ein hohes Armutsrisiko aufwiesen. In Europa richtete sich die Frühförderung zunächst an Kinder mit Behinderung und ihre Familien, erst später kamen Kinder aus sozial benachteiligten Familien hinzu. Obwohl einzelne Länder die Strukturen der Frühförderung aufgrund von historisch gewachsenen sozialen Institutionen verschieden aufbauten, gibt es dennoch Paradigmen der Frühförderung, die sich international durchsetzten (Speck & Warnke, 1989).

In der Entstehungszeit der Frühpädagogik als eigener Profession wurde zunächst mehrheitlich das Laienmodell vertreten (Speck & Warnke, 1989). Dieses beinhaltet, dass eine ExpertIn das Kind behandelt und den Eltern die Rolle passiver Zuschauer zukommt. Durch dieses passive Zuschauen erlernen die Eltern aber nicht selbst einzelne Fördermaßnahmen, sondern geben die Verantwortung der Förderung an die ExpertInnen ab.

In weiterer Folge setzte sich die Erkenntnis durch, dass die Eltern in die Frühförderung miteinbezogen werden sollten, da es durch ihre Hilfe gelingen kann, die Förderung in den Alltag der Familie zu integrieren, was zu einer wesentlich effizienteren Förderung beitragen kann (Innerhofer & Warnke, 1978). Daher wurden die Angehörigen von ExpertInnen zu CotherapeutInnen weitergebildet. Dieses sogenannte „Co-Therapeutenmodell" ist heute jedoch ebenfalls umstritten, da es die Eltern in einen Rollenkonflikt bringt und die Gefahr der Überforderung birgt. Sie handeln nicht mehr in der Rolle der liebenden Eltern, sondern als „Co-Therapeuten", wodurch die natürliche und spontane Beziehung der Eltern zum Kind in Gefahr gerät und möglicherweise vernachlässigt wird.

International hat sich heute das Kooperationsmodell durchgesetzt. Hier gelten die Eltern als ExpertInnen für das eigene familiäre Umfeld und sind Teil eines Teams. Dieses Team bespricht die familienorientierten Hilfen und legt den Bedarf einvernehmlich fest. Spätestens seit den 90er-Jahren wurden nicht mehr die Defizite des Kindes in den Vordergrund gestellt, sondern die Lebensumwelt des Kindes (Speck & Thurmair, 1989). Damit verbunden ist eine Umorientierung von der individuellen Förderung des Kindes zur Planung der Ressourcen und zum Empowerment der gesamten Familie. So ist es nicht mehr die Aufgabe der FrühpädagogIn, einzelne Fertigkeiten zu „reparieren", wie dies aus einer Perspektive der Normabweichung gesehen wurde, sondern eine kinderorientierte Förderung zu initiieren, welche auch das Umfeld beachtet, wie es nach der ökosystemischen Theorie von Bronfenbrenner (1981) angenommen werden kann. Die Eltern sowie die gesamte häusliche Umgebung stellen das Mikrosystem des Kindes dar. In dieser Kind-Umfeld-Analyse ist nicht nur die Interaktion zwischen Mutter und Kind wichtig, sondern alle Faktoren, die auf dieses Mikrosystem wirken. Aus diesem Grund findet die Frühförderung in der häuslichen Umgebung statt und bezieht diese in die Förderung des Kindes mit ein. So können auch andere Bezugspersonen des häuslichen Umfelds sowie der Alltag in die Förderung mit einbezogen werden. Eine solche Orientierung an den Ressourcen soll zu einer Entlastung und Stärkung der Eltern beitragen.

3 Ziele der Frühförderung

Die Frühförderung hat vielfältige und komplexe Aufgaben zu erfüllen, die sich mit der Heterogenität der Zielgruppen noch erhöhen. In Bezug auf die Ziele der Frühförderung können verschiedene Ebenen berücksichtigt und einbezogen werden.

3.1 Ziele, die sich auf die Kinder beziehen:

Das Kind soll in seiner Entwicklung unterstützt und gefördert werden. Die Aufgabe der Frühförderung ist es, eine Entwicklungsstörung, drohende Behinderung oder Behinderung zu vermeiden, zu mildern oder auszugleichen. Die Frühförderung geht von den Stärken des Kindes aus. Die FrühförderInnen fördern die Kinder in verschiedenen Bereichen: Sprache, kognitives Lernen, Grob- und Feinmotorik, Spielen, sozial-emotionales Lernen, Umwelterfahrung. Diese Bereiche sind nicht streng voneinander zu trennen, sie gehen ineinander über. Die Aufmerksamkeit, Konzentration und Ausdauer des Kindes sollen spielerisch gefördert werden und somit die körperliche, geistige, sprachliche und sozial-emotionale Entwicklung angeregt werden.

Die Frühförderung unterstützt und erweitert:

- Kognitive Entwicklung
- Sprachentwicklung und Kommunikation
- Grob- und feinmotorische Entwicklung
- Emotionale und soziale Entwicklung
- Wahrnehmung
- Konzentration und Ausdauer
- Spiel- und Lernfähigkeit
- Selbstständigkeit und lebenspraktische Fähigkeiten
- Eigenkompetenz des Kindes und seine Beziehungsfähigkeit

Im Vordergrund steht die Verbesserung der Entwicklungschancen des Kindes. Es sollen dem Kind kompensatorische Möglichkeiten eröffnet werden und es soll lernen, die eigenen Möglichkeiten zu erweitern (Naggl & Thurmair, 2007).

3.2 Elternbezogene Ziele

Die Elternarbeit ist ein wichtiger Bestandteil der Arbeit in der Frühförderung.

Elternbezogene Ziele (Naggl & Thurmair, 2007) sind:

- Fachliche Beratung und Begleitung der Eltern
- Förderung einer guten Eltern-Kind-Bindung
- Stärkung und Erweiterung ihrer Kompetenzen
- Die Eltern über den Entwicklungsstand und die Bedürfnisse des Kindes zu informieren
- Kontakte zu anderen Fachleuten und zu ebenfalls betroffenen Eltern zu vermitteln
- Die Eltern in der Auseinandersetzung mit ihrer Situation zu unterstützen

3.3 Ziele, die sich auf gesellschaftliche Anliegen beziehen

Frühförderung ist eine von der Gesellschaft unterstützte Maßnahme für alle Kinder und Familien. Erst durch die Bereitstellung öffentlicher Ressourcen ist es möglich, ein flächendeckendes Betreuungsnetz zu schaffen, das jedem betroffenen Kind Unterstützung ermöglicht. Frühförderung erfüllt für die Gesellschaft auch eine präventive Funktion, da in den ersten Lebensjahren wichtige Unterstützung geleistet wird, die sich auf das weitere Leben der Betroffenen auswirkt. Hierbei sollte mit öffentlichen Finanzen verantwortungsvoll umgegangen werden. Dies wurde im Rahmen einiger Studien (Karoly, 1998; Guralnick, 1997) auch nachgewiesen, die der Frühförderung eine hohe Effektivität bescheinigen.

4 Die Arbeitsprinzipien der Frühförderung

4.1 Das Prinzip der Familienorientierung

Die Familie ist der primäre Lebensraum des Kindes, dessen Gestaltung in der Verantwortung der Eltern liegt. Für die Arbeitsweise der FrühpädagogInnen bedeutet dies, dass es das Ziel ist, familienorientierte Angebote für die Unterstützung des Kindes zu entwickeln. Für diese Arbeitsweise ist besonders die mobile Frühförderung geeignet, da hier die Bedürfnisse und der Alltag der Familie vor Ort mit einbezogen werden (Thurmair & Naggl, 2007). Die Frühpädagogin/der Frühpädagoge versucht, die Förderung in den Alltag der Familie zu integrieren und ist auch in beratender Funktion bei aktuellen Problemen tätig. Allerdings haben die Eltern das letzte Wort und können die Angebote der FrühpädagogInnen annehmen, aber auch ablehnen.

4.2 Prinzip der Ganzheitlichkeit

Die individuelle Entwicklung des Kindes muss im Kontext seiner Gesamtentwicklung gesehen werden. Infolgedessen können sich die Angebote niemals nur isoliert auf die vorhandene Schädigung und ihre Folgen konzentrieren. Im Mittelpunkt steht immer die gesamte Persönlichkeit des Kindes.

4.3 Das Prinzip der Interdisziplinarität

Das Prinzip der Interdisziplinarität ist mit der Frühförderung eng verbunden. Die FrühförderInnen sind mit breitem Spektrum von Auffälligkeiten und Problemen konfrontiert, deren Bewältigung breiter interdisziplinärer Handlungsfähigkeiten bedarf. Die Zusammenarbeit mit anderen Berufsgruppen ist unbedingt erforderlich, deshalb kooperiert die Fachkraft für Frühförderung mit den LogopädInnen, den Ergo- und PhysiotherapeutInnen, den KinderärztInnen des betroffenen Kindes und mit anderen Institutionen, wie der Kinderkrippe oder dem Kindergarten. Regelmäßig tauschen sich die unterschiedlichen Experten über das Kind aus (Naggl & Thurmair, 2007).

5 Die Situation der Eltern in der Frühförderung

Solange für die Eltern die Behinderung noch nicht feststeht, sondern nur der Verdacht auf eine Behinderung besteht, sind sie niedergeschlagen, verunsichert und zukunftsängstlich. Die Endgültigkeit der Diagnose bewirkt zweierlei: Einerseits sind die Eltern schockiert, auf der anderen Seite schafft die Diagnose dem Zweifel ein Ende, entlastet und stützt (Hinze, 1992). So begegnet man in der Frühförderung Eltern am Anfang eines langen Weges und muss die Arbeit der FrühförderInnen auch unter dem Aspekt der Krisenbewältigung betrachten (Sozial- & Heilpädagogisches Förderungsinstitut, 2008). Eltern von Kindern mit einer angeborenen Behinderung werden die Auswirkungen der Behinderung erst kurze Zeit nach der Geburt bewusst, manchmal auch erst später – wie bei Kindern mit Autismus. Eltern Frühgeborener hingegen müssen sich von Anfang an mit den Folgen der Frühgeburt auseinandersetzen und häufig zudem mit Fragen von Leben und Tod beschäftigen.

Wie eine Behinderung eines Kindes von den Eltern empfunden wird, hängt von vielen Faktoren ab. Es gibt verschiedene wissenschaftliche Theorien und Modelle, die versuchen, den Bewältigungsprozess von Eltern bei der Geburt eines Kindes mit Behinderung zu erklären. Obwohl jeder dieser Prozesse verschieden abläuft, sind der Schweregrad der Behinderung und die Familienkohärenz entscheidende Merkmale für die Bewältigung. Der Schweregrad der Behinderung, die spezifischen Einschränkungen, die Prognose und Verlaufscharakteristiken sind die individuellen Merkmale des Kindes, mit denen sich die Familie auseinandersetzen muss.

Eine Schlüsselfunktion für die Anpassung kommt den familiären Prozessen und den familiären Einstellungen und Annahmen zu (Roland, 2000, zit. n. Rüdiger, 2010). Als zentrale Annahmen sieht Roland das Familien-Kohärenzgefühl und die Familienstruktur. Es besteht ein großer Unterschied zwischen der Situation einer alleinerziehenden Mutter und jener einer Großfamilie, wo auch die Großeltern in die Erziehung des Kindes einbezogen sind. Die Anpassung der Familie entwickelt sich. Da sich verschiedene Rollen in der Familie verändern und auch anpassen, sind Familien in gewissen Zeiten mehr oder weniger belastbar (Rüdiger, 2010). Solche Veränderungen des Lebenszyklus können zum Beispiel auftreten, wenn ein weiteres Kind geboren wird oder ein Kind in die Schule kommt.

Die Aufgabe der Frühförderung besteht darin, eine individuelle Begleitung und Förderung bei diesem Anpassungsprozess anzubieten. Die Begleitung sollte sensibel erfolgen und durch einen hohen Respekt gegenüber jeder Familie gekennzeichnet sein. Seitens der FrühförderInnen verlangt dies hohe Fachkenntnisse in den Bereichen Psychologie, Pädagogik und Soziologie, sowie praktische Erfahrungen und Fähigkeiten. Die Fähigkeit zuzuhören, sich einzufühlen, mit der Familie eine Beziehung gegenseitigen Vertrauens aufzubauen sind Grundvoraussetzungen für eine wirksame Zusammenarbeit der Familie und den FrühförderInnen.

Besonders schwierig ist die Situation, wenn betroffene Familien sich bei der Bewältigung der mit der Behinderung verbundenen Aufgaben isolieren. Dann verkleinern sich die sozialen Netzwerke der Familien mit Kindern mit Behinderung im Laufe der Zeit, vertraute Aktivitäten der Familie werden aufgegeben und eine positive Bewältigung der Krise wird durch den subjektiven Stress der Eltern immer unwahrscheinlicher. In dieser Hinsicht ist der präventive, ermutigende und inklusive Charakter der Frühförderung wichtig.

Oft verändern sich auch die innere Struktur der Familie sowie die Rollen- und Aufgabenverteilung der einzelnen Familienmitglieder. Zur primären Pflegerin wird meistens die Mutter, die gezwungen wird, ihre eigene Karriere aufzugeben. Der Vater hingegen ist für die finanzielle Absicherung zuständig. Rüdiger (2010) beschreibt die Veränderungen der Familienstruktur anhand folgender Punkte:

- Asymmetrische Rollenverteilung in der Familie.
- Übernahme der Pflege und Förderung sowie der Kontakte zu Behandelnden durch die Mütter.
- Stärkeres Engagement der Väter im Beruf.
- Die Intensivierung der Achse zwischen der Mutter und behindertem Kind.
- Das Einfrieren der Rollenkonstellation der akuten Anpassungsphase.
- Das Festhalten an Bewältigungsmustern der akuten Anpassungsphase.
- Die Vernachlässigung anderer Interessen der Familie.
- Starke Orientierung der Familie nach innen.
- Risiko von starren Außengrenzen gegenüber Helfersystemen.

6 Der Prozess der Frühförderung

In der Frühförderstelle wird zunächst ein Erstgespräch durchgeführt, im Rahmen dessen eine Anamnese erhoben wird. Thematisiert werden elterliche Anliegen, die Vorgeschichte und die Entwicklungsdiagnostik des Kindes. Zusammen mit den Eltern wird ein Förderplan festgesetzt. Diesen legen die Eltern dem Gesuch bei, das sie beim Sozialamt des Magistrats einreichen. Das Amt bearbeitet das Gesuch, und die Eltern erhalten postalisch einen Bescheid, in welchem das Ausmaß der bewilligten Förderstunden bekannt gegeben wird.

Der Prozess der Unterstützung eines Kindes und der Begleitung der Eltern liegt in der freien Entscheidung der FrühförderInnen. Der Arbeitsinhalt wird den Bedürfnissen des Kindes und der Familie entsprechend gestaltet.

Die Frühförderung kann auf Wunsch der Eltern oder mit dem Ende der Förderstunden, die im Bescheid festgelegt waren, beendet werden. Die Eltern können aber auch einen neuen Antrag für weitere Förderstunden stellen. Meist wird das Kind nach dem Ende der Frühförderung in einer anderen Einrichtung, z.B. in einem heilpädagogischen Kindergarten oder in der Schule, betreut. Als letzte Handlung schreibt die Frühförderin/der Frühförderer einen Abschlussbericht über die geleistete Unterstützung, der dem Sozialamt übermittelt wird.

7 Angebot der Frühförderung

Die Frühförderung kann ab der Geburt oder ab dem Zeitpunkt, zu dem ein Verdacht auf eine Entwicklungsstörung, drohende Behinderung oder Behinderung besteht, in Anspruch genommen werden. Frühförderung ist ein Angebot für folgende Gruppen:

- Kinder mit Behinderung
- Kinder mit Entwicklungsverzögerung
- Kinder mit Verhaltensauffälligkeiten
- Kinder, die von Behinderung bedroht sind und ihre Eltern (Erziehungsberechtigte).

Nachfolgend werden drei häufig anzutreffende Risikogruppen in der Frühförderung exemplarisch besprochen.

7.1 Frühförderung bei Kindern psychisch kranker Eltern

Kinder, die in Familien aufwachsen, in denen ein Elternteil psychisch krank ist, sind einem erhöhten Risiko ausgesetzt, selbst eine psychische Störung zu entwickeln. In zahlreichen Untersuchungen wurden Belege dafür erbracht, dass das kindliche Störungsrisiko um den Faktor zwei bis drei gegenüber einer gesunden Vergleichsgruppe erhöht ist. Sind beide Elternteile depressiv erkrankt, liegt die Erkrankungswahrscheinlichkeit bei rund 70% (Lenz, 2005). Die Auffälligkeiten betreffen vor allem die sozial-emotionale sowie kognitive Entwicklung. Am häufigsten finden sich depressive Störungen, aber auch aggressive, dissoziale und hyperkinetische Verhaltensstörungen (Lenz, 2005). Meist sind die Kinder durch eine Reihe an Problemen im Familienalltag belastet: eheliche Konflikte, familiäre Disharmonie, unzureichende soziale Unterstützung, Rückzug, Isolation der Familienmitglieder, eingeschränkte Lebensbedingungen bis hin zu finanziellen Problemen, engen Wohnverhältnissen oder Armut. Belastende Faktoren sind die Dauer der Erkrankung, die Rückfallhäufigkeit, der Grad der Schwere der Erkrankung und das gemeinsame Auftreten mehrerer psychosozialer Risikofaktoren.

Das Hauptziel der Frühförderung ist, die Protektions-(Schutz-)Effekte personaler und sozialer Ressourcen zu identifizieren und zu aktivieren. Tatsächlich sind der Umfang und die Qualität des sozialen Netzwerkes, in das das Kind kranker Eltern eingebunden ist, für seine Entwicklung von hoher Bedeutung. Hier ist auch an Erzieher, Freunde, Nachbarn zu denken. Sie alle können Rückhalt und Sicherheit bieten, und zu einem Puffer in Krisensituationen werden (Sarimski, 2010).

Lenz (2005) fasst die Arbeitsschwerpunkte der FrühförderInnen bei Kindern psychisch kranker Eltern folgendermaßen zusammen:

- Informationsvermittlung und Aufklärung als übergreifendes Hilfsangebot: erkennen, anerkennen und unterstützen.
- Altersadäquate Formen entwickeln, konsequent anbieten und nachhaltig empfehlen.
- Soziale Ressourcen (z.B. Hilfe durch Selbsthilfe) zu fördern und zu stärken, und zwar über den stationären Aufenthalt hinaus.

7.2 Frühgeborene Kinder

Zu früh geborene Kinder sind auf das Leben nach der Geburt meist nicht vorbereitet. Häufig haben diese Kinder Schwierigkeiten bei der Atmung, der Ernährung, der Verdauung und der Wärmeregulierung sowie Kreislaufprobleme. Folgende Entwicklungsrisiken sind mit einer Frühgeburt verbunden (Riegel et al. 1995; Wolke, 2001):

- 37% der Kinder haben eine Behinderung der Wahrnehmung (lediglich 10% der reifen Kinder)
- 35% eine Einschränkung des Sehens
- 9% Hörstörungen
- 20% Schulprobleme
- 7,7% Zerebralparesen (1,9% der reif Geborenen)
- 30% eine eingeschränkte Intelligenz

Die Frühförderung beginnt oft sofort nach der Entlassung des Babys aus der Neonatologie. Eine der Hauptaufgaben der Frühförderung ist die Unterstützung der Entwicklung einer sicheren Bindung zwischen der Mutter bzw. den Eltern oder anderen Pflegern und dem Kind. Ihre Grundlage ist die Feinfühligkeit der Eltern, insbesondere der Mutter, die die unterschiedlichen Signale des Kindes wahrnimmt und seine Bedürfnisse daraus erschließen kann. Frühgeborene Kinder sind schwierige soziale Partner, da sie zwar erhöhte soziale Stimuli brauchen, jedoch nur über eine geringe Aufmerksamkeitsspanne verfügen. Nur eine klare und rasche Antwort der Mutter auf die Signale des Kindes, die dessen Bedürfnisse wahrnimmt und angemessen darauf reagiert, ermöglicht eine positive kommunikative Erfahrung zwischen Mutter und Kind, die zur Sicherheit zwischen den beiden Interaktionspartnern führt. Die mütterliche Responsivität, d.h. die Wahrnehmung der kindlichen Signale sowie die rasche und angemessene Reaktion auf seine Bedürfnisse, stärkt das Vertrauen des Kindes in seine Mutter und ermöglicht ihm emotionale Sicherheit, Vertrauen und Geborgenheit (Sarimsky, 2010).

Für die Vergleiche mit den normal geborenen Gleichaltrigen sollte immer das korrigierte Lebensalter herangezogen werden, das heißt die Zeit, die das Kind früher geboren wurde, wird vom tatsächlichen Alter abgezogen. Damit wird sichergestellt, dass vom Kind nicht mehr verlangt wird, als es aufgrund seines tatsächlichen Entwicklungsalters leisten kann.

7.3 Die Geschwister der Kinder mit Behinderung

Durch die Geburt eines Kindes mit Behinderung ändert sich die Situation aller Familienmitglieder. Diese veränderte Situation beeinflusst auch das Leben der Geschwister, ihre sozialen Rollen sowie ihre Position in der Familie. Geschwister identifizieren sich mit ihrer Position in der Geschwisterreihe. Diese wird jedoch bei Schwestern und Brüdern behinderter Kinder häufig außer Kraft gesetzt. Das jüngere Kind erlebt, wie es allmählich das ältere überholt – und fühlt sich dadurch verunsichert. Die Hierarchie stimmt nicht mehr, die Positionen im Familiensystem werden neu verteilt.

Auch die Reaktionen der Umwelt werden von den Geschwistern häufig als sehr belastend erlebt. Sie werden auf die Behinderung ihrer Schwester bzw. ihres Bruders angesprochen, manchmal werden sie auch gehänselt oder verspottet. Sie machen sich aber auch Sorgen und wünschen sich, dass ihre Schwester bzw. ihr Bruder gesund wird. Die sozialen Kontakte werden oft eingeschränkt. So werden nur Freunde akzeptiert, wenn diese kein Problem mit der Behinderung haben. Im Lauf der Zeit kann sich die Belastung noch steigern, z.B. wenn sich die Eltern scheiden lassen, oder wenn die Schwester/der Bruder mit Behinderung stirbt.

Mit folgenden Herausforderungen müssen Geschwister von Kindern mit Behinderung zurechtkommen (Achilles, 2007):

- Die Geschwister werden früh mit Leid konfrontiert.
- Rivalitäten sind ihnen verboten.
- Sie entwickeln Schuldgefühle.
- Sie haben weniger Zugang zu den Eltern. Sie erleben die Eltern als belastet und sorgenvoll und versuchen daher, ihren Erwartungen besonders zu entsprechen.
- Ihre Möglichkeiten, Freundschaften zu schließen, sind eingeschränkt.
- Sie erleben die Geschwisterfolge anders.
- Sie werden die Angst nicht los, selbst behindert zu sein oder behindert zu werden.
- Sie leben in einer „außergewöhnlichen“ Familie.

Von einem nicht behinderten Kind erwarten die Eltern Rücksichtnahme und Verständnis. Geschwister behinderter Kinder lernen also schnell, eigene Bedürfnisse zurückzustellen. Sie passen sich an. Das überfordert die Kinder jedoch und macht sie wütend, unsicher, manchmal auch traurig. Diese negativen Gefühle, Wut oder Traurigkeit dürfen sie aber nicht auf die behinderte Schwester oder den behinderten Bruder richten.

Aus diesem Grund verdienen Geschwister in der Frühförderung besondere Beachtung. Sie verdienen genauso Aufmerksamkeit in Bezug auf ihre Bedürfnisse wie ihre Geschwister mit Behinderung. Oft brauchen sie Ermutigung oder sie suchen eine Vertrauensperson, mit der sie offene Gespräche führen können. Die Geschwister der Kinder in der Frühförderung sind oft ein eigener Bestandteil der einzelnen Einheiten. In einigen Fällen kann es notwendig sein, für das Kind rechtzeitig eine psychotherapeutische Hilfe zu suchen.

In letzter Zeit haben sich auch verschiedene Organisationen zum Ziel gesetzt, die Geschwister der Kinder mit Behinderung zu unterstützen. Gemeinsame Freizeitangebote für behinderte Kinder und deren Geschwister sind ein Teil dieses Angebotes. Dies bietet z.B. „ISI Graz – Initiative Soziale Integration" an.

8 Frühförderung in der Steiermark

In der Steiermark wird die Frühförderung durch das Steiermärkische Behindertengesetz (Stmk. BHG) und das Steiermärkische Jugendwohlfahrtsgesetz (JWG) geregelt. Diese Gesetzestexte teilen die KlientInnen des Frühförderdienstes in zwei große Gruppen ein. Die eine Gruppe sind die Familien mit Kindern mit Behinderung. Sie waren die primäre Zielgruppe, für die die Frühförderung ursprünglich konzipiert war. Derzeit wird die Frühförderung jedoch immer mehr für die zweite Gruppe eingesetzt.

In den folgenden Abbildungen kann man diese Veränderung der Klientenverteilung erkennen. In Abbildung 1 ist die Verteilung im Jahre 1995 und in Abbildung 2 im Jahre 2009 für die Steiermark dargestellt (Ladinek, 2010).

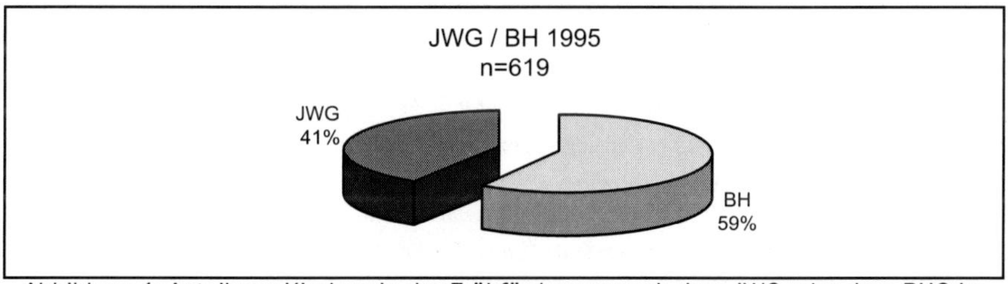

Abbildung 1: Anteil von Kindern in der Frühförderung nach dem JWG oder dem BHG im Jahre 1995

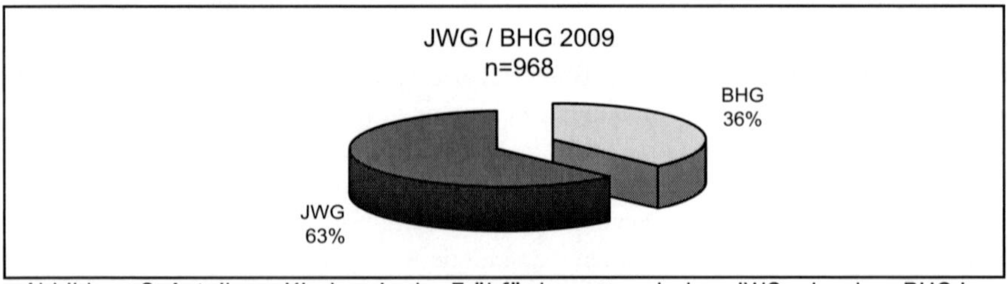

Abbildung 2: Anteil von Kindern in der Frühförderung nach dem JWG oder dem BHG im Jahre 2009

9 Fazit

Sowohl die Aufgaben als auch die Arbeitsweisen der Frühförderung haben sich in den letzten Jahrzehnten stark geändert. Anstelle einer stationären Versorgung in Kliniken gibt es nun ein Netz ambulanter Frühförderpraxen, welche die Familien vor Ort besuchen und unterstützen. Durch diese Veränderung ist in der Förderung der Lebensraum der Familie in den Mittelpunkt gerückt. Dadurch sind erst viele subjektive Belastungen der einzelnen Familienmitglieder erkennbar geworden. Die Unterstützung am Wohnort durch eine mobile FrühförderIn ist zwar organisatorisch aufwendig, jedoch durch keine andere Maßnahme zu ersetzen. Dies gilt auch in Zeiten der finanziellen Krise der Staatshaushalte, in denen wir aktuell leben.

Literaturverzeichnis

Achilles, I. (1995). *„… und um mich kümmert sich keiner“: Die Situation der Geschwister behinderter Kinder.* München u. Zürich: Piper.

Achilles, I. (2007). Die Situation der Geschwister behinderter Kinder. *Behinderte Menschen, Zeitschrift für gemeinsames Leben, Lernen und Arbeiten, 1*, 66–77.

Bronnfenbrenner, U. (1981). Die Ökologie der menschlichen Entwicklung: natürliche und geplante Experimente. Stuttgart: Klett-Cotta.

Guralnick, M. J. (1997). *The effectiveness of early intervention.* Baltimore: Brookes.

Hinze, D. (1992). *Väter und Mütter behinderter Kinder.* Berlin. Hock.

Innerhofer, P. & Warnke, A. (1978). *Eltern als Co-Therapheuten.* Heidelberg: Springer.

Karoly, L. A. (1998). *Investing in our children: What we know and don't know about the Cost and Benefits of early Childhood interventions.* Santa Monica: Rand.

Ladinek, J. (2010). *Interdisziplinäre Frühförderung und Familienbegleitung in der Steiermark 2009/2010.* Graz: SHFI.

Lenz, A. (2005). *Kinder psychisch kranker Eltern.* Göttingen: Hogrefe.

Naggl, M. & Thurmair, M., (2007). *Praxis der Frühförderung.* München: Ernst Reinhardt Verlag.

Peterander, F. (2002). Qualität und Wirksamkeit der Frühförderung. *Frühförderung interdisziplinär. 21* (2), 96–106.

Pretis, M. (2001). *Frühförderung planen, durchführen und evaluieren.* München: Reinhardt.

Pretis, M., Dimova, A. (2010). *Frühförderung mit Kindern psychisch kranker Eltern* (2. Aufl.) München: Reinhardt.

Riegel, K. et al. (1995). *Die Entwicklung gefährdet geborener Kinder bis zum fünften Lebensjahr.* Stuttgart: Ferdinand Enke.

Rüdiger, R. (2010). *Familien-Stärken: Behinderung, Resilienz und systemische Therapie.* Stuttgart: Klett-Cotta.

Sarimski, K. (1986). *Interaktion mit behinderten Kleinkindern. Entwicklung und Störung früher Interaktionsprozesse.* München: Reinhardt.

Sarimski, K. (2009). *Frühförderung behinderter Kleinkinder: Grundlagen, Diagnostik und Intervention.* Göttingen: Hogrefe.

Sarimski, K. (2010). Mütter mit jungen (schwer) geistig behinderten Kindern: Belastungen, Bewältigungskräfte und Bedürfnisse. *Frühförderung interdisziplinär, 29* (2), 62–72.

Sohns, A. (2000). *Frühförderung entwicklungsauffälliger Kinder in Deutschland.* Weinheim, Basel: Beltz.

Speck, O. & Warnke, A. (1989). *Frühförderung mit den Eltern, Behindertenhilfe durch Erziehung, Unterricht und Therapie.* München: Reinhardt.

Speck, O. & Thurmair, M. (1989). *Forschritte der Frühförderung entwicklungsgefährdeter Kinder.* München: Reinhardt.

Speck, O. & Thurmair, M. (Hrsg.) (1989). *Fortschritte der Frühförderung entwicklungsgefährdeter Kinder.* München: Reinhardt.

Straßmeier, W. (2007). *Frühförderung konkret.* München: Reinhardt.

Sozial- und Heilpädagogisches Förderungsinstitut Steiermark (2008). *Berufsbild für Interdisziplinäre Frühförderung uns Familienbegleitung.* Verfügbar unter: http://www.shfi.at/FOLDER/Berufbild%20IFF.pdf [10.02.2012].

Wagenknecht, I., Meier-Gräwe, U. & Fegert, J. M. (2009). Frühe Hilfen rechnen sich. *Frühförderung interdisziplinär, 28* (2), 82–91.

Weiss, H. (2002). „Was wirkt in der Frühförderung; Eine Analyse aus einem pädagogischen Blickwinkel" *Frühförderung interdisziplinär, 21*, 74–87.

Wolke, D., Schulz, J. & Meyer, R. (2001). Entwicklungslangzeitfolgen bei ehemaligen, sehr unreifen Frühgeborenen. Bayerische Entwicklungsstudie. *Monatsschrift Kinderheilkunde, 149* (1), 53–61.

Inklusion und Qualität in Schulen und Kindertageseinrichtungen – Einblicke in pädagogische Konzepte und Merkmale inklusiver Bildungseinrichtungen

Ulrich Heimlich

Vorbemerkung

Unter internationaler Perspektive verschiebt sich derzeit die Zielsetzung der Integrationsentwicklung im deutschen Bildungs- und Erziehungssystem in Richtung auf das neue Leitbild der Inklusion. Seit der *Erklärung von Salamanca* aus dem Jahre 1994 (Österreichische UNESCO-Kommission, 1996) sind in vielen Ländern inklusive Kindertageseinrichtungen und Schulen entstanden. Mit der *UN-Konvention über die Rechte von Menschen mit Behinderung* aus dem Jahre 2006, die von Deutschland 2009 ratifiziert worden ist, rückt das globale Ziel eines inklusiven Bildungs- und Erziehungssystems endgültig in den bildungspolitischen Focus (Deutscher Bundestag, 2008). Von entscheidender Bedeutung für die Entwicklung eines solchen Bildungs- und Erziehungssystems wird die Qualität des Bildungsangebotes in den verschiedenen Einrichtungen sein. Inklusion kann nur dann gelingen, wenn eine hohe pädagogische Qualität gewährleistet wird. Vor dem Hintergrund dieser Prämisse soll im folgenden Beitrag nach einer grundlegenden Klärung des Zusammenhangs von Inklusion und Qualität (1.0) die Qualitätsentwicklung in Kindertageseinrichtungen (2.0) und Schulen (3.0) beschrieben werden, so wie sie sich gegenwärtig auf der Basis von ersten Ergebnissen der empirischen Bildungsforschung in Deutschland darstellt.

1 Inklusion und Qualitätsentwicklung – Theoretische Grundlegung

Zweifellos hat es in Kindertageseinrichtungen und Schulen immer schon eine Qualität der pädagogischen Arbeit gegeben. Eine neue Dimension hat die Qualitätsdiskussion in den 1990er-Jahren aber besonders dadurch gewonnen, dass nunmehr Management- und Steuerungssysteme dazu beitragen sollen, den Prozess der Qualitätsentwicklung bewusst zu machen, systematisch zu gestalten und zu kontrollieren. Dabei ist grundsätzlich zu bedenken, dass diese Qualitätsmanagementsysteme und ihr gesamtes Vokabular aus der Betriebswirtschaft stammen und nicht ohne Weiteres auf den Bildungsbereich übertragen werden können (Heimlich, 2009a).

Der Begriff „Qualität“ leitet sich von den lateinischen Begriffen qualis und qualitas ab. Qualis bedeutet so viel wie Beschaffenheit, Eigenschaft und bezieht sich auf die Gesamtheit der charakteristischen Eigenschaften (einer Sache, Person). Damit ist die Beschaffenheit eines Produktes im Sinne von spezifischen Merkmalen gemeint. Qualitas weist auf eine Vorstellung von der Güte eines Produktes im Vergleich zu bestimmten Beurteilungsmaßstäben hin (Zollondz, 2002, S. 9ff.). Insofern haftet dem Qualitätsbegriff stets eine normative Dimension an, d.h. Qualität enthält Vorstellungen von besonders guten Arbeitsergebnissen bzw. Personeigenschaften oder auch sozialen Beziehungen. Gleichzeitig verweist er auf die Notwendigkeit der Bewertung und enthält so ebenfalls eine evaluative Dimension (Honig, 2004, S. 23f.).

Von einem betriebswirtschaftlichen Qualitätsverständnis ist deshalb das Modell einer sozialen Qualität deutlich abzuheben. Dabei handelt es sich ebenfalls um ein normativ bestimmtes Konzept, allerdings mit spezifischer Ausrichtung:

> „Mit Sozialer Qualität (im Original kursiv – U.H.) ist ein Wertkomplex gemeint, der sich auf das Individuum als Person, begabt mit unverlierbarer Menschenwürde, und zugleich auf seine Zugehörigkeit (Inklusion) zu anderen in einer ihm und dem Gemeinwohl förderlichen Weise bezieht. Eine spezifische Ausprägung und Funktion enthält diese Qualität unter dem Aspekt drohender Ausgrenzungen (Exklusionen), wie z.B. ökonomischer Benachteiligungen oder vorliegender funktioneller Beeinträchtigungen (Behinderungen).“ (Speck, 1999, S. 129).

Inklusion beinhaltet im Unterschied zu Integration ein *erweitertes Verständnis von selbstbestimmter sozialer Teilhabe*, in dem von vornherein auf Situationen und Institutionen der Aussonderung verzichtet wird, die Unterschiedlichkeit der Mitglieder eines Gemeinwesens (*Heterogenität*) als Bereicherung für alle betrachtet wird und alle die gleiche Möglichkeit haben, an diesem Gemeinwesen zu partizipieren und zu diesem Gemeinwesen beizutragen (Heimlich, 2003). Wird der Wertekomplex „soziale Qualität“ nun genauer betrachtet, so geraten auf dem Hintergrund aktueller gesellschaftlicher Entwicklungen mehrere Teilwerte in das Blickfeld. *Soziale Qualität* erfordert …

… *Menschlichkeit* im Sinne einer humanen Annahme aller, auch angesichts vorhandener individueller Unterschiede,
… *Autonomie* im Sinne einer Achtung vor den unveräußerlichen Selbstbestimmungsrechten jedes Einzelnen,
… *Professionalität* im Sinne der fachlichen Kompetenz und Überprüfbarkeit von Hilfeleistungen,
… *Kooperativität* im Sinne einer alle Beteiligten einbeziehenden möglichst engen Zusammenarbeit,

… *Organisationale Funktionalität* im Sinne effektiver Strategien des Zusammenwirkens der verschiedenen beteiligten Ebenen einer Hilfeleistung und
… *Wirtschaftlichkeit* im Sinne eines nachvollziehbaren und dem Bedarf angemessenen Einsatzes von Personal- und Sachmitteln (Heimlich, 2003, S. 130ff.).

Diese Teilwerte sozialer Qualität bilden zugleich die ethische Grundlage pädagogischen Handelns und gelten deshalb ebenfalls für Angebote der Behindertenhilfe. Auch die Qualität der Heil- und Sonderpädagogik ist damit bereits in Prozesse der Inklusion und Exklusion von Menschen mit Behinderungen eingebunden.

2 Pädagogische Qualität in inklusiven Kindertageseinrichtungen

Besonders durch die Nationale Qualitätsinitiative konnten die Grundlagen der Qualitätsentwicklung in der Pädagogik der frühen Kindheit zu Beginn des neuen Jahrtausends in Deutschland rapide weiterentwickelt werden. Pädagogische Qualität hat in Kindertageseinrichtungen einen *deskriptiven Aspekt*, der sich auf beobachtbare und beschreibbare Strukturen im Sinne äußerer Merkmale bezieht. Damit eng verbunden ist der *normative Aspekt*, der den Vergleich der konkreten pädagogischen Arbeit als Prozess mit Gütemaßstäben zum Gegenstand hat. Unterschiedliche wissenschaftstheoretische Standpunkte bedingen dabei jeweils spezifische methodische Zugänge zur Entwicklung und Erfassung von pädagogischer Qualität in Kindertageseinrichtungen. In mehr pragmatischer Absicht entstandene Qualitätsmodelle haben auf der Ebene der jeweiligen Einrichtung zum Ziel, das eigene Qualitätsverständnis eines Erzieherinnenteams in Kooperation mit Eltern, Kindern und Trägern auszuarbeiten (*relativistische Qualitätsmodelle*). Demgegenüber stehen systematische Versuche der Ableitung von Qualitätskonzepten in einrichtungsübergreifender Perspektive und auf der Basis systematischer Qualitätsforschung (*strukturell-prozessuale Qualitätsmodelle*). Dahinter steht die bislang noch nicht abschließend geklärte Frage, ob es ausreicht, pädagogische Qualität auf Einrichtungsebene zu definieren oder ob es nicht sinnvoller ist, pädagogische Qualität als einrichtungsübergreifendes Konzept zu etablieren. Ein Ausweg aus diesem Dilemma bieten *ökologische Qualitätsmodelle*, die davon ausgehen, dass sich pädagogische Qualität auf mehreren Handlungsebenen einer Pädagogik der frühen Kindheit entfaltet (Dippelhofer-Stiem & Wolf, 1997, S. 11).

2.1 Qualitätsentwicklung in inklusiven Kindertageseinrichtungen – Praktische Umsetzung

Zwischenzeitlich wird auch in inklusiven Kindertageseinrichtungen die Frage nach der Qualität des Angebotes gestellt (Dittrich, 2008; Heimlich, 2008; Kobelt-Neuhaus, 2002; Kreuzer, 2007; Störmer, 2001). Von den Qualitätskonzepten, die die Integration von Kindern mit Behinderung als weitere Aufgabe von Kindertageseinrichtungen aufgreifen, lassen sich solche Qualitätskonzepte unterscheiden, die die *Qualität der integrativen pädagogischen Arbeit zum zentralen Gegenstand* haben. Dies ist beispielsweise im *Münchener Modell zur Entwicklung integrativer Qualitätsstandards* der Fall. Im Auftrag der Landeshauptstadt München, des größten kommunalen Trägers von Kindertageseinrichtungen in Deutschland, wurden in den Jahren 2002 bis 2008 insgesamt *drei Forschungsprojekte zur Qualität in integrativen Kindertageseinrichtungen* durchgeführt. Dabei stand besonders der Weg der gemeinsamen Entwicklung von integrativen Qualitätsstandards auf Träger- und Einrichtungsebene im Vordergrund.

2.1.1 Qualitätsstandards in integrativen Kindergärten (QUINTE)

Im Rahmen des Begleitforschungsprojektes „Qualitätsstandards für die Integrationsentwicklung in Kindertageseinrichtungen (QUINTE)“ waren *11 Kindergärten und ihre Erzieherinnenteams* sowie die Eltern beteiligt (Träger: Landeshauptstadt München, Schulreferat). Im Rahmen des Projekts QUINTE bestand die Zielsetzung darin, gemeinsam mit den beteiligten Modelleinrichtungen *Qualitätsstandards für die integrative pädagogische Arbeit* auf allen Ebenen von integrativen Kindergärten zu formulieren: Kinder und Eltern, Gruppe, Team, Einrichtung, Umfeld. Basis dieser gemeinsamen Entwicklungsarbeit war neben der Konzeptionsanalyse der Einrichtungen und einer Sichtung der einschlägigen Literatur eine externe Evaluation mithilfe der Kindergartenskala (KES-R; Tietze, Bolz, Grenner, Schlecht & Wellner, 2001) sowie eine Befragung der pädagogischen Fachkräfte und der Eltern (zu den Ergebnissen im Einzelnen Heimlich & Behr, 2005). Bei der externen Evaluation mithilfe der KES-R ergaben sich vergleichsweise gute Ergebnisse in Bezug auf die pädagogische Qualität in integrativen Kindergärten, die deutlich höher liegen als die Ergebnisse nicht-integrativer Einrichtungen. Im Ergebnis entstanden in diesem dialogischen Entwicklungsprozess *26 Qualitätsstandards,* bezogen auf die integrative Arbeit in Kindertageseinrichtungen. Innerhalb der Qualitätsstandards wurden, zwischen einer Mindestqualität und einer optimalen Qualität, in 5 Stufen Möglichkeiten der Qualitätsentwicklung aufgezeigt. Die Umsetzung der Qualitätsstandards in die Praxis erfolgte in einem *trägerinternen Implementationsprozess*, der auch Möglichkeiten der Selbstevaluation in den beteiligten Modelleinrichtungen enthielt und dem Leitbild der inklusiven Kindertageseinrichtung verpflichtet ist.

2.1.2 Qualitätsstandards in integrativen Kinderkrippen (QUINK)

In einem zweiten Projekt zur Entwicklung integrativer Qualitätsstandards erfolgte eine Übertragung des Untersuchungsdesigns auf die *4 integrativen Kinderkrippen* in der Trägerschaft der Landeshauptstadt München (Sozialreferat). Basis der Entwicklung von integrativen Qualitätsstandards war erneut die Analyse der Einrichtungskonzeptionen, die Sichtung der Literatur zur Thematik und die Durchführung einer externen Evaluation mithilfe der Kinderkrippenskala (KRIPS-R) (Tietze et al., 2005) sowie eine Befragung der pädagogischen Fachkräfte und der Eltern. Auch die integrativen Kinderkrippen erzielten sehr gute Werte in Bezug auf die pädagogische Qualität. Das Entwicklungsmodell der Qualitätsstandards erwies sich prinzipiell als übertragbar, auch wenn dabei spezifische Anforderungen der pädagogischen Arbeit in Krippen zu berücksichtigen waren. Es entstanden auf den 5 Ebenen der Qualitätsentwicklung insgesamt *27 Qualitätsstandards*, die erneut von den Einrichtungsteams formuliert und in den einrichtungsbezogenen Implementationsprozess zurückgegeben wurden (Heimlich & Behr, 2008).

2.1.3 Integrative Qualität aus Kindersicht

In den Projekten QUINTE und QUINK stand die Erwachsenenperspektive im Vordergrund. Das galt sowohl für die Perspektive der externen Evaluation als auch für die Perspektiven der pädagogischen Fachkräfte und die der Eltern. Dabei wird stillschweigend vorausgesetzt, dass die *Perspektiven der Erwachsenen und der Kinder* – insbesondere auch der Kinder mit Behinderung – prinzipiell übereinstimmen (Roux, 2002). Dass diese Annahme nicht so ohne Weiteres tragfähig ist, hat sich in einer dritten Studie gezeigt, die Behr (2009) durchgeführt hat. Im Ergebnis entsteht auf der Basis einer eingehenden Prüfung der vorhandenen Forschungsinstrumente ein Forschungsdesign, in dem ein kombiniertes Instrumentarium zum Einsatz kommt. Schon bei den Erhebungsverfahren sind sowohl qualitative Aspekte (z.B. Leitfadeninterviews) als auch quantitative Aspekte (z.B. Emotionskarten, Soziometrie) berücksichtigt worden. Neben zahlreichen Befunden, die die Ergebnisse der bisherigen Inklusionsforschung bestätigen (z.B. gelungene emotionale Integration, aber wenig Freundschaften zwischen Kindern mit und ohne Behinderung), ist ein Befund besonders hervorzuheben. Die Ergebnisse der soziometrischen Untersuchung geben auch Hinweise auf soziale Distanzierung, ganz besonders in Bezug auf Kinder mit Verhaltensproblemen. Dieser Befund wird jedoch durch die subjektive Sicht der Kinder in ein anderes Licht gestellt. Sie können offenbar sehr genau angeben, was ihnen an anderen Kindern gut oder nicht gut gefällt und warum sie zu ihnen Kontakt wünschen oder nicht. Mit der Behinderung hängt dies jedoch in der Regel nicht zusammen. Vielmehr drückt sich hier ein Stück „Normalisierung" im sozialen Umgang miteinander aus. Damit hat Behr (2009) trotz der Beschränkung auf eine kleine Stichprobe und eine Einrichtung klar gezeigt, dass die Qualitätsforschung im Bereich der Integration/Inklusion zukünftig ihre Aussagen stets durch die Erfassung der kindlichen Perspektive absichern sollte.

3 Qualitätsentwicklung in inklusiven Schulen

Fragen wir nach der inklusiven Qualität in Schulen, so steht die Unterrichtsqualität im Mittelpunkt (Heimlich & Kahlert, 2012). Auch in der deutschen Diskussion zu den Ergebnissen der PISA-Studien macht sich die Erkenntnis breit, dass strukturelle Veränderungen im Bildungs- und Erziehungssystem keineswegs ausreichen werden, um wieder Anschluss an internationale Spitzenleistungen zu erlangen. Vielmehr geht es um die mühevolle Kleinarbeit der Verbesserung von Unterrichtsqualität, eine Reformmaßnahme, die allen vorliegenden Erfahrungen aus anderen Ländern zufolge (z.B. Finnland, Kanada) schnell Zeiträume von mehr als 10 Jahren umfassen kann. Bei einer solchen Wegstrecke liegt es nahe, die Zielvorstellungen genau zu klären – in diesem Fall also die Frage nach der Unterrichtsqualität.

3.1 Was ist guter Unterricht?

Ein Blick in die Unterrichtsforschung zeigt uns, dass auch die empirische Bildungsforschung kaum in der Lage ist, eine exakte Antwort zu geben (Ditton & Krecker, 1995; Ditton, 2000). Komplexe Unterrichtssituationen, zumal mit hohem Anteil von sozialen Prozessen und selbsttätigem Lernen, sind forschungsmethodisch nicht so einfach zu erschließen. Das mussten auch die verantwortlichen Leiter der Münchener SCHOLASTIK-Studie (Helmke & Weinert, 1997) erfahren, als sie versuchten, die Kriterien für solche Schulklassen herauszuarbeiten, die in der Leistungsförderung besonders erfolgreich sind. Sie verglichen die schulleistungsmäßig erfolgreichen Schulklassen in einer eigenen Studie erneut und versuchten, die Faktoren zu ermitteln, die für diesen Erfolg verantwortlich sind. Dabei werden die Klassenführung, die Motivierungsqualität, die Strukturiertheit des Lehrervortrags, die Klarheit der Lehrerfragen, die individuelle fachliche Unterstützung bzw. Förderorientierung, die Variabilität der Unterrichtsmethoden und das soziale Klima über alle untersuchten Klassen hinweg genannt. Aber nur die Klarheit der Lehrerfragen bzw. Aufgabenstellung konnte als gemeinsamer signifikanter Indikator identifiziert werden, der für alle erfolgreichen Klassen in gleicher Weise bedeutsam war. Im Übrigen stimmten die untersuchten nachweislich leistungsmäßig erfolgreichen Schulklassen in den genannten Faktoren kaum überein. Dies zeigt noch einmal, dass es das monopolartige Konzept für einen guten Unterricht nicht gibt. Es bestehen vielmehr vielfältige Möglichkeiten zur Gestaltung eines erfolgreichen

Unterrichts. Dies zeigen auch die Kriterien für guten Unterricht, wie sie Hilbert Meyer aus der empirischen Unterrichtsforschung abgeleitet hat (Meyer, 2004).

Auch die in jüngster Zeit so favorisierten reformpädagogischen Unterrichtsmodelle verbuchen dabei nicht nur Erfolge. Es ist bereits seit längerer Zeit bekannt, dass sich gerade bei Schülern/-innen mit gravierenden Lernschwierigkeiten (Heimlich, 2009b) strukturierte und direkt instruierende Unterrichtsmethoden als äußerst erfolgreich erweisen (vgl. Einsiedler, 1986; Heimlich & Wember, 2012; Kasper, 1994; Reinmann-Rothmeier & Mandl, 2001, S. 628ff.; Wember, 2001). Es gibt also durchaus vielfältige Gründe in der Unterrichtsforschung für eine „Renaissance des Frontalunterrichts“ (Gudjons, 2003) – wenn er denn „handwerklich“ gut gemacht ist. Nachteile hat die direkte Instruktion allerdings immer dann, wenn es darum geht, erworbenes Wissen anzuwenden, auf andere Situationen zu übertragen und zum Problemlösen zu verwenden. Hier sind Lehr-Lernsituationen von Vorteil, die den Schülern/-innen Raum für eigene Entdeckungen lassen, sie ermuntern, selbst auf die Suche zu gehen, sie mit Problemen zu konfrontieren, ohne dass die Lösung bereits festliegt und die sie letztlich zum forschenden Lernen ermuntern. Wir haben in der jüngsten Vergangenheit gelernt, diese neuen Lernformen mit der konstruktivistischen Erkenntnistheorie in Verbindung zu bringen. Lernen ist demnach eben nicht nur die Fähigkeit, fertige Wissensbestandteile zu reproduzieren, sondern ebenso die Fähigkeit, neue Wissensbestandteile zu konstruieren (Benkmann, 1998). Das dürfte denn auch der vorläufige Konsens in der Diskussion über guten Unterricht sein: Die Wahrheit liegt wie so häufig in der Mitte – in diesem Fall in der Mitte zwischen *Instruktion* und *Konstruktion.* Ein guter Unterricht benötigt beides: sowohl eine methodisch gut vorbereitete Lehrerinstruktion wie auch optimal gestaltete Lernumgebungen für die vielfältigen Konstruktionen der Schüler/-innen (Reinmann-Rothmeier & Mandl, 2001, S. 624ff.).

Wo aber ist ein solcher Unterricht zu finden? Ein guter Unterricht ist beispielsweise nach vorliegenden Erfahrungen ein gemeinsamer Unterricht, indem ausgehend von der gewollten und bewusst begrüßten Heterogenität der Schüler/-innen sich alle an gemeinsamen Lernerfahrungen beteiligen und alle etwas zu diesen gemeinsamen Lernerfahrungen beitragen können (Heimlich, 2003). Erst wenn wir dieses Problem der Heterogenität in unseren Schulklassen bewusst angehen, werden wir in der Lage sein, einen wirklich guten Unterricht zu gestalten (Graumann, 2002; Lersch, 2001; Lumer, 2001; Walter, 2004).

Was wissen wir über diesen gemeinsamen Unterricht? Das ist keine Frage nach den Effekten. Es dürfte hinreichend bekannt sein, dass der gemeinsame Unterricht keine Nachteile für die beteiligten Schüler/-innen bringt. Die Effekte des gemeinsamen Unterrichts sind hinlänglich untersucht (Bless, 1995; Haeberlin, Bless, Klaghofer & Moser, 1991). Aus dem Blickfeld gerät bei der Frage nach dem gemeinsamen Unterricht noch viel zu häufig das Problem der

Treatment-Seite, die Frage nach dem Konzept, nach den entscheidenden Merkmalen des gemeinsamen Unterrichts. Wenn der gemeinsame Unterricht als Konzept auf empirischer Basis gekennzeichnet werden sollte, so kann auf dem Hintergrund zentraler Studien der Integrationsforschung im deutschsprachigen Raum gesagt werden, dass es sich um einen Unterricht handelt,

- in dem ein hohes Maß an Selbsttätigkeit für alle Schüler/-innen realisiert wird,
- der sowohl mehr Lehrer- als auch mehr Schülerhilfe ermöglicht,
- der von den Grundelementen des offenen Unterrichts wie Freiarbeit, Spiel, Morgenkreis, Projekte, Wochenplan geprägt ist,
- der aber ebenso strukturiert-lehrerzentrierte Elemente enthält, wie Klassenunterricht oder Regeln und Rituale und
- in dem das kooperative Lernen in heterogenen Lerngruppen gezielt gefördert wird (Heimlich, 2007).

Es ist unmittelbar evident, dass ein solcher Unterricht allen Schülern/-innen zu Gute kommt. Vor diesem Hintergrund kann auch ein Vorschlag zur Definition von Unterrichtsqualität aus sonderpädagogischer Sicht nur die Aufgabe der Integration mit einbeziehen:

> Von *Unterrichtsqualität* kann erst dann gesprochen werden, wenn solche Lehr-Lernsituationen gestaltet werden, an denen alle teilhaben und zu denen alle beitragen können.

Wir bemerken: Die Qualitätsdebatte ist hochgradig normativ aufgeladen. Über pädagogische Qualität nachzudenken, bedeutet stets, Kriterien für eine gute Qualität zu entwickeln. Und im heil- und sonderpädagogischen Bereich heißt Qualität letztlich immer Teilhabe, ist Qualität nicht ohne gesellschaftliche Teilhabe von Kindern, Jugendlichen und Erwachsenen mit besonderen Bedürfnissen zu haben (Beck, 2001; Speck, 1999). Deshalb hängen auch Unterrichtsqualität und gemeinsamer Unterricht so eng miteinander zusammen.

3.2 Entwicklung von Unterrichtsqualität

Zunächst ist auch, bezogen auf den Unterricht, daran zu erinnern, dass Unterrichtsqualität wie überhaupt Qualität in pädagogischen und auch sonderpädagogischen Arbeitsfeldern nicht erst durch die Qualitätsdebatte entstanden sind. Ganz besonders in der sonderpädagogischen Förderpraxis wurde stets um eine möglichst gute pädagogische Qualität gerungen – und das bekanntlich unter nicht immer einfachen Bedingungen. Modelle der Qualitätsentwicklung in Schule und Unterricht leisten hier also zunächst einmal nichts wirklich substantiell Neues. Vielmehr tragen sie in einem ersten Schritt zu einem Bewusstwerdungsprozess bei – und das ist eine ihrer wichtigsten Funktionen. Lassen wir uns auf die Fragen der Qualität unserer eigenen Arbeit in der sonderpädagogischen Förderpraxis ein, so wird uns zunächst einmal bewusst, was wir als gute Qualität unserer eigenen Arbeit ansehen. Modelle der Qualitätsentwicklung haben auch in der Heil- und Sonderpädagogik also stets etwas mit Bestandsaufnahme der vorhandenen Qualität in der sonderpädagogischen Förderpraxis zu tun (Helmke, 2004, S. 151ff.).

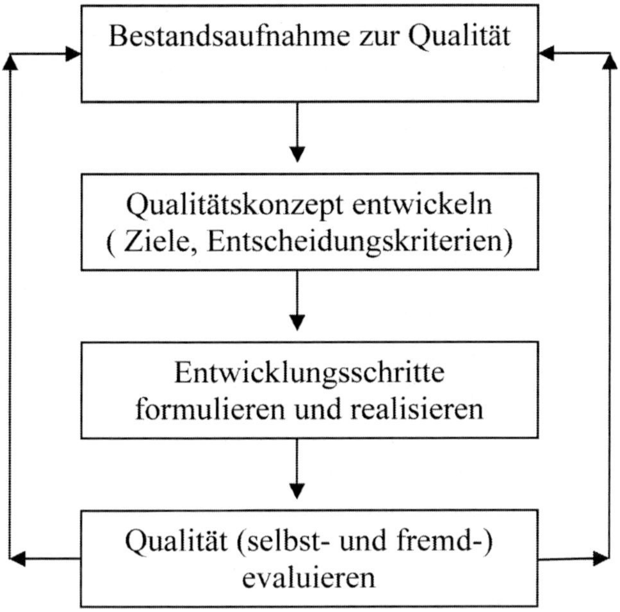

Abbbildung 1: Unterrichtsqualität im Dialog entwickeln

Dabei wird gleichzeitig die Frage unvermeidlich, was wir denn als qualitativ gute Arbeit ansehen und was nicht. Wir entwickeln also bereits in diesem ersten Schritt der Selbstvergewisserung eine Vorstellung von guter Qualität, unsere eigene Vorstellung von Qualität. Dies sollte innerhalb von Modellen der Qualitätsentwicklung in jedem Fall in systematischer Weise geschehen, in dem auch Fragen nach den gemeinsamen Zielvorstellungen und nach Entscheidungskriterien für das Erreichen dieser Zielvorstellungen formuliert werden.

Erst dann können wir solche gemeinsamen Aufgabenfelder entdecken, in denen wir versuchen wollen, die vorhandene pädagogische Qualität gemeinsam weiterzuentwickeln und vor allem festlegen, wie wir diesen Entwicklungsprozess gemeinsam gestalten und letztlich dann auch evaluieren wollen.

Der Prozess der Qualitätsentwicklung für den pädagogischen Bereich, der hier im kurzen Abriss geschildert wurde, ist als *dialogischer Ansatz der Qualitätsentwicklung* zu bezeichnen (z.B. in Kindertageseinrichtungen umfassend erprobt: Kronberger Kreis, 2001; für Schule und Unterricht Horster & Rolff, 2001). Der entscheidende Aspekt liegt hier darin, dass alle Beteiligten gemeinsam ein Konzept von pädagogischer Qualität entwickeln. Übertragen auf die Entwicklung von Unterrichtsqualität heißt dies nun, dass weder die Schulaufsicht noch die einzelne Lehrkraft allein für die Sicherung und Weiterentwicklung von Unterrichtsqualität verantwortlich sind. Vielmehr gilt es, alle Beteiligten zum Zusammenwirken einzuladen und gemeinsam ein Verständnis von Qualität und Qualitätsentwicklung zu kreieren. Es hat sich gezeigt, dass dies die praxiswirksamsten Ansätze von Qualitätsentwicklung im pädagogischen und sozialen Bereich sind. Die Betroffenen lehnen es aus gut nachvollziehbaren Gründen ab, sich von Experten/-innen aus der Wissenschaft oder von der Schulaufsicht über externe Beratungsansätze fremdsteuern zu lassen. Qualitätsentwicklung in Schule und Unterricht läuft selbstgesteuert auf der Ebene der einzelnen Schule – oder sie bleibt nahezu wirkungslos – so jedenfalls Helmut Fend, ein erfahrener Bildungsforscher in seiner Bilanz von Schulforschung aus mehreren Jahrzehnten (Fend, 1998).

Noch deutlicher wird die Notwendigkeit zur Entwicklung kooperativer Strukturen, wenn wir die Schule als System und deren Wirkungen mit einbeziehen. In der wissenschaftlichen Begleitung von integrativen Schulen wie beispielsweise der Integrierten Gesamtschule in Halle/S. (Heimlich & Jacobs, 2001) ist deutlich geworden, dass die Realisierung des gemeinsamen Unterrichts in der Integrationsklasse einer Jahrgangsstufe stets Auswirkungen auf die *Schule als System* hat. Es können nicht nur Veränderungen bei den Schülern/-innen und im Unterricht festgestellt werden, sondern ebenso bei der Zusammenarbeit im Team, bei der Gestaltung des Schullebens und der Schulkultur und letztlich auch in der externen Kooperation. Die Realisierung des gemeinsamen Unterrichts hatte also Effekte auf mehreren Ebenen. Selbstverständlich hängen diese Effekte letztlich von der Bereitschaft aller Beteiligten ab, die Idee der Teilhabe aller in der Schule zu leben.

Auch für die Entwicklung von Unterrichtsqualität hat sich gezeigt, dass diese am ehesten über solche ökologischen Mehrebenenmodelle realisierbar ist (Bronfenbrenner, 1989; Sander, 1999).

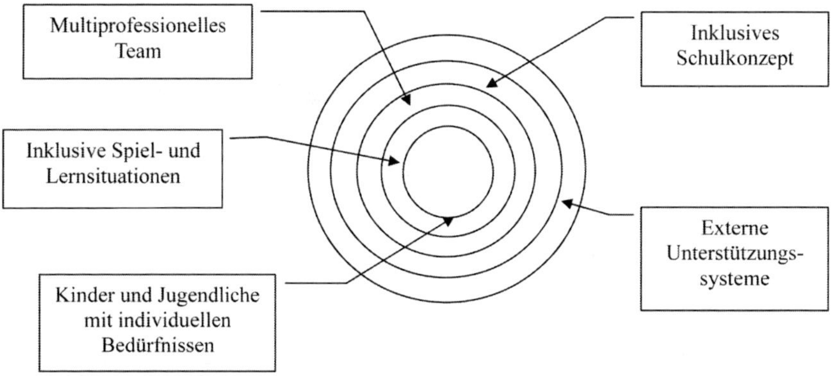

Abbildung 2: Inklusive Schulentwicklung als ökologisches Mehrebenenmodell

Das zeigt noch einmal mit Nachdruck, von wie vielen Einzelfaktoren die Unterrichtsqualität beeinflusst wird. Erst im Zusammenwirken dieser Ebenen können wir die Weiterentwicklung der Unterrichtsqualität erreichen. Und Kooperation ist eine der wichtigsten Voraussetzungen für die Weiterentwicklung der Unterrichtsqualität. Sonderpädagogen/-innen haben in diesem Zusammenhang die Aufgabe, ihre Fachkompetenz auf all diesen Ebenen mit einzubringen. Sie werden im Übrigen dringender benötigt denn je. Es ist von besonderer Bedeutung, darauf hinzuweisen, dass mit der verstärkten Präsenz von Sonderpädagogen/-innen in Allgemeinen Schulen kein Abbau und keine Reduzierung der Sonderpädagogik einhergeht. Der Bedarf an sonderpädagogischer Unterstützung wird vielmehr weiter steigen. In Bayern ist beispielsweise die Zahl der Kinder und Jugendlichen mit sonderpädagogischem Förderbedarf in den neunziger Jahren um etwa 10.000 gestiegen. Interessanterweise sind seit Anfang der neunziger Jahre die *Mobilen sonderpädagogischen Dienste* (MSD) in Bayern verstärkt ausgebaut worden, ein System, das ebenfalls in Thüringen praktiziert wird. In einer Befragung der Sonderschullehrkräfte im MSD in Bayern erhielten wir die Rückmeldung, dass auf jedes Kind mit einem, förmlich durch Gutachten festgestellten, sonderpädagogischen Förderbedarf mindestens drei weitere Kinder kommen, die ebenfalls dringend gefördert werden müssten (Heimlich, Eckerlein & Schmid, 2008). Und das gilt bis hinein in das Gymnasium, etwa bezogen auf den Förderschwerpunkt „emotionale und soziale Entwicklung". Sonderpädagogische Fachkompetenz wird auch in allgemeinen Schulen dringend benötigt.

Allerdings mussten wir in unserer Untersuchung auch feststellen, dass die Zusammenarbeit zwischen Sonderpädagogen/-innen und Lehrkräften der Allgemeinen Schule häufig an der Klassentür beendet ist. Sie beschränkt sich meist auf Beratung und Diagnostik, möglicherweise noch auf einige organisatorische Absprachen mit informellem Charakter (sog. „Tür-und-Angel-Gespräche"). Eine Zusammenarbeit im Klassenraum im Sinne von Team-teaching ist mit dem MSD in Bayern jedoch in der Regel nicht verbunden. Insofern dürfte auch der Beitrag des MSD zu einer Verbesserung der Unterrichtsqualität in der allgemeinen Schule im Hinblick auf Schüler/-innen mit sonderpädagogischem Förderbedarf so lange begrenzt sein, wie die Zusammenarbeit der Lehrkräfte nicht intensiviert wird. Von daher besteht keine Alternative dazu, die Inklusion weiter auszubauen, wenn wir einen Beitrag zur Entwicklung von Unterrichtsqualität leisten wollen.

3.3 Unterrichtsqualität und Inklusion

Die internationale Entwicklung zur Inklusion von Menschen mit besonderen Bedürfnissen hat eine neue Stufe erreicht. Alfred Sander und Andreas Hinz haben dieses Konzept im bundesdeutschen Sprachraum besonders bekannt gemacht (Hinz, 2002; Schnell & Sander, 2004). Der von Andreas Hinz und Ines Boban ins Deutsche übertragene „*Index for Inclusion*" (Ainscow & Booth, 2002) für den Schulbereich enthält eine Praxishandreichung für die Entwicklung einer inklusiven Schule. Zielvorstellung ist dabei, von vornherein auf jegliche Aussonderung zu verzichten und die Heterogenität der Schüler/-innen nicht nur als Ausgangspunkt, sondern vielmehr ausdrücklich zu betonen: „to celebrate diversity", wie es im Index heißt. Motto: „Wir sind unterschiedlich – und finden das Klasse!" Alle Schüler/-innen sollen in allen Situationen des Schullebens die Chance haben, teilzuhaben und etwas beizutragen. Es soll darauf verzichtet werden, von behinderten und nichtbehinderten Schülern/-innen zu sprechen, vielmehr werden die individuellen Bedürfnisse aller Schüler/-innen betont. Wir haben auch in Deutschland zahlreiche Schulen, die als Gesamtsystem auf dem Weg zu dieser Zielvorstellung weit fortgeschritten sind[1]. Und vieles an Realisierungsschritten ist dabei völlig unspektakulär. Die entscheidende Voraussetzung wird neben der Gestaltung einer inklusiven Praxis und der Entwicklung eines inklusiven Konzeptes für die jeweilige Schule insbesondere in der Arbeit an den *gemeinsamen inklusiven Werthaltungen* gesehen, eine Ressource, die allen Beteiligten zur Verfügung steht. Inklusion ist sicher eine Frage von Ressourcen, aber ebenso eine Frage der Überwindung von Barrieren.

Bislang liegen noch keine Studien zum Zusammenhang von Inklusion und Unterrichtsqualität vor. Aber es wäre eine interessante Fragestellung, ob wir diesen Zusammenhang ebenfalls für Schule und Unterricht aufzeigen könnten. Deshalb auch das Fazit und eigentlich auch eine Zukunftsperspektive:

---

1 Reinhard Kahl hat in dem Film „Treibhäuser der Zukunft" (2004) von solchen innovativen Schulen in Deutschland berichtet, ein Filmprojekt, das vom Bundesministerium für Bildung und Forschung unterstützt worden ist.

Wenn wir die Qualität von Schule und Unterricht erhöhen wollen (also mehr gemeinsames Lernen und mehr differenzierte Förderung realisieren wollen), dann sollten wir mehr Kinder und Jugendliche mit besonderen Bedürfnissen in die Allgemeinen Schulen aufnehmen.

Literaturverzeichnis

Ainscow, M. & Booth, T. (2002). *Index for Inclusion: Developing Learning and Participation in schools.* Bristol: Center for Studies on Inclusive Education.

Beck, I. (2001). Qualitätsentwicklung und Qualitätsbeurteilung. In G. Antor & U. Bleidick (Hrsg.), *Handlexikon der Behindertenpädagogik: Schlüsselbegriffe aus Theorie und Praxis* (S. 341–344). Stuttgart: Kohlhammer.

Behr, I. (2009). *Aspekte inklusiver Qualität in Kindertageseinrichtungen aus der Sicht 4- bis 6-jähriger Kinder mit und ohne besondere Bedürfnisse – eine Pilotstudie.* Berlin: Köster.

Benkmann, R. (1998). *Entwicklungspädagogik und Kooperation: Sozial-konstruktivistische Perspektiven der Förderung von Kindern mit gravierenden Lernschwierigkeiten in der allgemeinen Schule.* Weinheim: Deutscher Studien Verlag.

Bless, G. (1995). *Zur Wirksamkeit von Integration: Forschungsüberblick, praktische Umsetzung einer integrativen Schulform, Untersuchungen zum Lernfortschritt.* Bern, Stuttgart: Haupt.

Bless, G., Schüpbach, M. & Bonvin, P. (2004). *Klassenwiederholung: Determinanten, Wirkungen, Konsequenzen.* Bern: Haupt.

Bronfenbrenner, U. (1989). *Die Ökologie der menschlichen Entwicklung: Natürliche und geplante Experimente.* Frankfurt a.M.: Fischer.

Bundesministerium für Familie, Frauen, Senioren und Jugend (Hrsg.). (2002). *Nationale Qualitätsinitiative im System der Tageseinrichtungen für Kinder (NQI).* Berlin, 2. Auflage.

Deutscher Bundestag (2006). *Entwurf eines Gesetzes zu dem Übereinkommen der Vereinten Nationen vom 13. Dezember 2006 über die Rechte von Menschen mit Behinderungen sowie zu dem Fakultativprotokoll vom 13. Dezember 2006 zum Übereinkommen der Vereinten Nationen über die Rechte von Menschen mit Behinderungen. Drucksache 16/10808, 16. Wahlperiode, 08. 11. 2008.* Online verfügbar unter http://www.bundestag.de/aktuell/archiv/2008/22810535_kw48_soziales/index.htm, [26.03.2009].

Dippelhofer-Stiem, B. & Wolf, B. (Hrsg.). (1997). *Ökologie des Kindergartens.* Weinheim u. München: Juventa.

Ditton, H. (2000). Qualitätskontrolle und Qualitätssicherung in Schule und Unterricht. In A. Helmke. W. Hornstein & E. Terhart (Hrsg.), *Qualität und Qualitätssicherung im Bildungsbereich: Schule, Sozialpädagogik, Hochschule* (41. Beiheft) Zeitschrift für Pädagogik. Weinheim u. Basel: Beltz.

Ditton, H. & Krecker, L. (1995). Qualität von Schule und Unterricht: Empirische Befunde zu Fragestellungen und Aufgaben der Forschung. *Zeitschrift für Pädagogik 41*, 507–529.

Dittrich, G. (2008). Entwicklung pädagogischer Qualität in integrativen Kindertagesstätten In M. Kreuzer & B. Ytterhus (Hrsg.), *„Dabeisein ist nicht alles": Inklusion und Zusammenleben im Kindergarten* (S. 202–218). München: Reinhardt.

Einsiedler, W. (1986). Unterricht, schülerorientierter. In D. Lenzen (Hrsg.), *Enzyklopädie Erziehungswissenschaft.* (S. 628–632, Bd. 3). Stuttgart: Klett.

Fend, H. (1998). *Qualität im Bildungswesen: Schulforschung zu Systembedingungen, Schulprofilen und Lehrerleistung.* Weinheim u. München: Juventa.

Fritzsche, R. & Schastok, A. (2001). *Ein Kindergarten für alle – Kinder mit und ohne Behinderung spielen und lernen gemeinsam.* Neuwied u. a.: Luchterhand.

Graumann, O. (2002). *Gemeinsamer Unterricht in heterogenen Gruppen: Von lernbehindert bis hochbegabt.* Bad Heilbrunn: Klinkhardt.

Gudjons, H. (2003). *Frontalunterricht – neu entdeckt.* Bad Heilbrunn: Klinkhardt.

Haeberlin, U., Bless, G., Moser, U. & Klaghofer, R. (1991). *Die Integration von Lernbehinderten: Versuche, Theorien, Forschungen, Enttäuschungen, Hoffnungen.* Bern, Stuttgart: Haupt.

Heimlich, U. (2003). *Integrative Pädagogik – eine Einführung.* Stuttgart u.a.: Kohlhammer.

Heimlich, U. (2007). Ansätze zu einer Didaktik des Gemeinsamen Unterrichts. In J. Walter & F. B. Wember (Hrsg.), *Handbuch Förderschwerpunkt Lernen* (S. 357–375). Göttingen: Hogrefe.

Heimlich, U. (2009a). *Inklusion und Qualitätsentwicklung – eine Aufgabe für alle Kindertageseinrichtungen.* Fulda: Hochschule Fulda.

Heimlich, U. (2009b). *Lernschwierigkeiten: Sonderpädagogische Förderung im Förderschwerpunkt Lernen.* Stuttgart: Kohlhammer.

Heimlich, U. & Behr, I. (2005). *Integrative Qualität im Dialog entwickeln: Auf dem Weg zur inklusiven Kindertageseinrichtung.* Münster: Lit.

Heimlich, U. & Behr, I. (2008). Qualitätsstandards in integrativen Kinderkrippen (QUINK) – Ergebnisse eines Begleitforschungsprojektes. *Vierteljahresschrift für Heilpädagogik und ihre Nachbargebiete (VHN) 77* (4), 301–316.

Heimlich, U & Behr, I (Hrsg.) (2009). *Inklusion in Kindertageseinrichtungen: Internationale Perspektiven.* Münster: Lit.

Heimlich, U., Eckerlein, T. & Schmid, A. C. (Hrsg.) (2008). Mobile sonderpädagogische Förderung – das Beispiel Bayern. In U. Heimlich (Hrsg.), *Reihe: Integrative Förderung in Forschung und Praxis* (Bd. 3). Münster: Lit.

Heimlich, U. & Jacobs, S. (2001). *Integrative Schulentwicklung im Sekundarbereich: Das Beispiel der integrierten Gesamtschule Halle/S.* Bad Heilbrunn: Klinkhardt.

Heimlich, U. & Kahlert, J. (Hrsg.) (2012). *Inklusion in Schule und Gesellschaft: Wege zur Bildung für alle.* Stuttgart: Kohlhammer.

Heimlich, U. & Wember, F. B. (Hrsg.) (2012). *Didaktik des Unterrichts im Förderschwerpunkt Lernen* (2. Aufl.). Stuttgart: Kohlhammer.

Helmke, A. (2004). *Unterrichtsqualität: Erfassen, Bewerten, Verbessern* (2. Auf.). Seelze: Kallmeyersche Verlagsbuchhandlung.

Helmke, A. & Weinert, F. E. (1997). *Entwicklung im Grundschulalter.* München: Psychologie-VerlagsUnion/ Beltz.

Hinz, A. (2002). Von der Integration zur Inklusion – terminologisches Spiel oder konzeptionelle Weiterentwicklung. *Zeitschrift für Heilpädagogik 53*, 354–361.

Honig, M.-S., Joos, M. & Schreiber, N. (2004). *Was ist ein guter Kindergarten? Theoretische und empirische Analysen zum Qualitätsbegriff in der Pädagogik.* Weinheim u. München: Juventa.

Horster, L. & Rolff, H.-G. (2001). *Unterrichtsentwicklung: Grundlagen, Praxis, Steuerungsprozesse.* Weinheim u. Basel: Beltz.

Kobelt Neuhaus, D. (2002). Gemeinsame Erziehung von Kindern mit und ohne Behinderung in Tageseinrichtungen – Qualitätsmerkmale von Einzelintegration aus Elternsicht. *Gemeinsam leben 10*, 54–61.

Kasper, H. (1994). Offene Unterrichtsformen in der englischen Primarstufe. In G. Rei & G. Eberle (Hrsg.), *Offener Unterricht: Freie Arbeit mit lernschwachen Schülerinnen und Schülern* (S. 93–114, 2. Aufl.). Weinheim: Deutscher Studien Verlag.

Kreuzer, M. (2006). Pädagogische Qualität von integrativen Kindergärten: Einschätzungen und Anregungen. *Gemeinsam leben (14)*, 132–140.

Kronberger Kreis für Qualitätsentwicklung in Kindertageseinrichtungen (2001). *Qualität im Dialog entwickeln: Wie Kindertageseinrichtungen besser werden* (3. Aufl.). Seelze: Kallemeyersche Verlagsbuchhandlung.

Lersch, R. (2001). *Gemeinsamer Unterricht – Schulische Integration Behinderter.* Neuwied, Kriftel: Luchterhand.

Lumer, B. (Hrsg.). (2001). *Integration behinderter Kinder: Erfahrungen, Reflexionen, Anregungen.* Berlin: Scriptor.

Meyer, H. (2004). *Was ist guter Unterricht?* (2. Aufl.) Berlin: Cornelsen Verlag Scriptor.

Österreichische UNESCO-Kommission (Hrsg.). (1996). *Pädagogik für besondere Bedürfnisse: Die Salamanca Erklärung und der Aktionsrahmen zur Pädagogik für besondere Bedürfnisse.* Wien.

PISA-Konsortium Deutschland (Hrsg.). (2004). *PISA 2003: Der Bildungsstand der Jugendlichen in Deutschland – Ergebnisse des zweiten internationalen Vergleichs.* Münster: Waxmann.

Reinmann-Rothmeier, G. & Mandl, H. (2001). Unterrichten und Lernumgebungen gestalten. In A. Krapp & B. Weidenmann, Bernd (Hrsg.), *Pädagogische Psychologie* (S. 601–646, 4. Aufl.) München: PsychologieVerlagsUnion/Beltz.

Roux, S. (2002). *Wie sehen Kindern ihren Kindergarten? Theoretische und empirische Befunde zur Qualität von Kindertagesstätten.* Weinheim u. München: Juventa.

Sander, A. (1999). Ökosystemische Ebenen integrativer Schulentwicklung – ein organisatorisches Entwicklungsmodell. In U. Heimlich (Hrsg.), *Sonderpädagogische Fördersysteme – auf dem Weg zur Integration* (S. 33–44). Stuttgart, Berlin, Köln: Kohlhammer.

Schnell, I. & Sander, A. (Hrsg.) (2004). *Inklusive Pädagogik.* Bad Heilbrunn: Klinkhardt.

Speck, O. (1999). *Die Ökonomisierung sozialer Qualität: Zur Qualitätsdiskussion in Behindertenhilfe und Sozialer Arbeit.* München u. Basel: E. Reinhardt.

Störmer, N. (2001). Wann ist eine „Kindertageseinrichtung für alle Kinder" eine „gute" Einrichtung. In *Gemeinsam leben (9)*, 148–152.

Tietze, W., Bolz, M., Grenner, K., Schlecht, D. & Wellner, B. (2005). *Krippen-Skala (KRIPS-R): Feststellung und Unterstützung pädagogischer Qualität in Krippen: Deutsche Fassung der Infant/Toddler Environment Rating Scale – Revised Edition von Thelma Harms, Debby Cryer, Richard M. Clifford.* Weinheim u. Basel: Beltz.

Tietze, W., Schuster, K.-M., Grenner, K. & Roßbach, H.-G. (2001). *Kindergarten-Skala: Revidierte Fassung (KES-R): Deutsche Fassung der Early Childhood Environment Rating Scale Revised Edition von Thelma Harms, Richard M. Clifford, Debby Cryer.* Neuwied: Luchterhand.

Walter, P. (2004). *Schulische Integration Behinderter: Eine Einführung in die Bedingungen, Aufgaben und Perspektiven.* Wiesbaden: VS Verlag für Sozialwissenschaften.

Weltgesundheitsorganisation (WHO) (1997). *Internationale Klassifiktion der Schäden, Aktivitäten und Partizipationen (ICIDH-2): Ein Handbuch der Dimensionen von gesundheitlicher Integrität und Behinderung.* Genf: WHO.

Wember, F. B. (2001). Adaptiver Unterricht. *Sonderpädagogik 31*, 161–181.

Zollondz, H.-D. (2002). *Grundlagen Qualitätsmanagement: Einführung in Geschichte, Begriffe, Systeme und Konzepte.* Oldenbourg: München-Wien.

Ein barrierefreies Gebäude ist nicht genug! Schüler mit körperlichen und mehrfachen Beeinträchtigungen sowie schweren chronischen Erkrankungen lernen und leben inklusiv

Reinhard Lelgemann & Christian Walter-Klose

Wer sich mit der Körperbehindertenpädagogik beschäftigt, wird rasch mit zwei unterschiedlichen Dimensionen konfrontiert sein, die von besonderer Bedeutung sind und deshalb vorab in knapper Form behandelt werden sollen.

Zum einen ist dies eine starke Professionalisierung, die sich in den letzten 175 Jahren in zahlreichen Institutionen konkretisiert hat. Diese Entwicklung kann historisch erklärt werden und muss einbezogen werden, wenn Perspektiven inklusiver Bildung für und mit Schülern mit körperlichen und mehrfachen Beeinträchtigungen sowie schweren chronischen Erkrankungen reflektiert werden sollen. Zum anderen ist dies eine Frage des Selbstverständnisses von Behinderung, die in einen partiellen Widerspruch mit dem gegenwärtig kaum hinterfragten sozialen Paradigma führt und wiederum Auswirkungen darauf hat, wenn Perspektiven inklusiver Bildung für und mit Schülern mit körperlichen und mehrfachen Beeinträchtigungen sowie schweren chronischen Erkrankungen reflektiert werden sollen.

Der letzte Aspekt soll im Folgenden als erstes angesprochen werden, die historischen Aspekte als zweites, im dritten Teil wird die Reaktion der Körperbehindertenpädagogik auf die aktuelle Diskussion reflektiert und im vierten Teil sollen konkrete Bedingungen benannt werden, die inklusive Bildung für und mit Schülern mit körperlichen und mehrfachen Beeinträchtigungen sowie schweren chronischen Erkrankungen mit hoher Wahrscheinlichkeit ermöglichen.

Auf grundsätzliche Darstellungen zum Themenfeld der Inklusion wird in dieser Darstellung nicht eingegangen.

1 Die Aussage „Behindert ist man nicht, behindert wird man oder frau“ stellt in der Zusammenarbeit mit körper- und mehrfachbehinderten Menschen nur die halbe Wahrheit dar!

Wer körperbehindert ist, wird – gesellschaftlich bedingt – auf vielfältige Weise behindert:

- Fehlende Bordsteinabflachungen
- Zu viele Stufen und zu kleine Aufzüge oder nicht funktionierende Treppenlifte

- Zu wenig Sitzplätze in Kinos, Straßenbahnen oder Zügen
- Schlechte und unangemessene medizinische Versorgung
- Auseinandersetzungen mit den Krankenkassen
- und „Kämpfe“ mit den vielen Menschen, die sich nicht in die Lebenslage von Menschen mit körperlichen oder mehrfachen Beeinträchtigungen versetzen können oder wollen.

Die besondere Abhängigkeit von Menschen mit Behinderungen, von der Hahn 1981 sprach, sticht ins Auge und der interessierte Leser wird sich fragen, was die provozierende Überschrift des Kapitels bewirken soll. Nun, sie macht darauf aufmerksam, dass körperliche Beeinträchtigungen auch eine Dimension haben, die eben nicht gesellschaftlich vermittelt ist, die durch eine aufmerksame und sensible gesellschaftliche Organisation vielleicht leichter erträglich wird, die aber letztlich sehr persönlich ist. Damit sind die ganz persönlichen Schmerzen gemeint, die bei einer Spastik entstehen, die Enttäuschung, nicht das aussprechen zu können, was man gerne sagen will, vielleicht sogar zärtlich sagen möchte, die Traurigkeit, die sich einstellt, wenn Bewegungen nicht so ausgeführt werden können, wie Mann oder Frau sie eigentlich anstreben. Es ist eine ur-persönliche Dimension gemeint, die manchmal sogar das Überleben erschweren kann, z.B. dann, wenn der Mundschluss dem Säugling nicht möglich ist oder er aufgrund seiner Gesichtsmimik missverstanden wird. Und hier kommt umgehend wieder die Gesellschaft ins Spiel. Sie kann Überleben sichern, Handlungen und Kommunikation erleichtern, wenn sie aufmerksam ist. Sie kann Handlungsmöglichkeiten eröffnen, sie kann gemeinsames Lernen ermöglichen, aber sie kann Wohlbefinden oder Glück nur im Rahmen äußerer Bedingungen unterstützen. Dies ist viel und es ist eine anspruchsvolle Aufgabe für eine Gesellschaft und die in ihr lebenden Menschen, aber es ist eben nur eine Seite, es ist nur die halbe Wahrheit. Die persönliche Dimension, die mit einer körperlichen oder mehrfachen Beeinträchtigung verbunden ist, ist nur in der persönlichen Begegnung kennenzulernen. Und weil dies so ist, besteht auch immer die Möglichkeit, dass Menschen davon ausgehen, mit einer Rampe, oder einem Lifter schon genug getan zu haben.

Dies ist die eine Hälfte. Die andere Hälfte ist die, dass unsere Gesellschaft immer noch tendenziell davon ausgeht, dass alle Menschen unabhängig und souverän handelnde Menschen sind, die – überspitzt formuliert – niemals abhängig sind, die keine Kinder waren, niemals krank sind oder im Alter gar pflegebedürftig werden. In diesem Sinne enthält die Aussage „Behindert ist man nicht, behindert wird man oder frau“ immer noch einen primären Auftrag, der da lautet: gesellschaftliche Barrieren möglichst abzubauen, da alle Menschen in eine Situation der Abhängigkeit geraten können. Aber es bleibt dabei: Es ist nur die halbe Wahrheit, auch wenn viele deshalb der Körperbehindertenpädagogik vorwerfen, doch insgeheim immer noch vor allem medizin- oder gar defizitorientiert zu sein.

2 Wie hat sich die Körperbehindertenpädagogik in Deutschland entwickelt?

In Deutschland gibt es derzeit etwa 180 Schulen für Schüler mit dem Förderbedarf körperlicher und motorischer Entwicklung (gemeint sind immer körperbehinderte Schüler und Schülerinnen).

Viele dieser Förderzentren in Tagesform wurden durch Elternvereine oder engagierte Bürger gegründet, welche um die Probleme von Menschen mit Körperbehinderungen wussten. Die Körperbehindertenpädagogik der zweiten Phase, also ab Ende 1960er-Jahre, wurde vor allem ermöglicht, weil Eltern ein spezielles Bildungsrecht für ihre körperbehinderten Kinder und Jugendlichen einforderten.

Natürlich war für viele Schüler bereits in den sechziger Jahren das Bildungsrecht gegeben. Dies in aller Regel integrativ; aber integrativ bedeutete damals häufig, dabei sein, teilhaben, aber nicht immer mitmachen. Weder gab es besondere technische noch pädagogische Hilfen, und teilhaben hieß allzu oft mitmachen an dem, was allen lehrerzentriert unterrichtet wurde, ohne Differenzierung bzw. Kenntnisnahme der besonderen Schwierigkeiten, ohne technische und personelle Hilfen.

Aus dieser Situation heraus entstanden die Schulen für Körperbehinderte in Tagesform. Es gab Eltern, denen die skizzierte Form der Integration ausreichte. Es gab aber deutlich mehr Eltern, die sich für die Gründung von Sonderschulen einsetzten. In den Sonderschulen der damaligen Zeit wurden viele hochwertige Lösungen geschaffen, die auch den berufsbildenden Bereich einbezogen. Wirklich geöffnet für alle Schüler haben sich die Schulen für Körperbehinderte allerdings erst ab Ende der 70er- bis Mitte der 80er-Jahre. Aus didaktischer Perspektive muss festgehalten werden, dass barrierefreie Räumlichkeiten, kleinere Gruppen und Rollstuhlzugänglichkeit noch nicht bedeuteten, dass innere Differenzierung in den damaligen Sonderschulen stattfand, wie einige Schulleiter in durchaus selbstkritischen Stellungnahmen einräumten (Haardt, Rummel & Lelgemann, 2008).

Die Schulen für Körperbehinderte orientierten sich an der Vermittlung staatlicher Schulabschlüsse der allgemeinen Schulen. Schüler mit Förderbedarf im Bereich des Lernens waren noch Ende der siebziger Jahre eher die Ausnahme. Diese Situation hat sich heute deutlich verändert. Heute nehmen Schulen mit dem Förderschwerpunkt körperliche und motorische Entwicklung (KME) auch Schüler mit komplexem Unterstützungsbedarf (schwerst-mehrfachbehinderte Schüler) auf; ja, mehrfachbehinderte Schüler machen den größten Teil der Schülerschaft aus. Diese verändert sich fortlaufend und Schüler mit einem hohen Förderbedarf im Bereich der emotionalen Entwicklung oder des sozialen Verhaltens nehmen deutlich zu.

Die Anmeldezahlen der Schulen sind gleich bleibend hoch; entgegen allen Erwartungen gehen sie nicht zurück und neue Schülergruppen bzw. deren Eltern stellen Aufnahmeanträge:

- Schüler mit autistischem Syndrom,
- Schüler mit primär geistiger Beeinträchtigung, aber einem erhöhten Bedarf an Begleitung durch medizinisches Personal.
- Schüler mit Körperbehinderungen und einem Migrantenstatus oder
- Schüler aus Elternhäusern, die die materielle Versorgung und eine gesicherte Erziehung ihrer Kinder nicht durchgängig gewährleisten können (Lelgemann & Fries, 2009).

Anzumerken ist in diesem Zusammenhang, dass sich in den letzten 30 Jahren die Geschlechterverteilung in allen vorliegenden Untersuchungen, auch in integrativen Kontexten gleichbleibend darstellt: Schüler mit dem Förderbedarf körperliche und motorische Entwicklung setzen sich zu etwa zwei Drittel aus Jungen und einem Drittel Mädchen zusammen (Lelgemann & Fries, 2009 sowie Hansen, 2012).

Es wäre zudem interessant zu untersuchen, ob möglicherweise Schüler mit einer singulären oder im Vordergrund stehenden körperlichen Beeinträchtigung und einem Elternhaus mit abgesichertem hohem Lebens- und Bildungsstandard vermehrt integrative Angebote aufsuchen und andere das spezialisierte Schulangebot.

Obwohl nicht bundesweit belegbar, ist bei Sichtung der vorliegenden Literatur festzustellen, dass sich gegenwärtig zahlreiche Eltern schulisch integrierende oder inklusive Angebote wünschen, ebenso wie zahlreiche Eltern Ende der sechziger und siebziger Jahre sich spezialisierte Angebote wünschten. Dabei wird nicht immer auf den Mobilen Sonderpädagogischen Dienst, eine Form der Beratung im Bundesland Bayern, gesetzt. Es gibt zahlreiche Beispiele, in denen es den Eltern vor allem um das gemeinsame Leben in der Grundschule geht, also um die soziale Integration, wohingegen die Eröffnung von Bildungsmöglichkeiten als weniger bedeutsam angesehen wird.

Wo immer ein Kind vornehmlich motorisch beeinträchtigt ist, wird eine nicht begleitete Integration sicherlich möglich, wenn auch nicht unbedingt sinnvoll sein. So berichtet Uhrlau in ihrem Forschungsbericht von körperbehinderten Schülern an Gymnasien, die ihre Blase dermaßen trainierten, dass sie sieben Stunden nicht zur Toilette gehen mussten (Uhrlau, 2006), weil niemand einforderte, dass eine Toilette verbreitert wurde bzw. keiner der Verantwortlichen an diese Probleme dachte. Vor allem aber, wenn weitere lern- und entwicklungserschwerende Bedingungen vorhanden sind, stellt sich eine solche Platzierung als deutlich problematisch dar.

Integration/Inklusion und Spezialisierung zeigen sich gegenwärtig als gleichermaßen durch Eltern eingebrachte Wünsche. Körperbehindertenpädagogen sowie die von ihnen vertretenen Einrichtungen sehen sich vor die Anforderungen gestellt, beiden Wünschen gerecht zu werden. Aus wissenschaftlicher Perspektive kann es derzeit keine berechtigte Aussage darüber geben, welches System „besser" funktioniert oder von Eltern eher gewünscht wird, da dies vor allem eine Frage der Bewertungsmaßstäbe ist. Auch wenn wir in unserer Untersuchung zu den Neuaufnahmen in Förderzentren KME feststellten, dass vielfach Kinder nach der Grundschulzeit aus der Integration in die spezialisierten Angebote „wechseln" und Lehrer berichten, dass diese sich unter Gleichen entspannen und zu eigenen Stärken finden (Peer-Orientierung), bedeutet dies aus wissenschaftlicher Sicht nicht, dass dem immer so sein muss. Vielmehr könnte ein solcher Prozess ja durchaus Ergebnis einer halbherzigen pädagogischen Haltung in den allgemeinen Schulen sein, welche Inklusion und Kooperation verkündet, aber gleichzeitig einem (heimlichen) Lehrplan folgt (bzw. folgen muss), der vor allem Leistung und Exzellenz einfordert. Hierfür spricht durchaus auch, dass „die" allgemeine Pädagogik auf universitärer Ebene bis heute keine oder nur begrenzte Kenntnis von Schülern mit besonderen Förderbedürfnissen nimmt!

Innerhalb der Körperbehindertenpädagogik gelten die folgenden spezifischen didaktischen Aspekte als wesentliche Grundlagen (die Skizze könnte sicherlich noch erweitert werden):

- Berücksichtigung spezifischer motorischer Erschwernisse,
- … individueller Wahrnehmungsprobleme,
- … individuell sehr unterschiedlicher mentaler und weiterer entwicklungsspezifischer Probleme.
- Körperbehindertenpädagogik weiß um die Bedeutung
- einer prosozialen Beziehungsgestaltung,
- der Fähigkeit, eigene Gedanken, Wünsche und Meinungen erfolgreich selbst einbringen zu können und nicht nur auf die Interpretation Dritter angewiesen zu sein,
- der Gestaltung spezifischer individueller und sozialer Lernsituationen,
- der Auseinandersetzung mit Bildungsgehalten für alle Menschen,
- der Ermöglichung eigener Handlungen (sowohl im Verständnis der Handlungstheorie, als auch durch Berücksichtigung therapeutischer Erleichterungen ganz konkret als eigene Aktivität),
- der Schaffung klarer Strukturen, die persönliche Entwicklung sichern und ermöglichen,
- der Bereitstellung von Zeiträumen und Räumen, in denen persönliches Lernen und Fortbewegung in allen relevanten Bereichen möglich sind.

- Körperbehindertenpädagogik berücksichtigt zudem Aspekte der Lebensbewältigung, auch angesichts unklarer oder begrenzter Lebenserwartung.

Die hier nur skizzierten didaktischen Grundlagen umfassen vielfältige Aspekte des Lernens, der Bildung und der menschlichen Entwicklung und relativieren die strukturellen institutionellen Vorgaben einer jeden Institution, eines jeden Lehrplans, unabhängig vom Bildungsort. Auch wenn sich spezialisierte Einrichtungen der Körperbehindertenpädagogik an allgemeinen Lehrplänen orientieren, so sind diese didaktischen Grundlagen doch von zentraler Bedeutung (Lelgemann, 2010).

3 Wie reagieren Einrichtungen der Körperbehindertenpädagogik gegenwärtig auf die Forderung nach Inklusion?

Wer die Diskussion um Inklusion und Spezialisierung verfolgt, wird sich des Eindrucks nicht erwehren können, dass hier immer wieder Grundsatzfragen ausgetragen werden. Inklusion scheint die Notwendigkeit von Spezialeinrichtungen oder spezifischer Unterstützungen infrage zu stellen. Manche Eltern verzichten auf spezielle Hilfen, um eine mögliche Integration nicht zu gefährden und gleichzeitig fürchtet manches Förderzentrum um seinen Bestand.

Man muss kein Systemtheoretiker sein, um zu erkennen, dass bestimmte Systeme immer einen bestimmten Wirkungsgrad haben und dass deren Funktionsfähigkeit immer nur in einem bestimmten Rahmen möglich ist bzw. von bestimmten Bedingungen abhängt. Als die Tagesschulen für Schüler mit Körperbehinderungen in den sechziger und siebziger Jahren entstanden, entsprach dies auch der Wahrnehmung vieler Eltern, dass ihr körperbehindertes Kind, obwohl in einer Schule aufgenommen, und deshalb formalen Zugang zur allgemeinen Bildung habend, die meiste Zeit keine spezifischen Angebote erhielt bzw. spezifische Entwicklungsbedingungen kaum berücksichtigt wurden.

Bereits Anfang der siebziger Jahre wurde vom Deutschen Bildungsrat/Bildungskommission (^{3}1979) der Kultusministerkonferenz, unter Mitarbeit von Prof. Speck, das Modell eines gestuften „Förder"-Systems vorgelegt, welches wesentlich mehr integrative Schulformen ermöglicht hätte. Es wurde abgelehnt! Dies geschah offensichtlich im Rahmen einer breiten gesellschaftlichen Übereinstimmung, die von Eltern mitgetragen wurde, die hofften, in spezialisierten Einrichtungen bessere Angebote für ihre Kinder und Jugendlichen zu finden. Dieser generelle Konsens hat sich aber geändert.

Zahlreiche, wenngleich nicht alle, aber immer mehr Eltern von behinderten Kindern verlangen inklusive Schulangebote, und Menschen mit Behinderungen fordern selbst Inklusion.

Das müssen KörperbehindertenpädagogInnen zur Kenntnis nehmen!

Doch wie sollen Einrichtungen der Körperbehindertenpädagogik darauf reagieren, wenn gleichzeitig festgestellt werden muss, dass das allgemeine Schulsystem mehr denn je Leistung fordern und fördern, Chancen zuweisen und damit zugleich verstärkt selektiv tätig sein muss. Paradoxerweise erhält das gleiche Schulsystem den Auftrag, zunehmend mehr Kinder mit unterschiedlichsten Beeinträchtigungen zu integrieren, sozial und ihren Lernmöglichkeiten entsprechend, obwohl die Ressourcen nicht mehr und die Verhaltensdispositionen vieler Schüler nicht einfacher, sondern eher problematischer werden.

Handeln spezialisierte Einrichtungen und allgemeine Schulen unter diesen Bedingungen weiterhin völlig getrennt und unabhängig voneinander, so ist zu befürchten, dass vermutlich oftmals eine nur formal organisierte Inklusion realisiert wird. Diese würde hin und wieder gelingen, vielfach aber nur eine physische Anwesenheit eines Schülers mit Behinderung darstellen. Doch ein derartig formaler, pseudo-inklusiver Prozess würde Gefährdungen vor allem für Menschen mit mehrfachen Behinderungen produzieren, deren weitere Beeinträchtigungen oftmals nicht direkt erkennbar sind. Gefährdungen, die sich möglicherweise darin ausdrücken,

- dass Schüler mit gering qualifizierten Unterstützern Vorlieb nehmen müssen,
- dass Bildung nur für diejenigen ermöglicht wird, die von sich aus, mit Unterstützung der Eltern oder mit geringer Unterstützung lernen können,
- dass Eltern in neue Verantwortlichkeiten gedrängt werden, die viele Familien selber nicht bewältigen können (z.B. bei der Therapie-Organisation),
- dass qualifizierte Fachkräfte und deren Institutionen zerrissen sind zwischen inklusiven Aufgaben und der Zumutung, in spezialisierten Bezügen immer weniger Ressourcen einsetzen zu können.

Diese eher pädagogischen Überlegungen können um eine gesellschaftliche Perspektive erweitert werden.

Wer akzeptiert, dass Menschen mit Körper- und Mehrfachbehinderungen und ihre Angehörigen nicht nur selbstständig sind, klar ihre persönlichen Angelegenheiten regeln und ihr Leben aktiv gestalten, sondern häufig auch Menschen, die zeitlebens Unterstützung benötigen, wird anerkennen müssen, dass eine Gesellschaft vielfältige Formen der Unterstützung, der Anteilnahme und der Teilhabe anbieten muss, wenn Inklusion menschenwürdig verwirklicht werden soll. Es ist deshalb ebenso anzuerkennen, dass Menschen mit Körper- und mehrfachen Behinderungen im pädagogischen Bereich in aller Regel mehr als gute Unterstützung und Assistenz im Unterricht benötigen. Notwendig sind ebenso individuell angemessene Bildungsangebote, die regelmäßige, häufige und stabile Begegnungen zwischen Erwachsenen und jungen Menschen ermöglichen sowie gegenseitige Anerkennung, Wertschätzung und Anregung, damit Kinder und Jugendliche sich auch mit ihren Beeinträchtigungen auf unsere gemeinsame Welt einlassen können und ihre Fähigkeiten umfassend entfalten können.

Für die Körperbehindertenpädagogik sind dies zentrale Anliegen: Sie ist Angebot, Anregung und Unterstützung für alle Menschen, die in ihren Aktivitätsmöglichkeiten aufgrund neurologischer, motorischer oder krankheitsbedingter Aktivitätsstörungen beeinträchtigt sind. Sie geht davon aus, dass Bildungs- und Entwicklungsprozesse nur gemeinsam mit dem Kind, dem Jugendlichen oder auch erwachsenen Menschen möglich sind. Sie ist dabei auch kritisch gegenüber eigenen institutionellen Entwicklungen und dadurch möglicherweise entstehenden Partizipationshindernissen. Körperbehindertenpädagogik in diesem Sinne nimmt die Wünsche der Menschen nach Inklusion ernst! In der schulischen Praxis ergibt sich daraus eine Verpflichtung, Bildung und Entwicklung an allen Bildungsorten für alle Schüler zu ermöglichen (Paulsson, Nygren, Lübbeke & Lelgemann, 2011).

Deshalb ist davor zu warnen, dass in der Öffentlichkeit das Bild entsteht, eine gute Prothesenversorgung oder ein preiswerter, selbst ein vorbereiteter Integrationshelfer würde reichen, um Bildungsangebote für Menschen mit mehrfachen Behinderungen in allen Schulen zu verwirklichen. Für einige Schüler mag dies reichen, aber die Notwendigkeit von umfassenden spezialisierten Angeboten wird dadurch in der Gegenwart nicht infrage gestellt.

Körperbehindertenpädagogik kann die Herausforderungen der Gegenwart und die Wünsche der Eltern körperbehinderter Kinder und Jugendlicher nur mit der Entwicklung differenzierter Angebote beantworten. Hierbei ist von zentraler Bedeutung, dass professionelle und vor allem qualifizierte pädagogische Begleitung an allen Bildungsorten durch die Politik abgesichert wird. Eltern und Politiker, die darauf verzichten, begünstigen einen Abbau von Bildungsrechten und Entwicklungsmöglichkeiten, ja erschweren oder verwehren letztlich Teilhabechancen von Schülern mit Körperbehinderungen.

Förderschulen KME können und sollten die gegenwärtige Situation als Herausforderung begreifen, um den vorgetragenen Wünschen mit differenzierten Angeboten zu begegnen. Hierfür sind Fantasie und Engagement notwendig, der Austausch mit anderen Fachrichtungen und das deutliche Einfordern der Mitarbeit der allgemeinen Schulen sowie der notwendigen Ressourcen.

In einem solchen Verständnis wäre Spezialisierung vor allem ein besonders qualifiziertes Angebot, welches Eltern und deren körperbehinderten Kindern auch in einer mehr oder weniger inklusiven Gesellschaft, Bildungs- und Partizipationsmöglichkeiten eröffnet, das dann aber auch finanziert werden muss!

Es wäre spezialisierte Kompetenz, die akzeptiert, dass Menschen bzw. Schüler mit Behinderungen

- mehr oder weniger selbstständig sind,
- mehr oder weniger stabilisierende Elternhäuser haben,

- mehr oder weniger selbstbewusst sind.

Auf diesem Wege könnte auch unsere Gesellschaft offener werden, vielfältiger und letztlich sogar inklusiv.

In diesem Sinne könnte Körperbehindertenpädagogik im schulischen und im wissenschaftlichen Rahmen ein spezialisiertes Angebot zur Sicherung einer inklusiven Gesellschaft sein.

4 Welche Bedingungen sind für das Gelingen des gemeinsamen Unterrichts hilfreich?

Betrachtet man aus der Perspektive der Körperbehindertenpädagogik das Gelingen des gemeinsamen Unterrichts, lassen sich leider nur wenige wissenschaftliche Arbeiten im deutschsprachigen Raum finden (vgl. Klemm & Preuss-Lausitz, 2008; Lelgemann, 2010), in denen Einflussfaktoren auf den gemeinsamen Unterricht untersucht wurden. In zwei viel zitierten Studien von Haupt und Gärtner-Heßdörfer (1986) sowie Uhrlau (2006) wird deutlich, dass die Anpassung der Schule an die Kinder und Jugendlichen für eine positive Leistungsentwicklung und das Erleben der Schulsituation von besonderer Bedeutung ist. Die Autoren konnten weiterhin zeigen, dass eine schlecht angepasste Umwelt zu zusätzlichen Belastungen und beschwerlicheren Bildungswegen führt.

Haupt und Gärtner-Heßdörfer (1986) beispielsweise fanden im Rahmen ihrer Begleitforschung eines Schulprojektes, bei dem Kinder und Jugendliche mit Körperbehinderung an einem Gymnasium unterrichtet wurden, dass die Schüler mit Körperbehinderung schlechtere Schulnoten erhielten als ihre Mitschüler ohne Behinderung, häufiger eine Schulklasse wiederholen mussten und mit größerer Wahrscheinlichkeit den Schulbesuch abbrachen. Diese Unterschiede konnten nicht auf eine geringere kognitive Begabung zurückgeführt werden, sondern standen laut Aussagen der Autoren mit einer langsameren Arbeitsgeschwindigkeit, zusätzlichen psychosozialen Belastungen und mangelnder Anpassung der Schule an den Schüler in Zusammenhang.

Einen ähnlichen Befund beschreibt Uhrlau (2006), die mit ihrer Studie das Erleben des gemeinsamen Unterrichts von 12 Erwachsenen mit Körperbehinderung untersuchte. Sie berichtet u.a. folgende Ergebnisse:

- Der Besuch der Regelschule war häufig nur möglich, da die Eltern sich engagierten und bereit waren, für Pflege, bei Ausflügen oder in Notfällen in die Schule zu kommen.
- Die schulorganisatorischen Rahmenbedingungen entsprachen in keiner Schule den behinderungsbezogenen Bedürfnissen der Schüler und bedrohten z.T. die Gesundheit der Kinder und Jugendlichen.

- Eine Bewilligung von Nachteilsausgleichen musste häufig von den Schülern und ihren Eltern mühsam durchgesetzt werden.
- Am Sportunterricht konnten die Schüler nur eingeschränkt teilnehmen.

Dies sind nur einige Befunde aus der Arbeit von Uhrlau, mit denen unterstrichen werden soll, wie eine mangelnde Anpassung der schulischen Bildungsumwelt die schulische Entwicklung der Kinder und Jugendlichen beeinflussen kann.

Konkreter lassen sich günstige Bedingungen für den gemeinsamen Unterricht unter Berücksichtigung internationaler Forschung formulieren. In Arbeiten, die die weltweiten Erfahrungen mit dem gemeinsamen Unterricht berücksichtigen (z.B. Walter-Klose, 2012), zeigt sich einerseits, dass sich die schulische Bildungsumwelt sehr individuell und flexibel in den Bereichen Schul- und Unterrichtsorganisation anpassen muss und neben dem Aufbau von Kooperations- und Beratungsstrukturen, spezifischem sonderpädagogischem Fachwissen auch deutliche Veränderungen in der Lehrerrolle notwendig sind. Man könnte es derart formulieren, dass die Regelschule von der Förderschule lernen kann, indem sie hilfreiche Strukturen der sonderpädagogischen Einrichtungen in ihr Angebot übernimmt. Ein anderer Befund ist, dass auch der Schüler mit Körperbehinderung Teil des Anpassungsprozesses ist und sich engagiert, sich selbst an die Schule anzupassen. Er versucht, die Belastungen durch ein nichtangepasstes Schulsystem zu bewältigen (ebd.).

Doubt und McColl (2003) beispielsweise beschrieben in einer kanadischen Studie die Auswirkungen von Umwelt- und Personenbedingungen auf die soziale Teilhabe. Sie fanden, dass neben Umweltbedingungen, die soziale Begegnungen ermöglichen, die Schüler aktiv mithilfe von vier Strategien bemüht waren, ihre soziale Integration zu verbessern:

- Das Verstecken der Behinderung z.B. durch Anpassung an Gruppennormen,
- das Finden einer Nische, in der der einzelne Schüler mit seinen Kompetenzen an Gruppenaktivitäten teilhaben konnte,
- sich über die Behinderung lustig zu machen oder
- die Mitschüler zu erziehen, indem ihnen die Jugendlichen mit Körperbehinderung Informationen über die Behinderung, den Unterstützungsbedarf oder ihr Verhalten und Erleben gaben.

Weiterhin stellten die Autoren fest, dass sich die Schüler mit Behinderung selbst von Aktivitäten ausschlossen, wenn sie befürchteten, dass sie anderen zur Belastung werden könnten. Auch lernten die Schüler mit der Zeit, sich anzupassen, eine mangelnde Anpassung der Umwelt zu akzeptieren, ihrerseits nicht aufzufallen und nach Konformität zu streben.

Die Betrachtung der reziproken Wechselwirkung beim Prozess der Anpassung eröffnet den Blick auf das Erleben der Kinder und Jugendlichen mit Körperbehinderung und ihre Anpassungsbemühungen. Wenn Haupt und Gärtner-Heßdörfer (1986) feststellen, dass die Schüler aufgrund zusätzlicher Belastungen ihr Leistungspotenzial nicht entfalten können, wird deutlich, dass Schüler mit Körperbehinderung in der Schule Ressourcen in Anpassungsbemühungen investieren, die in der Folge für schulische Leistungen nicht mehr zur Verfügung stehen. Lelgemann, Walter-Klose, Singer und Lübekke (2012) beschreiben in diesem Zusammenhang, dass gerade das Zusammenkommen von Belastungen im sozialen, emotionalen und leistungsbezogenen Bereich bei den Schülern mit Körperbehinderung dazu führte, dass sie den gemeinsamen Unterricht verließen und den Besuch einer Förderschule vorzogen.

Mit diesen Überlegungen wird deutlich, wie wichtig es ist, bei der Anpassung des schulischen Bildungsangebots neben den Schulstrukturen auch das Erleben und die Belastung der Schüler mit Körperbehinderung zu betrachten, ihre Meinung bei Adaptionsbemühungen sowie Schulentwicklungsmaßnahmen einzubeziehen und zu berücksichtigen, dass eine Anpassung aufgrund der altersbezogenen und schulischen Entwicklung der Kinder und Jugendlichen dynamisch betrachtet werden muss.

Erwähnenswert in diesem Zusammenhang sind standardisierte Verfahren und Checklisten, in denen Bereiche der Umweltanpassung benannt und abgefragt werden (z.B. Dugger Wadsworth & Knight, 1999; Schriber & Schwere, 2011; Lelgemann, Walter-Klose, Singer & Lübbeke, 2012). Ebenso wichtig ist jedoch der Blick auf den einzelnen Schüler, seine subjektive Wahrnehmung der Folgen der körperlichen Beeinträchtigung und der daraus erwachsenden Bedürfnisse.

Literaturverzeichnis

Deutscher Bildungsrat/Bildungskommission (1979). *Empfehlungen der Bildungskommission: Zur pädagogischen Förderung behinderter und von Behinderung bedrohter Kinder und Jugendlicher.* Stuttgart: Kohlhammer.

Doubt, L. & McColl, M. A. (2003). A secondary guy: Physically disabled teenagers in secondary schools. *Canadian Journal of Occupational Therapy, 70* (3), 139–151.

Dugger Wadsworth, D. & Knight, D. (1999). Preparing the Inclusion Classroom for Students with Special Physical and Health Needs. *Intervention in School and Clinic, 34* (3), 170–175.

Hahn, M. (1981). *Behinderung als soziale Abhängigkeit – zur Situation schwerbehinderter Menschen.* München: Reinhardt.

Haardt, K., Rummel, K. & Lelgemann, R. (2008). Die Schule für Körperbehinderte: Geschichte aus Schulleiterperspektive. *Zeitschrift für Heilpädagogik, 59*, 268–277.

Hansen, G. (2012): Aktuelle Daten zur Beschreibung der Schülerschaft an Förderschulen mit dem Förderschwerpunkt körperliche und motorische Entwicklung in Nordrhein-Westfalen. Ergebnisse einer Querschnitterhebung aus dem Jahr 2010. *VHN, 2,* 124–135.

Haupt, U. & Gärtner-Hessdörfer, U. (Hrsg.). (1986). *Integration koerperbehinderter Schueler in das Gymnasium. Bericht ueber e. Schulversuch.* Mainz: v. Hase & Koehler Verlag.

Klemm, K. & Preuss-Lausitz, U. (2008). *Gutachten zum Stand und zu den Perspektiven der sonderpädagogischen Förderung in den Schulen der Stadtgemeinde Bremen.* Verfügbar unter http://www.bildung.bremen.de/fastmedia/13/Bremen%20Wv%20End%201-11%20 End.pdf [06.01.2012].

Lelgemann, R. (2010). *Körperbehindertenpädagogik: Didaktik und Unterricht.* Stuttgart: Kohlhammer.

Lelgemann, R. & Fries, A. (2009). Die Entwicklung der Schülerschaft an Förderzentren Körperliche und Motorische Entwicklung in Bayern: Ergebnisse einer Längsschnittuntersuchung und weiterer Untersuchungen in den Jahren 2004 bis 2008. *Zeitschrift für Heilpädagogik, 60,* 213–223.

Lelgemann, R., Walter-Klose, C., Singer, P. & Lübbeke, J. (2012). *Ermittlung von Qualitätsbedingungen für den Ausbau gemeinsamer Beschulung (schulische Inklusion) und Sicherung des bestmöglichen Bildungsangebots (§24, 2e der UN-Konvention) von Schülern mit dem Förderbedarf körperliche und motorische Entwicklung.* Abschlussbericht. Köln.

Paulsson, K., Nygren, G., Lübbeke, J. & Lelgemann, R. (2011). Zur aktuellen Situation körperbehinderter Schülerinnen und Schüler in Schweden. *Zeitschrift für Inklusion, 4.*

Uhrlau, K. (2006). *„Es war eine harte Schule!": Menschen mit Körperschädigungenn ziehen Bilanz aus ihrer Schulzeit in der Allgemeinen Schule.* Oldenburg: diz Verlag.

Schriber, S. & Schwere, A. (2011). „Merk-Blatt" für die Aufnahme von Kindern mit Körperbehinderung in der Klasse. In S. Schriber & A. Schwere (Hrsg.), *Spannungsfeld Schulische Integration. Impulse aus der Körperbehindertenpädagogik.* Bern: Edition SZH/CSPS.

Walter-Klose, C. (2012). *Kinder und Jugendliche mit Körperbehinderung im gemeinsamen Unterricht: Befunde aus nationaler und internationaler Bildungsforschung und ihre Bedeutung für Inklusion und Schulentwicklung.* Oberhausen: Athena.

Clearing – ein Angebot am Übergang Schule – Beruf für Jugendliche mit Beeinträchtigungen

Camilla Bensch

1 Einleitung: berufliche Orientierung und Integration unter erschwerten Bedingungen

„Meine erste Begegnung mit Mirko, einem sehr schüchtern und zurückhaltend wirkenden jungen Mann von 16 Jahren, verlief nicht gerade glücklich. Ich war mit einer Kollegin bei einem Kennenlerntermin und gerade erst, als wir die Klasse betreten hatten, kam der Lehrer vor allen anderen SchülerInnen auf Mirko zu sprechen. Er betonte dabei, dass Mirko sicher viel zu schwach sei für eine „normale" Lehrstelle, und fragte, ob ich mich nicht seiner annehmen könne. Mirko wurde somit in eine für ihn recht peinliche Lage gebracht und ich hatte Mühe, ihn aus dieser Situation wieder herauszumanövrieren. Dennoch war Mirko sehr motiviert, möglichst rasch eine Ausbildung anzugehen und wir hatten bald einen Ersttermin in der Beratungsstelle. Da Mirko aus einer nicht wohlhabenden Familie mit drei Kindern kam, hatte er das große Bedürfnis, seine Eltern finanziell zu unterstützen und möglichst bald arbeiten zu gehen. Er äußerte den Wunsch, entweder KFZ-Mechaniker, Maler oder Elektriker zu werden. Das Herausarbeiten von Mirkos Stärken sowie notwendiger Entwicklungsfelder aufgrund spezifischer beruflicher Anforderungen kam als erster Schritt in der Beratung auf uns zu." (Eine Beraterin einer Clearingstelle in Wien)

Der Abschluss der schulischen Laufbahn gehört zu den wichtigsten Momenten im Leben der meisten jungen Menschen. Die Phase, die durch die Entwicklung vom Kind zum Erwachsenen geprägt ist, in der die Heranwachsenden beginnen, Verantwortung für die eigene Zukunft zu übernehmen, bringt eine Reihe bedeutender Entscheidungen mit sich: Möchte ich mich schulisch weiterbilden, vielleicht studieren oder direkt ins Arbeitsleben einsteigen? Welche Ausbildungen und Berufe passen zu mir und würden mir Spaß machen? Soll ich reisen und beruflich Erfahrung im Ausland sammeln oder lieber im gewohnten Umkreis daheim bleiben?

Berufliche Orientierung und der Einstieg in das Arbeitsleben sind für fast alle Menschen eine persönliche Herausforderung, die mit ambivalenten Gefühlen der Freude, aber – gerade in der heute schwierigen Arbeitsmarkt- und Lehrstellensituation – auch mit Verunsicherung verbunden ist. Diskrepanzen zwischen den eigenen Wünschen und Interessen einerseits und den Anforderungen der Arbeitswelt andererseits stellen Jugendliche oft vor ein erstes, fast unüberwindbar scheinendes Hindernis und bringen mitunter Enttäuschungen mit sich. Träume verblassen und Zukunftsperspektiven schränken sich auf immer geringere Wahlmöglichkeiten ein. Dies trifft leider – mehr als auf andere Jugendliche – auf junge Menschen mit Behinderungen zu. Die beruflichen Alternativen von Jugendlichen mit Handicaps werden oft schon beim Einstieg ins Arbeitsleben durch äußere Rahmenbedingungen eingeschränkt und die Aufnahme in eine Werkstätte für Menschen mit Behinderung erscheint oft die einzige Option nach der Pflichtschule. Eltern, LehrerInnen und andere unterstützende Personen sind bei dieser Zielgruppe am Übergang Schule – Beruf mit derartig folgenschweren Entscheidungen konfrontiert, dass sie sich in dieser Situation häufig überfordert fühlen.

2 Ausgangslage 2001 – ein neues Angebot wird ins Leben gerufen

In den Jahren 1990-2000 stieg die Anzahl der arbeitslosen Menschen mit Behinderung in Österreich von 11.500 auf mehr als das Doppelte, auf 26.000 Personen an (BMASK Bundesministerium für Arbeit, Soziales und Konsumentenschutz, 2012). Diese Entwicklung führte, ebenso wie die im Arbeitspapier *Vision 99* festgehaltenen Ergebnisse einer Studie dazu, dass die österreichische Bundesregierung ein Angebot speziell für die Zielgruppe der behinderten Jugendlichen am Übergang Schule-Beruf plante. Winkler (1999, zitiert nach Krainz, 2009) wies im Arbeitspapier *Vision 99* darauf hin, dass es nicht nur an Projekten und TrainerInnen für SchulabgängerInnen mit Behinderung, sondern auch an geschützten Arbeitsplätzen fehlt. Ein zu geringes Angebot an Ausbildungsmöglichkeiten nach der Schulpflicht und generell an beruflichen Wahlmöglichkeiten wurde als weiteres Manko bei der beruflichen Integration junger Menschen mit Behinderung aufgezeigt (ebd.). Die Eltern behinderter Kinder mussten oft enttäuscht feststellen, dass, nachdem sie mit großer Mühe eine integrative Beschulung ihrer Tochter oder ihres Sohnes durchgesetzt hatten, ihren Kindern nach der Schule nur der Weg in eine Tagesstätte für behinderte Menschen offenstand. Aus diesem Grund wurde auch vonseiten der Elternbewegung der Ruf nach unterstützenden Angeboten zur beruflichen Integration laut.

In dieser Ausgangssituation wurde 2001 das Angebot „Clearing“ im Rahmen der Beschäftigungsoffensive für Menschen mit Behinderung („Behindertenmilliarde“) und aus Mitteln des Ausgleichstaxfonds sowie des Europäischen Sozialfonds durch die Österreichische Bundesregierung geschaffen (BMASK,

2010). Eine Reihe von Trägerorganisationen mit einschlägiger Erfahrung wurde eingeladen, Konzepte für diese neue Maßnahme auszuarbeiten und beauftragt, diese in der Folge umzusetzen. Keiner der Beteiligten hätte zu diesem Zeitpunkt geahnt, dass sich Clearing in den folgenden 10 Jahren zu einem wegweisenden, österreichweit erfolgreich eingesetzten und über die Grenzen hinweg bekannten Angebot entwickeln würde.

3 Was ist Clearing?

Clearing bietet Jugendlichen mit verschiedenen Benachteiligungen am Übergang Schule-Beruf Orientierung und Unterstützung für den weiteren Ausbildungs- oder Berufsweg an. In einem intensiven Beratungsprozess soll eine realistische Entscheidungsgrundlage für die berufliche Zukunft geschaffen werden. Dabei werden Fähigkeiten und Interessen, aber auch individuell unterstützende Maßnahmen herausgearbeitet, durch die eine evt. vorhandene, momentan eingeschränkte Integrationsmöglichkeit in die Arbeitswelt verbessert werden soll.

3.1 Die Zielgruppe

Clearing wendet sich an Jugendliche im Alter zwischen 13 und 24 Jahren, die dieser Maßnahme aufgrund einer Behinderung (körperlicher/Sinnes-/geistiger/psychischer) bzw. eines sonderpädagogischen Förderbedarfs, einer Lernbehinderung oder einer sozialen und emotionalen Beeinträchtigung bedürfen, insbesondere, wenn sie sich an der Schnittstelle Schule – Beruf befinden (BMASK, 2011). Die ursprüngliche Zielgruppe wurde 2009 um jene Jugendlichen erweitert, die in der dritten Leistungsgruppe der Hauptschulen unterrichtet werden und große kognitive Schwächen aufweisen, oder in der Schule ein auffälliges Verhalten durch ein erhöhtes Aggressionspotenzial, niedrige Frustrationstoleranz, depressives Rückzugsverhalten, Schwierigkeiten im Umgang mit Gleichaltrigen bzw. LehrerInnen zeigen, oder – voraussichtlich – die Hauptschule negativ abschließen werden. Die Zugehörigkeit zu dieser zuletzt genannten erweiterten Zielgruppe ist durch eine Bestätigung der Schulbehörde nachzuweisen (ebd.). Darüber hinaus werden Jugendliche, die planen, eine Integrative Berufsausbildung zu beginnen, dem Clearing zugewiesen, um aus unabhängiger Perspektive die Eignung dieser Maßnahme für die Betreffenden überprüfen zu lassen.

3.2 Der Zugang – Andocken schon in der Schule

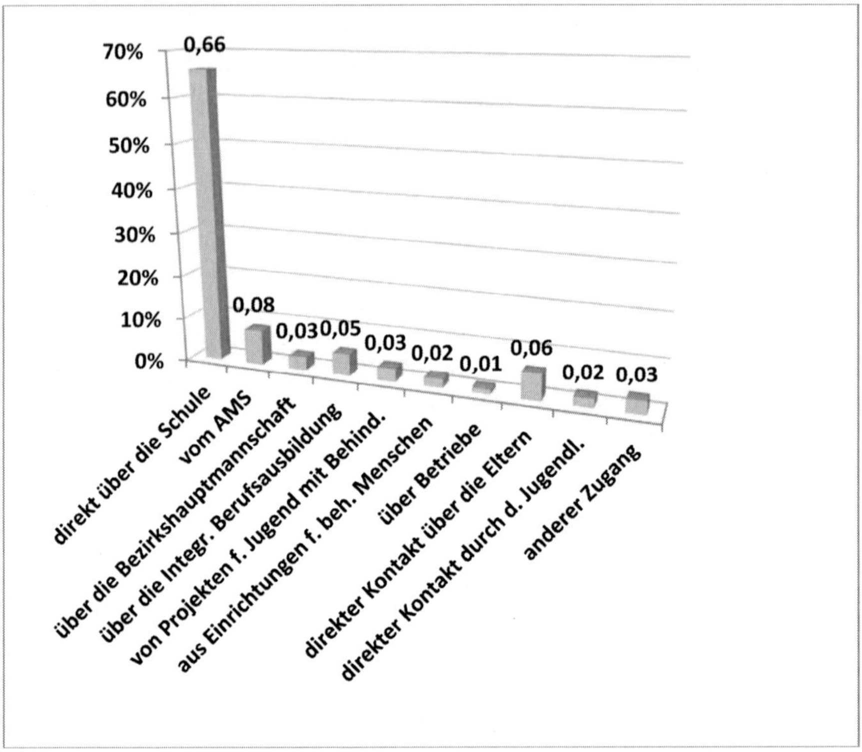

Abbildung 1: Zugang zum Clearing (Lechner, Reiter und Riesenfelder Sozialforschung OEG, 2006)

Der Vorteil von Clearing gegenüber anderen Beratungsangeboten liegt darin, dass es da ansetzt, wo die Jugendlichen noch am besten erreichbar sind – nämlich in der Schule: Während des letzten Pflichtschuljahres nehmen die ClearerInnen mit den Jugendlichen Kontakt auf, um ihnen das Beratungsangebot vorzustellen und sie dann bei Bedarf weiter zu unterstützen. In Abbildung 1 werden die verschiedenen Zugänge zu den Clearingstellen aufgezeigt. In der Mehrzahl der Fälle (66%) werden die Jugendlichen über die Schulen bzw. die LehrerInnen an die Clearingstelle vermittelt. Am Beginn findet die Beratung oft direkt in den Räumlichkeiten der Schule statt. Bei Jugendlichen, die nicht mehr schulpflichtig sind, werden die ClearerInnen auch über andere Einrichtungen, etwa das Arbeitsmarktservice (8%) oder über MitarbeiterInnen der Integrativen Berufsausbildung (5%) bzw. direkt durch die Jugendlichen (2%) oder ihre Eltern (6%) kontaktiert (Lechner, Reiter und Riesenfelder Sozialforschung OEG, 2006, S. 36).

4 Der Clearingprozess

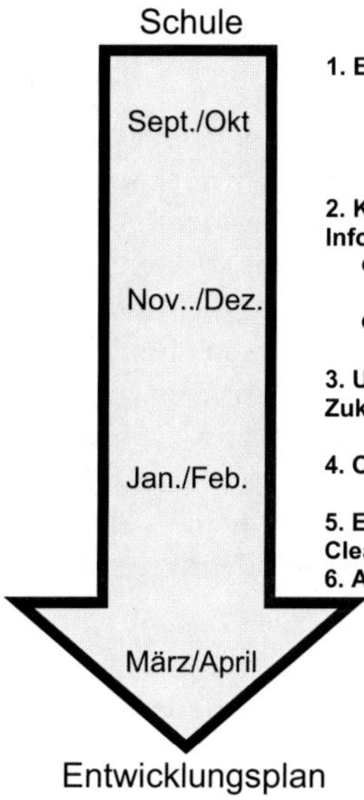

1. Erster Kontakt
- Beziehungsaufbau
- Erste Gespräche mit Jugendlichen, LehrerInnen, Eltern
- Erstinfo über das Angebot und Stammdatenerhebung
- Clearingvereinbarung

2. Kennenlernen des/der Jugendlichen – Sammlung von Informationen in der Clearingmappe
- Kennenlernen an Hand von Arbeitsblättern und spielerischem Material
- Erhebung der Kompetenzen und Interessen mit standardisierten und nicht-standardisierten Aufgaben

3. UnterstützerInnenkreis – Abhalten eines Treffens zur Persönlichen Zukunftsplanung
- Lebensqualitätsmandala/MAP-Making Action Plan/Path

4. Organisieren von Schnuppertagen und Praktika
- Beobachtungen am Praktikumsplatz, Rückmeldungen der Firma

5. Erarbeiten eines Entwicklungsplans – Schreiben eines Clearingberichts

6. Abschlusssitzung oder Übernahme in Jugendarbeitsassistenz
- Übergabe des Clearingberichts und des Entwicklungsplans und Übergabe an die weiter betreuenden Stellen
- Oder weitere Betreuung durch die ClearerIn in Form von Jugendarbeitsassistenz

Abbildung 2: Der Clearingprozess

4.1 Der Erstkontakt – Kennenlernen und Beziehungsaufbau

Clearing kann, wie Abbildung 2 zeigt, als mehrteiliger Prozess angesehen werden. Nachdem die ClearerInnen Kontakt zu den Jugendlichen und ihren Erziehungsberechtigten aufgenommen haben, erfolgt das erste Informations- und Beratungsgespräch – entweder in der Schule oder in der Beratungseinrichtung (Teil 1 in Abbildung 2). Ziel dabei ist, die Erwartungen und Wünsche der Jugendlichen mit den Angeboten der ClearerInnen abzugleichen und die weitere Vorgangsweise zu klären. Das Ergebnis kann entweder eine Vermittlung an ein anderes Angebot oder der Beginn des Beratungsprozesses sein. Vor Beginn des Clearings wird eine Vereinbarung über den Inhalt der Dienstleistung, Verbindlichkeiten und die Verwendung personenspezifischer Daten zwischen den Jugendlichen – bei Minderjährigen zwischen den Erziehungsberechtigten – und der Clearingstelle abgeschlossen. Die allererste Phase im Clearing dient dazu, zu den Jugendlichen einen guten Kontakt herzustellen und ihnen die Gelegenheit zu geben, Vertrauen zu den ClearerInnen zu fassen. Gerade bei dieser Zielgruppe haben sich ein persönlicher kontinuierlicher Kontakt und eine gute Beziehung zwischen Jugendlichen und BeraterIn nicht nur als wesentliche

Grundlage für die Beratung, sondern als entscheidender Faktor für die Ergebnisse der weiteren Arbeit erwiesen.

4.2 Die Ressourcen im Fokus – Feststellen der Interessen und Fähigkeiten

„Als ich zum ersten Mal in der Schule die 15-jährige Ülkü sah, erzählte mir die Lehrerin, dass sie Schwierigkeiten habe, sich mit anderen Menschen zu verständigen, sich oft zurückziehe und stark stottere. Das Mädchen wurde von ihrem Bruder, der sehr um sie bemüht wirkte, abgeholt. Wir vereinbarten gleich einen Termin zur Einzelberatung. In den darauffolgenden Monaten kam Ülkü regelmäßig in die Beratungsstelle und wir erarbeiteten in Gesprächen mit verschiedenen Arbeitsblättern und bildhaften Materialien zur Berufsorientierung ihre Interessen, Arbeitsvorstellungen und Alltagskompetenzen. Da das Mädchen handwerklich sehr geschickt war und im Werkunterricht sehr gerne nähte und strickte, war es ihr Wunsch, den Beruf der Damenkleidermacherin zu erlernen." (Eine Beraterin einer Clearingstelle in Wien)

Ein wichtiger Schritt im Clearingprozess besteht in der Erstellung eines Neigungs- und Eignungsprofils bzw. einer Stärken-Schwächen-Analyse, die man aber bei einer Zielgruppe, die sich gerade in einem Entwicklungsprozess befindet, immer nur als eine Momentaufnahme betrachten kann. Bei dieser Ist-Erhebung werden Informationen zu folgenden Punkten eingeholt (Teil 2 in Abbildung 2):

- Berufliche Interessen
- Intellektuelle und körperliche Fähigkeiten und Einschränkungen
- Berufsrelevante und Alltagskompetenzen
- Soziale Fähigkeiten
- Arbeitshaltung

Zu den oben genannten Kategorien werden sowohl mit den Jugendlichen selbst Gespräche geführt als auch Informationen von den Eltern oder LehrerInnen eingeholt. In den Gesprächen mit den Jugendlichen werden anhand von Arbeits- oder Themenblättern schulische Interessen und Stärken, Freizeitaktivitäten sowie Berufswünsche und -fähigkeiten erarbeitet. Die dabei verwendeten Methoden sind bildhaft, kreativ und spielerisch, da die Jugendlichen oft über eine geringe verbale Ausdrucksfähigkeit verfügen.

Beispiele für solche Methoden sind „Der Baum der Stärken", bei dem in einen gezeichneten Baum alle Stärken und Fähigkeiten der Jugendlichen in dessen Wurzeln und Zweige eingetragen werden, oder die Kartensets von Doose (2003, S. 26–29). Diese Karten können gut eingesetzt werden als Gesprächsanregung zum gegenseitigen Kennenlernen und um Auskünfte über die Wünsche und Vorlieben der Jugendlichen zu erhalten. Die Karten können beispielsweise nach folgenden Merkmalen in drei Stapel sortiert werden: Dinge, die ich immer schon einmal machen wollte/Dinge, die ich einmal gerne ausprobieren möchte/Dinge, die mich momentan nicht interessieren.

Bei einer anderen Methode, die von einer Clearingstelle in Wien entwickelt wurde, bekommen die Jugendlichen eine Mappe mit Beschreibungen und Fotos von verschiedenen Lehrberufen vorgelegt (mündliche Auskunft Clearingstelle WUK Domino). Die Jugendlichen informieren sich über die abgebildeten Berufe, um sie im Anschluss je nach ihrem Interesse mit einer Schulnote zu versehen. Das Ergebnis vermittelt den BeraterInnen rasch einen ersten Eindruck über die bevorzugten Berufe der Jugendlichen.

Ein weiteres von den Clearingstellen oft angewendetes Verfahren ist der F-I-T-Foto-Interessen-Test, ein standardisierter nonverbaler Test, der auf einer Serie von Fotos von Berufen basiert, die nach Interesse möglichst spontan in drei Gruppen sortiert werden sollen. Im Anschluss wird diese von den Jugendlichen vorgenommene Einschätzung anhand von Skalen durch die TestanleiterInnen ausgewertet. Ergebnis des Tests ist die Zuordnung in jeweils sechs Kategorien nach der Interessenstypologie von Egloff oder Holland (Stoll, Jungo & Toggweiler, 2009).

Zur Überprüfung von praktischen Fähigkeiten werden sowohl von den Clearingstellen selbst entwickelte als auch standardisierte Verfahren angewandt. Eine Methode, um einen Überblick über die Stärken der Jugendlichen zu erhalten, sind die sogenannten „Berufsrucksäcke“. In jedem Berufsrucksack befinden sich jeweils Arbeitsanweisungen und Utensilien zur Erledigung praktischer berufsspezifischer Aufgaben. So soll beispielsweise ein Frisörkopf mit einer vorgegebenen Frisur versehen oder Plastikrohre und ihre Verbindung entsprechend einer Skizze zusammengebaut werden (mündliche Auskunft Clearingstelle WUK Domino).

Die Verfahren „IDA“ (Instrumentarium zur Diagnostik von Arbeitsfähigkeiten) und „hamet 2“ (Handwerklich-motorischer Eignungstest) gehören zu den standardisierten Methoden, die im Clearing eingesetzt werden, um praktische Fähigkeiten der Jugendlichen zu testen. IDA ist ein diagnostisches Verfahren mit 14 Arbeitsproben, die individuell zusammengestellt werden können (Föhres, Kleffmann & Weinmann, 2002). hamet 2 wurde speziell für die berufliche Diagnostik von Menschen mit erhöhtem Förderbedarf entwickelt und ist ein handlungsorientiertes, aus vier Modulen bestehendes Testverfahren zur Überprüfung und Förderung praktischer beruflicher Kompetenzen (Dieterich, Goll, Pfeiffer, Tress, Schweiger & Hartmann, 2001).

Das anhand von Arbeitsblättern, standardisierten und nicht-standardisierten Methoden herausgearbeitete Neigungs- und Eignungsprofil stellt die Grundlage für das Aufzeigen beruflicher Perspektiven dar, dient aber auch zur Erhebung eines möglichen Nachschulungsbedarfs, bei dem, wenn notwendig, der Jugendliche an entsprechende weitere unterstützende Stellen vermittelt wird.

4.3 Der UnterstützerInnenkreis – Planung der beruflichen Zukunft unter Einbeziehung der Bezugspersonen der Jugendlichen

Zahlreiche Studien zeigten, dass die Berufswahl von Jugendlichen in sehr hohem Maß durch die Eltern mitbestimmt wird. Sie beeinflussen durch ihre kulturelle, finanzielle und soziale Lebenslage ihre Söhne und Töchter implizit, aber auch explizit als Informationsquelle und Vorbild, sowohl durch ihre berufliche Erfahrung als auch die Erwartungen an ihre Kinder (Beinke, 2002, S. 191 & Geßner, 2003, S. 67). Da dies besonders auf die Zielgruppe der Jugendlichen mit Behinderung zutrifft (Weissengruber, 2010, S. 100ff), wird die Einbeziehung der Eltern von Beginn des Clearingprozesses an als entscheidender Faktor für eine erfolgreiche berufliche Orientierung angesehen und daher unterstützt.

Clearing orientiert sich an dem Ende der 80er-Jahre in den USA entwickelten Ansatz der „persönlichen Zukunftsplanung" (Personal Future Planning). Bei den dabei angewandten Methoden geht es in erster Linie um die Entwicklungsplanung von Menschen mit Behinderung unter Einbeziehung relevanter Personen, wie Angehörige, LehrerInnen, Freundeskreis usw. Bei einer Planungssitzung werden alle für die Jugendlichen wichtigen Personen eingeladen, um so ein Fähigkeitsprofil zu erstellen, das unterschiedliche Sichtweisen beinhalten kann (vgl. Bensch & Klicpera, 2003, S. 50). Bei den Jugendlichen, wo die Eltern bereit sind, sich aktiv an der Planung zu beteiligen, wird ein UnterstützerInnenkreis gebildet, der durch seine Ressourcen die Jugendlichen auf verschiedene Weise, etwa durch Nutzung beruflicher Kontakte, Begleitungen, Schnupperplätze etc., unterstützen kann (siehe Teil 3 in Abbildung 2).

Eine interessante Möglichkeit zur Strukturierung und grafischen Darstellung des Weges zur Zielerreichung ist das von Pearpoint, O'Brian & Forest (2003) entwickelte Path-Verfahren. In der Gruppe der UnterstützerInnen werden mit der betreffenden Person gemeinsam Ziele und Visionen entwickelt sowie Umsetzungsschritte beschrieben. Eine Person hält die Äußerungen der Anwesenden fest und jemand anderer übernimmt die Moderation des Prozesses. Ein wesentlicher Aspekt des Konzepts liegt in dessen Visualisierung. Dafür werden auf einem großen Plakat in einem Pfeil acht Schritte zum Ziel durch Stichworte, Symbole und Zeichnungen möglichst bunt und kreativ dokumentiert.

Eine ähnliche Methode ist MAP (Falvey, Forest & Pearpoint, 2000), bei der es ebenfalls darum geht, gemeinsam mit einem UnterstützerInnenkreis Perspektiven für den jeweiligen Lebensabschnitt zu entwickeln. Der Prozess selbst gliedert sich in acht aufeinanderfolgende Schritte, die in Form von vorgegebenen Fragen in einer Kreisform dargestellt und der Reihe nach von den bei der Planungsbesprechung anwesenden Personen beantwortet werden.

4.4 Schnuppertage und Praktika als Entscheidungshilfe im Prozess der Berufsorientierung

„Samuel, ein 15 Jahre alter Jugendlicher ohne verbale Ausdrucksfähigkeit und mit Spasmen an beiden Händen, kam auf Empfehlung seiner Integrationslehrerin ins Clearing. Zu Beginn der Betreuung gab Samuel als Traumberuf Konditor an. Seine praktischen Fähigkeiten wurden in Form von Schnuppertagen erprobt. Beim Schnuppern wurde der Jugendliche vor allem für die hohe Motivation bei der Arbeit gelobt und die ArbeitgeberInnen waren von seinen sozialen Fähigkeiten begeistert. Die Arbeit machte ihm sichtlich Spaß. Es wurde aber auch klar, dass eine intensive Betreuung bei der Arbeit notwendig sein würde, der Berufswunsch Konditor aufgrund der eingeschränkten feinmotorischen Fähigkeiten aufgegeben und andere Ziele erarbeitet werden müssten. Durch Gespräche mit Bezugspersonen und den Einsatz von Bildmaterial kristallisierte sich als Alternative das Berufsbild Grünlandpflege heraus. Ein Eingliederungsprojekt in seiner Wohnortnähe installierte eine Arbeitsgruppe mit individueller, seinen Anforderungen entsprechender Betreuung. Samuel konnte sich erfolgreich für einen Platz bewerben und wird nun im Bereich Grünlandpflege ausgebildet." (vgl. Bundessozialamt – Landesstelle Wien, 2006, S. 18).

In Österreich gibt es derzeit mehr als 250 Lehrberufe. Jeder dieser Berufe stellt unterschiedliche Anforderungen an die Auszubildenden und setzt verschiedene Fähigkeiten voraus. Schnuppertage stellen eine wichtige Entscheidungsgrundlage im Berufsorientierungsprozess dar und bieten den Jugendlichen die Möglichkeit, erste praktische Erfahrungen in Betrieben zu sammeln (Queisser, 2010). Dieses Hineinschnuppern in den gewünschten Beruf kann entweder ein vorhandenes Interesse verstärken oder vermitteln, dass die realen Anforderungen sich wesentlich von den ursprünglichen Vorstellungen der Jugendlichen unterscheiden. Im besten Fall können die Jugendlichen durch Schnuppertage und Praktika ihre beruflichen Interessen verstärken oder erweitern und Kontakte zu Firmen knüpfen. Gerade bei Jugendlichen mit verschiedenen Beeinträchtigungen und Zeugnissen, die nicht durch gute Noten hervorstechen, kann ein Praktikum eine Chance darstellen, einen potenziellen Arbeitgeber persönlich von den Fähigkeiten zu überzeugen. So entstehen während des Clearings aus Schnuppertagen und Praktika immer wieder Lehrstellen für Jugendliche.

Die Praktika werden den herausgearbeiteten Interessen der Jugendlichen entsprechend ausgewählt (siehe Abbildung 2 Teil 4). Die ClearerInnen unterstützen dabei, Kontakte zu den Firmen herzustellen und wickeln die notwendigen Formalitäten ab. Bei Besuchen der Jugendlichen während ihres Praktikums erhalten die ClearerInnen persönlich einen Eindruck von den Leistungen, Aufgaben und Rahmenbedingungen an der Praktikumsstelle und sprechen mit den jeweiligen ArbeitsanleiterInnen. Nach dem Praktikum werden die Betriebe um ein schriftliches Feedback gebeten, das eine weitere Informationsquelle im Clearingprozess darstellt und hilfreich für die Jugendlichen bei Bewerbungen sein kann.

4.5 Die Clearingmappe – ein Portfolio der Jugendlichen

In der Clearingmappe werden die Unterlagen des gesamten Clearingprozesses gesammelt. Neben den Stammdaten enthält sie alle Aufzeichnungen, Testergebnisse, Arbeitsblätter, Praktikumsrückmeldungen und einen Entwicklungsplan mit Clearingempfehlungen. Die Mappe, die eine Art Portfolio für die Jugendlichen darstellt, hat ein in ganz Österreich standardisiertes, vorgegebenes Design und wird am Ende des Clearingprozesses dem Jugendlichen übergeben (Bundessozialamt – Landesstelle Wien, 2006, S. 11).

4.6 Der Entwicklungsplan

Der Entwicklungsplan zeigt, basierend auf den während des Clearingprozesses erhobenen Interessen und Fähigkeiten, realistische berufliche Möglichkeiten auf und beschreibt einen evt. vorhandenen Nachschulungsbedarf (siehe Abbildung 2 Teil 5). Der Entwicklungsplan enthält kurz-, mittel- und langfristige Ziele. Für die vorgeschlagenen Maßnahmen werden die für die Bedürfnisse der Jugendlichen jeweils notwendigen Rahmenbedingungen, die Ansprechpersonen mit ihren Kontaktdaten und die im Clearingprozess erarbeiteten Alternativen zu den primären Vorschlägen festgehalten.

Entsprechend den Richtlinien für Clearing soll der Karriere- und Entwicklungsplan folgende Punkte umfassen (BMASK, 2011, S. 4–5):

- Eine mit den Jugendlichen, Eltern und LehrerInnen grundsätzliche vorgenommene Klärung, ob eine Integration ins Erwerbsleben möglich ist.
- Die Beschreibung von kompensierbaren und allfälligen nicht kompensierbaren Schwächen und die Ergebnisse von arbeitspsychologischen und arbeitsmedizinischen Testungen.
- Die Erstellung eines Nachschulungsplans.
- Das Treffen von schriftlichen Vereinbarungen betreffend die Inhalte und Etappen des Plans unter Einbeziehung aller Beteiligten.

Werden die Jugendlichen in ein betreutes berufliches Angebot vermittelt, so findet am Ende des Clearingprozesses ein Übergabegespräch mit den in weiterer Folge begleitenden Personen statt.

Viele Träger, die Clearing anbieten, verfügen auch über das Angebot der Jugendarbeitsassistenz. So können jene Jugendlichen, die in den Arbeitsmarkt integrierbar erscheinen, direkt an die Jugendarbeitsassistenz übergeben werden. Die Clearingkonzepte einiger Trägereinrichtungen sehen vor, dass dieselben Personen, die das Clearing durchgeführt haben, den Jugendlichen in weiterer Folge bei der Lehrstellensuche Arbeitsassistenz anbieten können. Dieses Modell hat den Vorteil, dass kein Wechsel der Betreuung stattfinden muss und so, die bei dieser Zielgruppe besonders große Gefahr des Abbruchs durch den Wechsel der Bezugsperson, verringert wird.

5 Rückblick – die Entwicklung des Angebots Clearing und seine Effekte

Clearing wurde ab 2001 kontinuierlich ausgebaut, sodass es schon 2003 in Österreich flächendeckend angeboten werden konnte. Von 1.387 betreuten Jugendlichen im Jahr 2002 stieg die Zahl der Clearings 2010 auf 7.554 an (Bundessozialamt, 2011a, S. 4).

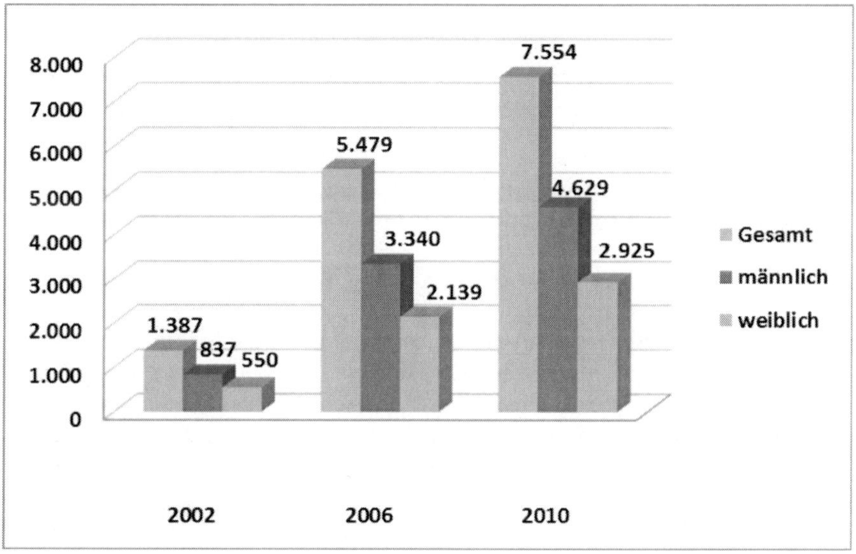

Abbildung 3: Clearingfälle von 2002-2010 (Bundessozialamt, 2011)

Im Jahr 2004 wurde Clearing von der Europäischen Kommission als Best-Practice-Maßnahme ausgewählt und die Möglichkeit der Übernahme in anderen Mitgliedsstaaten diskutiert (Bundessozialamt, 2011b, S. 4). 2006 wurde im Rahmen eines EU-Projektes ein Lehrgang durchgeführt, an dem Schlüsselpersonen aus vier Partnerländern teilnahmen, um Clearing als erfolgreiche, innovative Methode anderen EU-Staaten vorzustellen, eine Anwendung in diesen Ländern zu initiieren und einen fachlichen Austausch zu fördern. Aus dem Lehrgang entstand ein „Package" in Form einer CD-Rom mit einem Curriculum zur Schulung zukünftiger MitarbeiterInnen und einer Palette der im Clearing angewandten Methoden (Stadler-Vida, 2006).

2005 wurde L&R Social Research mit der Evaluierung der Clearingmaßnahme vom Bundessozialamt beauftragt. Bei dieser Untersuchung konnten eindeutig positive Effekte bei den Jugendlichen, die ein Clearing durchlaufen haben, festgestellt werden (Lechner, Reiter und Riesenfelder Sozialforschung OEG, 2006, S. 5f):

- 86% der Jugendlichen haben Schnuppertage oder Praktika in Betrieben absolviert.
- Clearing-TeilnehmerInnen konnten zu 87% die Ziele des Entwicklungsplans realisieren.

Eine Gegenüberstellung der Befragungsergebnisse von TeilnehmerInnen und Nicht-TeilnehmerInnen macht die Integrationsleistung deutlich: Nach 1,5 Jahren ist der Anteil der arbeitslosen Jugendlichen, die ein Clearing durchlaufen haben, nur halb so groß wie jener der Nicht-TeilnehmerInnen (Lechner, Reiter & Riesenfelder Sozialforschung OEG, 2006, S. 7).

6 Ausblick – Jugendcoaching löst Clearing als Angebot am Übergang Schule – Beruf ab

Im Jahr 2011 entschloss sich das österreichische Bundesministerium für Arbeit, Soziales und Konsumentenschutz, Clearing in der bisherigen Form im Jahr 2012 zu beenden und durch ein neues Angebot – Jugendcoaching – zu ersetzen. Die Unterschiede zum bisherigen Angebot liegen in erster Linie darin, dass die Zielgruppe der Jugendlichen mit unterschiedlichen Handicaps auf alle ausgrenzungsgefährdeten Jugendlichen erweitert und die Beratung im Jugendcoaching entsprechend einem 3-stufigen System mit strikten Stundenvorgaben erfolgen soll.

Stufe 1 umfasst beratende Erstgespräche im Umfang von ca. 3 Stunden[1], in denen allgemeine Informationen weitergegeben werden. Angesprochen sind in erster Linie Jugendliche, die relativ eigenständig mit diesen Informationen weitere Schritte gehen können. Sollte intensivere Beratung notwendig sein, kann ein Übertritt in Stufe 2 oder 3 erfolgen. In der Stufe 2, die maximal 8 Stunden umfassen darf, kann eine etwas eingehendere Beratung erfolgen, in der neben gezielter Berufsorientierung auch Hilfe bei einer persönlicher Entscheidungsfindung und der Organisation von Unterstützungsmaßnahmen angeboten wird. Stufe 3 mit maximal 30 Stunden richtet sich an Jugendliche, die eine intensive Begleitung im Sinne eines „Case Managements" benötigen. Hier wird vor allem die ursprüngliche Zielgruppe von Clearing angesprochen und es werden auch Clearingmethoden angewandt (Bundessozialamt, 2012). Benötigen Jugendliche Unterstützung bei der Lehrstellen- oder Arbeitsplatzsuche, so werden sie vom Jugendcoaching an die Jugendarbeitsassistenz weitervermittelt. Eine berufliche Orientierung und Integration durch dieselben MitarbeiterInnen ist bei diesem Angebot nicht mehr vorgesehen.

Die Einführung von Jugendcoaching bringt sowohl Chancen als auch Gefahren mit sich: Positiv zu bewerten ist, dass Methoden von Clearing und Erfahrungen, die mit diesem Angebot gewonnen wurden, nun auch anderen Zielgruppen zugänglich gemacht werden. Möglicherweise nachteilig könnte sich hingegen die Stundenvorgabe, in der die Beratung durchgeführt werden muss, auswirken, da sie mit einer Betreuungsquote von 100 Jugendlichen pro Jahr und VollzeitmitarbeiterInnen verbunden ist. Sowohl diese Beschränkung der Beratungsstunden als auch die Ausweitung der Zielgruppe bergen die Gefahr in sich, dass die ursprüngliche Zielgruppe der Jugendlichen mit Behinderung nicht mehr genug Unterstützung erhält und gegenüber anderen, „attraktiveren" Zielgruppen wieder ins Hintertreffen geraten könnte. Die weiteren Entwicklungen werden bei der Umsetzung des Angebots zu beobachten sein. Den Fördergebern und Trägern kommt die Verantwortung zu, falls sich eine solche Tendenz abzeichnet, rechtzeitig gezielt gegenzusteuern.

Literaturverzeichnis

Beinke, L. (2002). *Familie und Berufswahl.* Bad Honnef: K. H. Bock.

Bensch, C. & Klicpera, C. (2003). *Dialogische Entwicklungsplanung – Ein Modell für die Arbeit von BehindertenpädagogInnen mit erwachsenen Menschen mit geistiger Behinderung.* Heidelberg: Winter.

Bundesministerium für Arbeit, Soziales und Konsumentenschutz (2010). *Sonderrichtlinie Berufliche Integration des Bundesministers für Arbeit, Soziales und Konsumentenschutz zur Förderung von*

[1] Die jeweils angegebene Stundenzahl bezieht sich nicht nur auf die direkte Beratungszeit, sondern soll auch alle organisatorischen Aufgaben, die mit der Beratung verbunden sind, beinhalten.

Arbeitsmöglichkeiten für Frauen und Männer mit Behinderung. Online verfügbar unter: http://www.bmask.gv.at/cms/site/attachments/2/8/8/CH2217/CMS1220346918410/beilage_1__rl_sonderrichtlinie.pdf [29.02.2012].

Bundesministerium für Arbeit, Soziales und Konsumentenschutz (2011). *Richtlinie Begleitende Hilfen des Bundesministers für Arbeit, Soziales und Konsumentenschutz zur Durchführung der Maßnahmen Clearing, Berufsausbildungsassistenz, Arbeitsassistenz und Jobcoaching.* Online verfügbar unter: http://www.bmask.gv.at/cms/site/attachments/2/8/8/CH2217/CMS1220346918410/beilage_2__rl_begleitende_hilfen.pdf [29.02.2012].

Bundesministerium für Arbeit, Soziales und Konsumentenschutz (2012). *Beschäftigte und nicht beschäftigte begünstigte Behinderte seit 1980.* Online verfügbar unter: http://www.bmask.gv.at/cms/site/dokument.html?channel=CH0183&doc=CMS1298541232670 [29.02.2012].

Bundessozialamt – Landesstelle Wien (Hrsg.). (2006). *Clearing Österreich – mein Weg in die Zukunft.* Wien: Autor.

Bundessozialamt (2011a). *Clearing Zahlen.* Online verfügbar unter: http://www.bundessozialamt.gv.at/basb/Kinder,__Jugendliche_&_Studierende/Clearing/Clearing_Zahlen [29.02.2012].

Bundessozialamt (Hrsg.). (2011b). *10 Jahre Clearing 2001-2011.* Online verfügbar unter: http://www.bundessozialamt.gv.at/cms/basb/attachments/0/4/5/CH0037/CMS1305824753963/basb_zentrale_clearing_screen.pdf [29.02.2012].

Bundessozialamt (2012). *Neba – Netzwerk berufliche Assistenz: Wie läuft Jugendcoaching ab.* Online verfügbar unter: http://www.neba.at/jugendcoaching/wie-laeuft-das-ab/item/jugendcoaching-wie-laeuft-das-ab.html [29.02.2012].

Dieterich, M., Goll, M., Pfeiffer, G., Tress, J., Schweiger, F. & Hartmann, F. (2001). *hamet 2. Handlungsorientierte Module zur Erfassung und Förderung beruflicher Kompetenzen.* Göttingen. Hogrefe Verlag.

Doose, S. (2003). *I want my dream – Persönliche Zukunftsplanung.* Hamburg: BAG UB.

Falvey, M., Forest, M., Pearpoint, J. & Rosenberg, R. (2000). *All my life´s a circle: using the tools – circles, MAPS & PATH.* Toronto: Inclusion Press.

Föhres, F., Kleffmann, A. & Weinmann, S. (2002). *Instrumentarium zur Diagnostik von Arbeitsfähigkeiten.* Siegen: Miro GmbH.

Geßner, T. (2003). *Berufsvorbereitende Maßnahmen als Sozialisationsinstanz.* Berlin, Münster, Wien, Zürich, London: LIT Verlag.

Lechner, Reiter und Riesenfelder Sozialforschung OEG (2006). *Evaluierung Clearing – Endbericht.* Online verfügbar unter: http://www.lrsocialresearch.at/files/Eval_Clearing_Endbericht_L&R_Sozialforschung.pdf [29.02.2012].

Krainz, G. (2009). *trainsition package. Modul 1. Zur Arbeit am Übergang Schule – Beruf.* Online verfügbar unter: http://www.trainsition.net/trainsitionCD/AT/module1_unit3.html [29.02.2012].

Pearpoint, J., O'Brian, J. & Forest, M. (2003). *PATH – A Workbook for Planning Positive Possible Futures.* Toronto: Inclusion Press.

Queisser, U. (2010). *Zwischen Schule und Beruf: Zur Lebensplanung und Berufsorientierung von Hauptschülerinnen und Hauptschülern.* Bad Heilbrunn: Julius Klinkhardt Verlag.

Stadler-Vida, M. (2006). *Trainsition.* Online verfügbar unter: http://www.trainsition.net [29.02.2012].

Stoll, F., Jungo, D. & Toggweiler, S. (2006). *Foto-Interessen-Test F-I-T Serie 2009.* Dübendorf: SDBB Versandbuchhandlung.

Weissengruber, P. (2010). *Der Einfluss der Eltern im Berufswahlprozess von Jugendlichen mit Lernbeeinträchtigung.* Unveröffentlichte Diplomarbeit, Universität Wien, Wien.

Der Übergang Schule – Ausbildung – Beruf in Deutschland: Herausforderungen in der Datenanalyse vor dem Hintergrund der UN-Behindertenrechtskonvention

Mathilde Niehaus, Dennis Klinkhammer &
Lene Hodek

Der Übergang von der Schule in Ausbildung und Beruf stellt eine Schlüsselpassage für Jugendliche mit Behinderung dar. In dieser Phase werden wichtige Akzente gesetzt, die Einfluss auf den weiteren Lebensweg haben können. Der vorliegende Beitrag widmet sich diesem Thema und soll einen Überblick über die mit dem Übergang Schule – Ausbildung – Beruf verbundenen Herausforderungen ermöglichen. Dafür werden zunächst die Bedeutung sowie weitere Forschungs- und Praxisschwerpunkte erläutert, die sich aus der Ratifizierung der UN-Behindertenrechtskonvention ergeben. Weiterhin werden das deutsche Förderschul- sowie das berufliche Bildungs- und Rehabilitationssystem für junge Menschen mit Behinderung dargestellt, um daran anschließend Barrieren, welche die Aufnahme einer betrieblichen Ausbildung auf dem ersten Arbeitsmarkt erschweren können, zu diskutieren.

1 Die UN-Behindertenrechtskonvention als normative Grundlage einer inklusiven Gesellschaft

Die UN-Behindertenrechtskonvention, abgekürzt als BRK, verweist auf internationaler Ebene auf die Menschenrechte von Menschen mit Behinderung, welche auf nationaler Ebene von den Vertragsstaaten einzuhalten sind (BMAS, 2011a). Dabei konkretisiert die BRK insbesondere die Lebenssituation von Menschen mit Behinderung, um ihnen eine gleichberechtigte Teilhabe am Leben in der Gesellschaft zur ermöglichen. Die Vertragsstaaten, darunter seit 2009 auch Deutschland, verpflichten sich durch die Unterzeichnung des Abkommens, die Rechte von Menschen mit Behinderung zu achten, deren Schutz zu gewährleisten und sowohl Einrichtungen als auch Mittel für die Umsetzung dieser Rechte bereitzustellen (BMAS, 2011a). Darüber hinaus verpflichten sich die Vertragsstaaten „[...] zur Sammlung geeigneter Informationen, einschließlich statistischer Angaben und Forschungsdaten, die ihnen ermöglichen, politische Konzepte zur Durchführung dieses Übereinkommens auszuarbeiten und umzusetzen“ (Artikel 31 Abs. 1 BRK; vgl. BMAS, 2011a). Dabei sollen diese Daten, unter Achtung von Datenschutz, Vertraulichkeit und Privatsphäre,

Auskunft über mögliche Barrieren bezüglich der Teilhabe am Leben in der Gesellschaft von Menschen mit Behinderung herausstellen (Artikel 31 Abs. 2 BRK; vgl. BMAS, 2011a).

Das Leitbild der BRK ist die Inklusion. Menschen mit Behinderung sind somit nicht zu einer Anpassung aufgefordert, sondern vielmehr müssen alle gesellschaftlichen Bereiche so gestaltet werden, dass eine gleichberechtigte Teilhabe möglich ist. „Der Nationale Aktionsplan der Bundesregierung zur Umsetzung der UN-Behindertenrechtskonvention“ (BMAS, 2011b) kann dabei als Instrument gesehen werden, mit dem die Umsetzung der BRK in den nächsten zehn Jahren systematisch vorangetrieben werden kann.

In Bezug auf den Übergang Schule – Ausbildung – Beruf ist insbesondere die mit der BRK geforderte Chancengleichheit in Bezug auf die Teilhabe an Bildung (Artikel 24 BRK; vgl. BMAS, 2011a) sowie auf eine Partizipation am Erwerbsleben (Artikel 27 BRK; vgl. BMAS, 2011a) zu berücksichtigen:

Recht auf Bildung

Die Vertragsstaaten erkennen das Recht auf Bildung von Menschen mit Behinderungen an. Zur Gewährleistung dieses Rechts sieht die BRK ein inklusives Bildungssystem mit einem chancengleichen Zugang und dem Ziel eines lebenslangen Lernens auf allen Ebenen vor. Menschen mit Behinderung sollen innerhalb dieses Bildungssystems wirksame und individuell angepasste Unterstützungsmaßnahmen zur Verfügung stehen, um die bestmögliche schulische und soziale Entwicklung ermöglichen zu können (BMAS, 2011a).

Recht auf Arbeit

Weiterhin erkennen die Unterzeichnerstaaten auch das Recht auf Arbeit an. Dieses bezieht sich auf die Möglichkeit, den Lebensunterhalt durch eigene Arbeit zu verdienen. Der Arbeitsmarkt soll aus diesem Grund offen, inklusiv und für Menschen mit Behinderung zugänglich gestaltet werden. Menschen mit Behinderung haben somit ein Recht auf sichere und gesunde Arbeitsbedingungen, einschließlich der Chancengleichheit und des gleichen Entgelts für gleichwertige Arbeit, wie Menschen ohne eine Beeinträchtigung. Insbesondere das Übergangssystem Schule – Ausbildung – Beruf betreffend sollen auch der Zugang zu allgemeinen fachlichen und beruflichen Beratungsprogrammen, Stellenvermittlung sowie Berufsausbildung und Weiterbildung ermöglicht werden, die beim Erhalt und der Beibehaltung eines Arbeitsplatzes und beim beruflichen (Wieder-)Einstieg erforderlich sind (BMAS, 2011a).

Die Gewährleistung und Umsetzung der in der UN-Behindertenrechtskonvention niedergelegten Rechte stellen eine Grundvoraussetzung zu einer vollständigen Teilhabe am Leben in der Gesellschaft dar. Im Folgenden werden die Umsetzung in Bezug auf den Übergang Schule – Ausbildung – Beruf und eventuell notwendige Verbesserungen genannt und diskutiert.

2 Ausgangslage und Problemstellung: Junge Menschen mit Behinderung sind beim Übergang in Ausbildung und Beruf mit hohen Hürden konfrontiert

Die Rahmenbedingungen für einen erfolgreichen Übergang von der Schule in die Berufsausbildung und die betriebliche Übernahme sind in den letzten Jahren deutlich komplexer geworden. Ein nahtloser Wechsel in die betriebliche Ausbildung und auf den ersten Arbeitsmarkt stellt für viele Jugendliche mit Behinderung eher die Ausnahme dar. Trotz der hohen Ausdifferenzierung und Angebotsbreite der beruflichen Bildung und Rehabilitation in der Bundesrepublik Deutschland, besteht für die jungen Menschen mit Behinderung das Risiko, eventuell langfristig beruflich benachteiligt oder von sozialer Exklusion betroffen zu sein.

Zur Abschätzung der Größenordnung und zur Bedarfsplanung sind fundierte Kenntnisse über die Personengruppe „junge Menschen mit Behinderung“ notwendig. Die Frage, wie viele Schulentlassene mit Behinderung mit welchen Abschlüssen es gibt und wie viele potenziell dem Ausbildungs- und Arbeitsmarkt zur Verfügung stehen, kann mit Statistiken des Schulsystems annähernd beantwortet werden. Im schulischen System wird allerdings nicht von Schülerinnen und Schülern mit Behinderung, sondern systemspezifisch von Schülerinnen und Schülern mit sonderpädagogischem Förderbedarf gesprochen. Hierbei werden unterschiedliche Förderschwerpunkte differenziert: Lernen, Sehen, Hören, Sprache, körperliche und motorische Entwicklung, geistige Entwicklung sowie emotionale und soziale Entwicklung. Die Beschulung erfolgt integrativ an allgemeinen Schulen oder speziell an Förderschulen (Kultusministerkonferenz, 1994).

Aufgrund der im Grundgesetz der Bundesrepublik Deutschland geregelten Kulturhoheit der Bundesländer wird in jedem der sechzehn Länder eine an der jeweiligen aktuellen Bundespolitik orientierte und zugleich länderspezifische Schulstatistik geführt. Somit handelt es sich auf Bundesebene um eine koordinierte Länderstatistik, die auf einer Vereinbarung der Kultusministerkonferenz (KMK) basiert. Insgesamt kann festgehalten werden, dass die Bemühungen der KMK um Mindestanforderungen bzw. Vorgaben eine Zusammenführung der länderspezifischen Daten auf Bundesebene erleichtern kann. Durch länderspezifische Vorgehensweisen und Leistungsangebote können jedoch vielfältige Probleme bei dieser Zusammenführung auftreten. Trotz dieser Restriktionen sind die Größenordnungen der Gruppe Schulentlassener mit sonderpädagogischem Förderbedarf abschätzbar.

Im Schuljahr 2010/11 wurden insgesamt 377.922 Schülerinnen und Schüler mit sonderpädagogischem Förderbedarf an Förderschulen unterrichtet, dies entspricht ca. 5 Prozent aller Schülerinnen und Schüler im Alter der Vollzeitschulpflicht in Deutschland. Den größten Anteil stellen hierbei Schülerinnen und Schüler mit dem Förderschwerpunkt Lernen (Kultusministerkonferenz, 2012). Über das Geschlechterverhältnis kann aufgrund fehlender Daten der KMK keine Aussage getroffen werden.

Zu den schülerbezogenen Daten im Bereich Migrationshintergrund stellt die KMK fest, dass dieser teilweise schwer zu erfassen ist. Offensichtlich sind die KMK-Vorgaben zum Merkmal „Migration" (keine deutsche Staatsangehörigkeit, nichtdeutsches Geburtsland oder nichtdeutsche Verkehrssprache in Familie oder im häuslichen Umfeld, auch wenn der betroffene Schüler die deutsche Sprache beherrscht) nicht stringent und einheitlich umgesetzt. So sind insgesamt 13,1 Prozent der Schülerinnen und Schüler an Förderschulen als ausländische Schülerinnen und Schüler ausgewiesen (Kultusministerkonferenz, 2012).

Der Bereich der integrativen Beschulung verzeichnet seit dem Jahr 1999 eine stetige Zunahme. Im Schuljahr 2010/11 wurden insgesamt 108.642 Schülerinnen und Schüler mit sonderpädagogischem Förderbedarf an allgemeinen Schulen unterrichtet. Dies bedeutet einen Anteil an der Gesamtschülerzahl mit sonderpädagogischem Förderbedarf von 22,3 Prozent. Der Großteil der Schülerinnen und Schüler mit sonderpädagogischem Förderbedarf an allgemeinen Schulen wird – wie auch an Förderschulen – im Förderschwerpunkt Lernen unterrichtet. Über das Geschlechterverhältnis bei integrativ beschulten Schülerinnen und Schülern kann aufgrund fehlender Daten der KMK keine Aussage getroffen werden. Der Anteil der ausländischen Schülerinnen und Schüler in integrativer Beschulung lag im Schuljahr 2010/11 bei 8,1 Prozent (Kultusministerkonferenz, 2012).

Aussagen zur Größenordnung der Personengruppe „junge Menschen mit Behinderung", die als Schulentlassene dem Ausbildungs- und Arbeitsmarkt zur Verfügung stehen, können hinsichtlich der Größenordnung nur annähernd getroffen werden. Über die Zahl der Absolventinnen und Absolventen sowie Abgängerinnen und Abgänger mit sonderpädagogischem Förderbedarf von allgemeinen Schulen kann aufgrund fehlender Daten ebenfalls keine Aussage getroffen werden. Bemerkenswert ist, dass rund drei Viertel der Schülerinnen und Schüler mit sonderpädagogischem Förderbedarf die Schule ohne einen berufsqualifizierenden Hauptschulabschluss verlassen (Kultusministerkonferenz, 2012).

Mit den Restriktionen der amtlichen Statistiken sind weitergehende Analysen, beispielsweise eine Ausdifferenzierung hinsichtlich der Merkmale Geschlecht, Migrationshintergrund und Schulabschluss im Vergleich zwischen Bundesländern schwierig und im Vergleich zwischen den Förderorten allgemeine Schule versus Förderschule nicht möglich. Zudem enthalten die Schulstatistiken keine Angaben über den weiteren Verbleib der Schulentlassenen mit sonderpädagogischem Förderbedarf.

3 Teilhabe junger Menschen mit Behinderung am Arbeitsleben: geringe Eintritte in betriebliche Ausbildung, breites Übergangssystem und wachsender zweiter Arbeitsmarkt

Die Zugangswege junger Menschen mit Behinderung zu Ausbildung und Beruf sowie deren Analysen stehen in enger Anlehnung an die rechtlichen Grundlagen einer Teilhabe am Leben in der Gesellschaft sowie einer Partizipation am Erwerbsleben. Die rechtlichen Grundlagen und normativen Rahmenbedingungen des Systems der „beruflichen Rehabilitation" umfassen das allgemeine Verbot einer Diskriminierung von Menschen mit Behinderung im Deutschen Grundgesetz (GG) sowie spezielle Regelungen bzgl. der Teilhabe am Leben in der Gesellschaft (SGB IX) und Regelungen zur Partizipation am Erwerbsleben. Darüber hinaus geben die normativen Rahmenbedingungen Anhaltspunkte über die statistisch ausgewiesenen Verbleibmöglichkeiten. Bei dem zugänglichen statistischen Material des Systems der beruflichen Rehabilitation handelt es sich in der Regel um prozessbasierte Daten der aktiv am Rehabilitationsprozess beteiligten Akteure. Für die Bundesrepublik Deutschland werden diese prozessbasierten Daten in der Regel als kumulierte Daten durch die Bundesagentur für Arbeit (BA) veröffentlicht. In der Analyse von kumulierten Daten gilt es, eine entsprechende Aufmerksamkeit auf die Belastbarkeit zu legen, wie im Folgenden herausgestellt werden soll.

Eine Herausforderung in der Analyse befindet sich beispielsweise an der Schnittstelle vom schulischen System mit den nachfolgenden Systemen. Die Daten der KMK sowie die Daten der BA beziehen sich jeweils auf unterschiedliche Zielgruppen, sodass die Informationen aus dem abgebenden Schulsystem nicht nahtlos mit den Informationen zum aufnehmenden System der beruflichen Rehabilitation vergleichbar sind. Anstelle von Schülerinnen und Schülern mit sonderpädagogischem Förderbedarf spricht das System der beruflichen Rehabilitation von Rehabilitandinnen und Rehabilitanden, in einigen Fällen von Menschen mit einer Schwerbehinderung oder im Falle einer unterstützungsbedürftigen Partizipation auf dem ersten Arbeitsmarkt von Leistungsbezieherinnen und Leistungsbeziehern. Mit dieser Art der Klassifikation im System der beruflichen Rehabilitation verliert sich die Spur der Schulentlassenen mit sonderpädagogischem Förderbedarf. Mit den Daten sind insgesamt drei Verbleibmöglichkeiten im Anschluss an das Schulsystem ausgewiesen:

- Ausbildung oder Beschäftigung als Leistungsbezieherinnen und Leistungsbezieher im Rahmen der beruflichen Rehabilitation der Bundesagentur für Arbeit (BA) auf dem ersten Arbeitsmarkt.
- Nachschulische/berufliche Qualifizierung als Rehabilitandinnen und Rehabilitanden im System der beruflichen Rehabilitation.
- Verbleib als Teilnehmerinnen oder Teilnehmer in den Werkstätten für behinderte Menschen (WfbM) auf dem zweiten Arbeitsmarkt.

Neben den ausgewiesenen Verbleibmöglichkeiten ist allerdings ebenfalls eine Partizipation am Erwerbsleben ohne Leistungen der BA denkbar. In einem solchen Fall werden die jungen Menschen mit Behinderung statistisch nicht in den prozessbasierten Daten erfasst, weil sie keine Teilnehmerinnen oder Teilnehmer im eigentlichen System der beruflichen Rehabilitation sind. Gleiches gilt für diejenigen jungen Menschen mit Behinderung, welche in der Familie verbleiben und/oder gegebenenfalls in einem Familienunternehmen mitarbeiten können. Ohne die Inanspruchnahme von Leistungen oder Maßnahmen der beruflichen Rehabilitation findet keine Erfassung dieser Zielgruppe statt.

Wenn junge Menschen mit Behinderung allerdings Leistungen oder Maßnahmen zur beruflichen Rehabilitation in Anspruch nehmen und in eine der ausgewiesenen Verbleibmöglichkeiten einmünden, dann gilt für sie das vom Gesetzgeber vorbestimmte Ziel eines berufsqualifizierenden Abschlusses im Sinne des Berufsbildungsgesetzes (BBiG) und der Handwerksordnung (HWO). Wie in den drei ausgewiesenen Verbleibmöglichkeiten bereits angedeutet, können junge Menschen mit Behinderung in einigen Fällen direkt im Anschluss an das Schulsystem eine Ausbildung beginnen. Die Daten zum System der beruflichen Rehabilitation verdeutlichen allerdings, dass ein Einmünden in die nachschulischen/beruflichen Qualifizierungsmaßnahmen ohne eine direkte Anbindung an den ersten Arbeitsmarkt die Regel zu sein scheint.

Ausbildung und Beschäftigung auf dem ersten Arbeitsmarkt

Über die Zugänge zu Ausbildung oder Beschäftigung auf dem ersten Arbeitsmarkt (Verbleibmöglichkeit 1) informiert die BA mit ihrer Statistik „Eingliederungs-, Ausbildungs- und Arbeitgeberzuschüsse für schwerbehinderte Menschen“, welche ebenfalls Informationen zu Menschen mit einer Behinderung in sich vereint. Da Schulentlassene in diesen Daten nicht ausgewiesen werden, kann nur der Versuch unternommen werden, sich mit einer Abschätzung der Größenordnung dieser Zielgruppe anzunähern.

Für junge Menschen mit einer anerkannten Schwerbehinderung auf dem ersten Arbeitsmarkt liegen zusätzlich Daten über die jährlich ermittelten Pflichtarbeitsplätze im Rahmen der Ausgleichsabgabe vor. Diese werden von der BA in der Statistik „Schwerbehinderte Menschen in Beschäftigung“ erhoben und publiziert. Demnach hat der Bestand an Auszubildenden mit Schwerbehinderung in den Jahren zwischen 2005 und 2008 von ca. 5.500 auf ca. 6.000 leicht zugenommen. Angaben für das Jahr 2009 weisen auf dem ersten Arbeitsmarkt ca. 6.400 junge Menschen mit einer Schwerbehinderung in Ausbildung aus. Davon sind ca. 2.500 jünger als 20 Jahre.

Nachschulische/berufliche Qualifizierung im System der beruflichen Rehabilitation

Über die nachschulische/berufliche Qualifizierung (Verbleibmöglichkeit 2) von Rehabilitandinnen und Rehabilitanden im System der beruflichen Rehabilitation informiert die BA mit ihrer Statistik „Förderung der Rehabilitation". Hier empfiehlt sich insbesondere ein Blick auf die Maßnahmen zur beruflichen Ersteingliederung, welche im Falle von jungen Menschen mit Behinderung als „rehaspezifisch" gekennzeichnet sind. Im Berichtsjahr 2010 haben ca. 15.500 junge Menschen mit Behinderung (im Berichtsjahr 2009 ca. 17.200) erstmals eine Berufsvorbereitende Bildungsmaßnahme (BvB) begonnen. Die besonderen Maßnahmen zur Ausbildungsförderung (Reha-bMA) hatten im Jahr 2010 Zugänge von ca. 17.600 Rehabilitandinnen und Rehabilitanden (im Jahr 2009 ca. 19.600) zu verzeichnen. Besondere Maßnahmen zur Weiterbildung (Reha-bMW) erhielten im Jahr 2010 erstmalig 2.200 Rehabilitandinnen und Rehabilitanden (im Jahr 2009 ca. 2.400). Aussagen über das Alter dieser Rehabilitandinnen und Rehabilitanden sind anhand der Statistik „Förderung der Rehabilitation" allerdings nicht möglich, sodass es sich nur um Annäherungen an die Größenordnung der Zielgruppe aufgrund der Art der angebotenen Leistungen handelt.

Teilnehmerinnen und Teilnehmer in den Werkstätten für behinderte Menschen

Junge Menschen mit Behinderung können im Anschluss an die Schule ebenfalls in das Eingangsverfahren/den Berufsbildungsbereich einer Werkstatt für behinderte Menschen (WfbM) einmünden (Verbleibmöglichkeit 3). Auch hier zeigen sich Herausforderungen hinsichtlich der Belastbarkeit der vorhandenen Daten. Während die BA in ihrer Statistik „Förderung der Rehabilitation" für das Jahr 2010 ca. 11.600 Zugänge (für das Jahr 2009 ca. 13.000) in eine WfbM ausweist, stellt sich hier erneut die Frage nach der eigentlichen Zielgruppe, da es an genauen Angaben zum Alter sowie Angaben zur eigentlichen Schulentlassung fehlt. Eine Studie der Gesellschaft für Integration, Sozialforschung und Betriebspädagogik (ISB, 2008) widmet sich dieser Thematik und stellt über eine quantitative Erhebung fest, dass jährlich ca. 4.700 Zugänge in die WfbM im unmittelbaren Anschluss an eine Förderschule sowie ein moderater Zuwachs zwischen den Jahren 2002 und 2006 zu verzeichnen sind.

Die vorhandenen Daten werfen insgesamt Schlaglichter auf das System der beruflichen Rehabilitation sowie die Ausbildungs- und Beschäftigungssituation von jungen Menschen mit Behinderung. Weitere Aspekte bezogen auf den tatsächlichen Übergang Schule – Ausbildung – Beruf können mit den überwiegend prozessbasierten Daten allerdings nicht beantwortet werden. Daher scheinen die Wege junger Menschen mit Behinderung von der Schule in das Maßnahmen-, Ausbildungs- und Arbeitsmarktsystem vorerst nicht hinreichend analysierbar. Die Daten ermöglichen derzeit lediglich einen Überblick über die gängigen Förderorte. Auf Grundlage dieser Erkenntnisse sind Empfehlungen für die Optimierung der bereitgestellten Daten auszusprechen. Qualitative Aussagen zum Übergang Schule – Ausbildung – Beruf von jungen Menschen mit Behinderung können so nicht getroffen werden. Insofern sind neben den quantitativen Größenordnungen zur Analyse des Übergangs ergänzend qualitative Erhebungsstategien gefordert. Aussagen über die Bewertung der Transition aus Sicht der Jugendlichen, der Betriebe und weiterer Akteure werden im Folgenden vorgestellt.

4 Barrieren auf dem Weg zu Ausbildung und Beruf: Es fehlt an Erfahrungen und Standards im Umgang mit jungen Menschen mit Behinderung

Insbesondere zu dem Übergang in Ausbildung und Beruf von jungen Menschen mit Behinderung liegen punktuell zwar zuverlässige, aber noch keine umfassenden Erkenntnisse vor. Der tatsächliche Übergang Schule – Ausbildung – Beruf, die beteiligten Akteure sowie die Art und Weise der bereitgestellten Unterstützung, aber auch der möglichen Hindernisse gilt es auch vor dem Hintergrund der BRK herauszustellen.

Die Universität zu Köln hat im Rahmen des Projektes „AutoMobil: Ausbildung ohne Barrieren“ (Niehaus et al., 2011) die Rekrutierungsprozesse von Auszubildenden mit Behinderung analysiert und erste Erkenntnisse zu den etablierten Maßnahmen zur Inklusion und den Standards in den betrieblichen Strukturen bereitgestellt. Eine explorativ angelegte qualitative Befragung (N=14) von jungen Menschen mit Behinderung sowie den am Rekrutierungsprozess beteiligten Akteuren stellte dabei die Rahmenbedingungen dieses Rekrutierungsprozesses in vier strukturell unterschiedlichen Betrieben heraus.

Aus Sicht der jungen Menschen mit Behinderung, die als Auszubildende in den Betrieben tätig sind, wird insbesondere das aktive individuelle Engagement im Bewerbungsprozess als erfolgsversprechend bewertet. Bei einem negativen Ausgang, wenn junge Menschen mit Behinderung keinen Erfolg in einem Bewerbungsverfahren zu verzeichnen hatten, führten sie dies eher auf behinderungsbedingte Einschränkungen im Wettbewerb als auf ihre eigene Qualifikation zurück. Hinweise auf behinderungsbedingte Einschränkungen im Wettbewerb fanden sich auch in den Antworten der am Rekrutierungsprozess beteiligten Akteure. So werden häufig keine besonderen Maßnahmen getroffen, um bspw. die Einstellungstests auf die individuellen Bedürfnisse der jungen Menschen mit Behinderung abzustimmen. Beispielsweise können Einstellungstests auf die sprachlichen oder mathematischen Kompetenzen der Betroffenen abzielen. Aussagen über die tatsächlichen Fähigkeiten und Fertigkeiten der Betroffenen und wie sie diese in praktischen Berufen einbringen können, sind mit solchen Einstellungstests allerdings nicht möglich. Insgesamt beurteilen die am Rekrutierungsprozess beteiligten Akteure die kognitiven und körperlichen Leistungen der jungen Menschen mit Behinderung als unzureichend für die in den Betrieben vorherrschenden Anforderungen. Dies mag auch darauf zurückzuführen sein, dass nur wenige geeignete Bewerbungen von jungen Menschen mit Behinderung eingehen. Gerade bei den Großunternehmen hat sich gezeigt, dass etablierte Verfahren im Rekrutierungsprozess nur selten umgangen werden können. Diese mangelnde Flexibilität kann für die jungen Menschen mit Behinderung zu einem Hemmnis werden, aufgrund dessen sie ihre Qualifikationen nicht entsprechend unter Beweis stellen können. Ein ausdifferenziertes Datenmaterial zum Übergang Schule – Ausbildung – Beruf kann dazu beitragen, diese Barrieren eingehender zu analysieren und gegebenenfalls Gegenstrategien zu entwickeln.

5 Empfehlungen

Mit der BRK ergeben sich für den Übergang Schule – Ausbildung – Beruf neue Herausforderungen hinsichtlich der Chancengleichheit von jungen Menschen mit Behinderung. Mit den prozessbasierten Daten zu den Systemen Schule und berufliche Rehabilitation lässt sich dieser Übergang allerdings nur unzureichend abbilden. Es ist daher auch fraglich, wie weit die stattfindenden Transformationsprozesse zu einer inklusiven Gesellschaft mit dieser Qualität der Daten nachgezeichnet werden können.

Insbesondere im Zuge der Umsetzung der BRK wird auf eine Verbesserung des Übergangsmanagements verwiesen, um jungen Menschen mit Behinderung die Wege in Ausbildung und Beruf grundlegend zu erleichtern. Es gilt, an den möglichen Barrieren im Rekrutierungsprozess anzusetzen, die beteiligten Akteure der Systeme Schule und berufliche Rehabilitation mit den Betrieben zusammenzubringen, Vorurteile abzubauen und erste praktische Erfahrungen mit der Arbeitswelt zu ermöglichen. Dabei sollen die jeweils zuständigen Instanzen systematisch in den Übergang Schule – Ausbildung – Beruf und den Rekrutierungsprozess eingebunden werden, sodass aus dem breit gefächerten Maßnahmenspektrum die individuell erforderliche Leistung für die Betroffenen und die ausbildungsinteressierten Betriebe realisiert werden kann.

Ein transparenterer Übergang Schule – Ausbildung – Beruf bedarf primär einer Harmonisierung und Optimierung der prozessbasierten Daten, sodass idealerweise systemübergreifende Analysen der Bildungs- und Erwerbsbiografien junger Menschen mit Behinderung möglich sind. In den prozessbasierten Daten fehlt es dazu häufig an individuellen Charakteristiken wie dem Alter der Jugendlichen oder Aussagen über deren Schulentlassung. Längsschnittdatensätze könnten darüber hinaus zu einer Koordination und Vernetzung von Akteuren der Forschungslandschaft beitragen, um eine systematische Analyse des Übergangs Schule – Ausbildung – Beruf zu ermöglichen. Neben den strukturellen Ansätzen im Rekrutierungsprozess und in den Betrieben sowie einer möglichen Optimierung der systembezogenen Daten kommt es zudem darauf an, dass die jungen Menschen mit Behinderung an den Übergangsprozessen selbstbestimmt beteiligt sind und entsprechend den Forderungen der BRK auch eigenständig an den anstehenden Forschungsprozessen partizipieren können.

Literaturverzeichnis

BMAS – Bundesministerium für Arbeit und Soziales (2011a). *UN-Konvention über die Rechte von Menschen mit Behinderungen.* Berlin. Verfügbar unter: http://www.bmas.de/SharedDocs/Downloads/DE/PDF-Publikationen/a729-un-konvention.pdf?__blob=publication File [12.03.2012].

BMAS – Bundesministerium für Arbeit und Soziales (2011b). *Unser Weg in eine inklusive Gesellschaft. Der Nationale Aktionsplan der Bundesregierung zur Umsetzung der UN-Behindertenrechtskonvention.* Berlin. Verfügbar unter: http://www.einfach-teilhaben.de/SharedDocs/Downloads/DE/UN_BRK/NAP.pdf?__blob=publicationFile [12.03.2012].

ISB – Gesellschaft für Integration, Sozialforschung und Betriebspädagogik (Hrsg). (2008). *Entwicklung der Zugangszahlen zu Werkstätten für behinderte Menschen: Zusammenfassung der Ergebnisse und Handlungsempfehlungen.* Berlin.

Kultusministerkonferenz. (1994). *Empfehlungen zur sonderpädagogischen Förderung in den Schulen der Bundesrepublik Deutschland: Beschluss der Kultusministerkonferenz vom 06.05.1994.* Berlin. Verfügbar unter: http://www.kmk.org/fileadmin/veroeffentlichungen_beschluesse/1994/ 1994_05_06-Empfehl-Sonderpaedagogische-Foerderung.pdf [08.03.2012].

Kultusministerkonferenz. (2012). *Schüler, Klassen, Lehrer und Absolventen an Schulen 2001 bis 2010: Statistische Veröffentlichung der Kultusministerkonferenz.* Berlin. Verfügbar unter: http://www.kmk.org/fileadmin/pdf/Statistik/Dokumentation_SoPaeFoe_2010.pdf [12.03.2012].

Niehaus, M., Kaul, T., Marfels, B. & Menzel, F. (2011). AutoMobil: Ausbildung ohne Barrieren: Partizipative Handlungsforschung in der Rekrutierung von betrieblichen Ausbildungsplätzen für Jugendliche mit Behinderung in Unternehmen der deutschen Automobilindustrie. Ein Projekt im Rahmen der Initiative „job – Jobs ohne Barrieren". Universität zu Köln [Hrsg.]. Köln.

Wohnen und Freizeit im Leben von Menschen mit Behinderungen

Julia Gererstorfer

1 Einleitung

Wohnen und Freizeit sind neben der Arbeit jene Lebensbereiche, die wesentlich zum Wohlbefinden beitragen und in hohem Ausmaß individuellen Gestaltungsfreiraum und soziales Miteinander ermöglichen. Die UN-Konvention über die Rechte von Menschen mit Behinderungen fordert die Vertragsstaaten auf, zu gewährleisten, „dass Menschen mit Behinderungen gleichberechtigt die Möglichkeit haben, ihren Aufenthaltsort zu wählen und zu entscheiden, wo und mit wem sie leben, und nicht verpflichtet sind, in besonderen Wohnformen zu leben" (Bundesministerium für Arbeit, Soziales und Konsumentenschutz [BMASK], 2008, Art. 19). Weiters wird darin auf das Recht „auf einen angemessenen Lebensstandard [...] sowie auf eine stetige Verbesserung der Lebensbedingungen" (BMASK, 2008, Art. 28) verwiesen. Artikel 30 widmet sich schließlich der uneingeschränkten Teilhabe an Freizeitaktivitäten, Tourismus und kulturellen Angeboten (BMASK, 2008, Art. 30).

Der vorliegende Beitrag gibt einen Überblick über die Entwicklung und aktuelle Beschaffenheit des Wohnbereichs von Menschen mit Behinderungen und geht der Frage nach, inwieweit den oben genannten Forderungen der UN-Konvention im Bundesland Steiermark nachgekommen wird.

Um zu vermitteln, welchen Entwicklungen diese Forderungen zugrunde liegen und welche Grundhaltungen in Bezug auf den Wohnbereich bedeutsam sind, wird kurz auf die Lebenswirklichkeit von Menschen mit Behinderungen vor den 1960er-Jahren und schließlich auf gegenwärtige handlungsleitende Prinzipien und Konzepte eingegangen. Diese trugen maßgeblich zur Gestaltung der aktuellen Wohnformen bei, welche in Anlehnung an die Leistungs- und Entgeltverordnung des Steiermärkischen Behindertengesetzes (LEVO, 2004) skizziert werden. Das darauffolgende Kapitel gibt einen Einblick in die Wohnwünsche von Menschen mit Behinderungen und ihre Zufriedenheit mit bzw. Lebensqualität in den aktuellen Wohnformen. Da die Freizeitplanung und -gestaltung zu großen Teilen im Wohnbereich stattfindet, wesentlich zur Lebenszufriedenheit beiträgt und ein Qualitätskriterium zur Beurteilung von Wohneinrichtungen darstellt, wird kurz auf den Lebensbereich Freizeit eingegangen. Die abschließende Zusammenfassung nimmt nochmals Bezug auf die eingangs erwähnten Forderungen der UN-Konvention.

2 Wohnen

2.1 Vom psychiatrischen Modell zu aktuellen Leitprinzipien

Bis Ende der 60er-Jahre wurden Menschen mit Behinderungen aus der Gesellschaft weitgehend ausgeschlossen und in Großanstalten oder bei ihren Eltern untergebracht. Ein Großteil der Betroffenen wohnte in psychiatrischen Anstalten (Theunissen, 1994, S. 32). Das psychiatrische Modell unterstellte Menschen mit Behinderungen einen ausschließlich biologischen Defekt und begriff „die betroffene Person als alleiniges Objekt pflegerischer und medizinischer Maßnahmen" (Theunissen, 1994, S. 33).

Goffman (1973) befasste sich in seinem Buch *Asyle – Über die soziale Situation psychiatrischer Patienten und anderer Insassen* mit sogenannten *totalen Institutionen.* Zu deren Merkmalen zählte er u. a. einen durchstrukturierten Tagesablauf in „unmittelbarer Gesellschaft einer großen Gruppe von Schicksalsgenossen …, wobei allen die gleiche Behandlung zuteil wird und alle die gleiche Tätigkeit gemeinsam verrichten müssen" (S. 17). Es stellte sich heraus, dass derartige Formen der Unterbringung und die vorherrschenden objektivierenden und fremdbestimmten Umgangsformen bei den Betroffenen zu Hospitalisierungseffekten führten. Diese lassen sich wie folgt beschreiben:

> „Der Patient […] verschließt sich langsam immer mehr in sich selbst, wird energielos, abhängig, gleichgültig, träge, schmutzig, oft widerspenstig, regrediert auf infantile Verhaltensweisen, entwickelt starre Haltungen und sonderbare stereotype Tics, paßt sich einer extrem beschränkten und armseligen Lebensroutine an, aus der er nicht einmal mehr ausbrechen möchte […]." (Jervis, 1978, zitiert nach Theunissen, 1998, S. 74).

Folgen der Institutionalisierung kommen bei einst Betroffenen auch heute noch durch „Auffälligkeiten im Sozialverhalten, [ein] Selbstbild des Nicht-Könnens, mangelndes Zutrauen und Selbstwertgefühl, ‚erlernte Hilflosigkeit' [Seligman], ‚Verstümmelung des Selbst' [Goffman], ‚excluded identity' [Borland & Ramcharan], ‚erlernte Bedürfnislosigkeit' [Theunissen] [sowie] psychische Störungen" (Theunissen, 2010, S. 61) zum Ausdruck.

Auch in der aktuellen Betreuungssituation außerhalb von Institutionen sind Menschen mit Behinderungen an zeitliche Vorgaben seitens der DienstleistungsanbieterInnen gebunden und somit in ihrer Freiheit und Selbstbestimmung eingeschränkt (Altenschmidt & Kotsch, 2007, S. 230).

Das *Normalisierungsprinzip*, welches 1959 von Bank-Mikkelsen begründet und in weiterer Folge 1969 von Nirje und 1972 von Wolfensberger erweitert wurde, wird als Weichensteller für die darauffolgenden Entwicklungen im Behindertenbereich angesehen (Dalferth, 2010). Es fordert für Menschen mit Behinderungen die gleichen Lebensstandards, wie sie auch Menschen ohne Behinderung beanspruchen. Nirje beschrieb das Normalisierungsprinzip anhand von acht Bereichen (Thimm, 2005, S. 21f.):

- Der Tagesrhythmus soll dem von altersgleichen Menschen ohne Behinderung entsprechen.
- Die Bereiche Arbeit, Wohnen und Freizeit sollen örtlich und personell voneinander getrennt sein und wie bei nichtbehinderten Personen den Tagesablauf strukturieren.
- Zu einem normalen Jahresrhythmus gehören „Ferien, Verreisen, Besuche, Familienfeiern" (S. 21).
- Zu einem normalen Lebensablauf gehört, dass die Art und Weise, wie man von anderen behandelt wird, und die Formen der Freizeitgestaltung dem jeweiligen Lebensalter angemessen sind. Erwachsene Menschen sollen auch als solche wahrgenommen werden.
- Menschen mit Behinderungen haben das Recht, über ihr Leben selbst zu bestimmen. Bei Entscheidungen sollen ihre Wünsche und Bedürfnisse ausschlaggebend sein.
- Die Befriedigung sexueller Bedürfnisse soll in einer angemessenen Weise ermöglicht und unterstützt werden.
- Ein normaler wirtschaftlicher Standard „ist im Rahmen der sozialen Gesetzgebung sicherzustellen" (S. 21).
- Einrichtungen für Menschen mit Behinderungen sollen bezüglich Größe, Lage, Erreichbarkeit, Infrastruktur und Ausstattung jenen von Menschen ohne Behinderungen entsprechen.

Dalferth führt neben dem Normalisierungsprinzip eine Reihe weiterer handlungsleitender Prinzipien für die Weiterentwicklung von Dienstleistungen für Menschen mit Behinderungen an: „Ambulantisierung, Regionalisierung, Dezentralisierung, Entinstitutionalisierung, Subjektzentrierung, Selbstbestimmung, Individualisierung, Bedürfnisorientierung, Kompetenzorientierung, Antidiskriminierung, Empowerment, Partizipation und Inklusion" (Dalferth, 2010, S. 118). Diese Leitideen beschreibt er folgendermaßen:

> „Die Orientierung an einem *Menschenbild*, das nicht mehr von fragwürdigen Defiziten geprägt ist, sondern von Ressourcen, Stärken oder Kompetenzen, die entdeckt und entwickelt werden können (Ressourcen-, Stärken- oder Kompetenzorientierung), das dem Individuum ein Recht auf eigene Entscheidung zubilligt (Selbstbestimmung), ihn durch Hilfe nicht in seiner Lebensführung kolonialisiert, sondern zur Verwirklichung seiner Bedürfnisse beiträgt (Bedürfnisorientierung), ihn nicht mehr als Empfänger von Sozialleistungen objektiviert, sondern als Subjekt betrachtet, welches über Art und Ausmaß der Hilfen – soweit mög-

> lich – selbst entscheiden sollte (Subjektorientierung), ihm das Recht zubilligt, zu klagen, wenn es sich diskriminiert fühlt (Antidiskriminierungsgesetz), ihn zuallererst als gleichberechtigten Bürger wahrnimmt, der die für alle üblichen regionalen Dienstleistungen in Anspruch nehmen kann (Regionalisierung und Community Care), bevor an spezifische Hilfen gedacht wird, kennzeichnet die aktuellen Leitideen in besonderer Weise." (Dalferth, 2010, S. 121)

Das Bestreben, die Lebensbedingungen von Menschen mit Behinderungen jenen von Menschen ohne Behinderungen anzupassen, führte zum Abbau von Großeinrichtungen und Anstalten (*Deinstitutionalisierung*). Es entstanden kleinere Wohneinrichtungen oder gemeindenahe Wohnhäuser, welche die allgemein zugänglichen Angebote und Dienstleistungen vor Ort nutzten (*Regionalisierung*), und in denen gemeinsam mit den BewohnerInnen alltagspraktische Tätigkeiten verrichtet wurden, wie Kochen und Wäschewaschen, statt dies durch eine Großküche und Wäscherei erledigen zu lassen (*Dezentralisierung*) (Bradl & Küppers-Stumpe, 2009, S. 57f.).

Nun reichen allein die physische (Wohnen in der Gemeinde) und die funktionelle (Nutzung der allgemein zugänglichen Dienstleistungen) Integration nicht aus, um von einer erfolgreichen Einbettung in die Gemeinde sprechen zu können. Als wichtiger Faktor für eine gelingende soziale Integration werden sogenannte *„Enabling Niches"* (Theunissen, 2010, S. 73) erachtet. Diese bezeichnen ein soziales Netzwerk, das die jeweilige Person bei der Lebensführung unterstützt, das Erleben eines Gemeinschaftsgefühls ermöglicht und auch in Krisensituationen Halt bietet (Theunissen, 2010, S. 73). Die bürgerzentrierte Netzwerkarbeit verfolgt ein ähnliches Ziel:

> „Ausgangspunkt dieses Ansatzes ist die Erkenntnis, dass *informelle Unterstützungsformen* stabile kommunikative Kontakte und Beziehungen wie zum Beispiel Freundschaften oder Bekanntschaften … sowie abrufbare Angebote sozialer Unterstützung nicht nur gegen Vereinsamung (Bayley 2002, 19) oder zur Prävention psychischer Belastungen, sozialer Probleme oder Krisen sowie zur Erhaltung und Förderung von Gesundheit, sondern ebenso für die Entwicklung des Gefühls der gesellschaftlichen Zugehörigkeit … wertvoll sind." (Theunissen, 2009, S. 404f.)

Das Konzept der *Community Care* umfasst die bisher genannten Leitprinzipien. Neben dem Wohnen in der Gemeinde und der Nutzung lokaler und allgemein zugänglicher Dienstleistungen legt es einen Fokus auf die Unterstützung durch soziale Netzwerke (Seifert, 2005, S. 138). Bei diesen Unterstützungsnetzwerken soll es sich um Personen aus der unmittelbaren Umgebung handeln. Neben Fachkräften sollen besonders auch „Personen aus dem privaten Umfeld oder

Bekanntenkreis, engagierte Bürger oder sog. Laien" (Theunissen, 2009, S. 400) einbezogen werden.

Eng damit verknüpft ist die Forderung nach *Partizipation.* Diese bezeichnet die „Teilnahme und Teilhabe am gesellschaftlichen Leben" (Theunissen 2005, S. 216), das „mitmachen, mitgestalten und mitbestimmen beim Zusammenleben aller Bürgerinnen und Bürger" (Wacker et al., 2005, S. 9). Das Motto der Interessensvertretung Selbstbestimmt Leben Österreich (SLIÖ) *„Nichts über uns ohne uns"* (SLIÖ, n.d.) bringt dieses Anliegen zum Ausdruck.

Ein Instrument, welches für die Umsetzung von Community Care hilfreich sein kann, stellt das Case Management dar. Case ManagerInnen nehmen die Rolle von KoordinatorInnen ein, die einzelne Dienstleistungen oder Maßnahmen von verschiedenen AnbieterInnen zeitlich aufeinander abstimmen (Bensch & Klicpera, 2000, S. 25f.). Ziel von Community Care und Case Management ist es, die Abhängigkeit der Menschen mit Behinderungen von einzelnen Einrichtungen und DienstleistungsanbieterInnen zu minimieren und die natürliche Einbindung in die Gemeinde zu fördern, wie es dem Verständnis von Inklusion entspricht.

2.2 Leistungsangebote im Wohnbereich in der Steiermark

Da die Behindertenhilfe in Österreich dem Verantwortungsbereich der einzelnen Länder obliegt, sind die Angebote von Bundesland zu Bundesland unterschiedlich organisiert. Im Folgenden wird auf die Wohnmöglichkeiten in der Steiermark eingegangen.

In der Leistungsverordnung (LEVO, 2004) werden mögliche Wohnangebote für Menschen mit Behinderungen aufgelistet. Als Zielgruppe der nachfolgend angeführten Leistungen – mit Ausnahme des Persönlichen Budgets – werden Menschen nach Ende ihrer Schulpflicht „mit intellektueller/kognitiver, körperlicher, Sinnes- bzw. mehrfacher Behinderung" (S. 2) angesprochen. Während voll- und teilzeitbetreutes Wohnen und Trainingswohnen zu den stationären Wohnformen zählen, gehören Wohnassistenz und Familienentlastungsdienste den mobilen Angeboten an. Das Persönliche Budget stellt eine Geldleistung dar. Aufgrund der hohen Nachfrage ist es in stationären Wohnangeboten kaum möglich, selbst zu entscheiden, wo man wohnt. Auch die Auswahl der MitbewohnerInnen ist nur bedingt möglich. Mit dem neuen LEVO-Entwurf 2011 wurden u.a. bei den stationären Angeboten der Personalschlüssel verringert und die finanziellen Ressourcen gesenkt sowie bei den mobilen Diensten die Stundenkontingente gekürzt.

2.2.1 Stationäre Wohnformen

Vollzeitbetreutes Wohnen

Das vollzeitbetreute Wohnen richtet sich an Menschen mit mittlerem, hohem und höchstem Unterstützungsbedarf und bietet eine Betreuung rund um die Uhr, wobei gemäß des Normalisierungsgedankens die KlientInnen tagsüber üblicherweise in Werkstätten oder eine Tagesstruktur integriert sind. Was die Größe der Einrichtung betrifft, hat sich die BewohnerInnenzahl auf 12 Personen zu beschränken, wobei sowohl ein Verbund von Einzel- oder Partnerwohnungen als auch Wohngemeinschaften zu je vier Personen vorgeschlagen werden (ebd., S. 5).

Teilzeitbetreutes Wohnen

Demgegenüber richtet sich das teilzeitbetreute Wohnen an Personen, die in lebenspraktischen Belangen selbstständiger sind. Die Betreuungszeiten orientieren sich am Bedarf der BewohnerInnen, so gibt es im Gegensatz zum vollzeitbetreuten Wohnen keinen Nachtdienst, sondern lediglich eine Nacht- bzw. Rufbereitschaft. Auch hier ist ein Richtwert von zwölf Personen vorgegeben (ebd., S. 17).

Trainingswohnen

Das Trainingswohnen ist als Vorstufe und Vorbereitung zum teilzeitbetreuten Wohnen zu sehen. Es ist auf zwei Jahre begrenzt, wobei es, wenn erforderlich, auf ein drittes Jahr ausgedehnt werden kann. Während dieser Zeit soll die Person bestmöglich auf das selbstständigere Wohnen in einer weniger betreuten Wohnform vorbereitet werden. Die BewohnerInnenzahl wird hier auf acht Personen beschränkt (ebd., S. 11).

2.2.2 Mobile Wohndienste

Wohnassistenz

Mobile Dienste ermöglichen das Wohnen in einer eigenen Wohnung oder im Elternhaus. Die Wohnassistenz bietet ihre Leistungen in der Wohnung der jeweiligen Person an und fordert von der Person „ausreichende Kenntnisse im lebenspraktischen Bereich“, sowie die „Fähigkeit, im Bedarfsfall selbst Hilfe zu organisieren“ (ebd., S. 46). Das Ausmaß richtet sich dabei nach dem Bedarf der Person, das maximale Stundenkontingent wird jedoch vom Land individuell je nach Hilfebedarf vorgegeben. Zum Angebot der Wohnassistenz zählen auch integrative Wohngemeinschaften, in denen sich Menschen mit und ohne Behinderung eine Wohnung teilen (Alpha nova, n.d.).

Familienentlastungsdienst

Der Familienentlastungsdienst ist ein mobiles Angebot für Kinder, Jugendliche und Erwachsene mit Behinderung, die bei ihrer Familie leben. Es zielt neben der Unterstützung der Person auch auf die Entlastung des familiären Umfelds ab (LEVO, 2004, S. 69).

2.2.3 Geldleistung

Persönliches Budget

Im Gegensatz zu den bisher angeführten Dienstleistungen handelt es sich bei dem Persönlichen Budget um eine Geldleistung, mit deren Hilfe „persönliche AssistentInnen finanziert werden können, um den Menschen mit Behinderung in die Lage zu versetzen, selbstständig außerhalb von stationären Einrichtungen zu leben" (ebd., S. 113). Das Budget kann für Assistenzdienste in sämtlichen Lebensbereichen – wie Wohnen, Arbeit oder Freizeit – verwendet werden. Im Vergleich zu den anderen Dienstleistungen gewährleistet es den höchsten Grad an Selbstbestimmung und Unabhängigkeit von Dienstleistungsanbietern, da die Person selbst die AssistentInnen auswählt und die Assistenzzeiten bestimmt. Die Leistung richtet sich an „geschäftsfähige Menschen mit Sinnesbeeinträchtigung und/oder erheblichen Bewegungsbehinderungen" (ebd., S. 113), Menschen mit kognitiver oder mehrfacher Behinderung werden von dieser Leistung ausgeschlossen.

2.3 Ausgewählte Studien zur Lebenszufriedenheit von Menschen mit Behinderungen

Im Rahmen der Kölner Lebensqualität-Studie gibt Seifert (2005) Einblicke in die Lebensbedingungen von 22 Menschen mit schwerer geistiger Behinderung. Neben positiven Ergebnissen, die auf ein hohes Ausmaß an Selbstbestimmung und Teilhabe der BewohnerInnen sowie eine hohe Sensibilität der BetreuerInnen für die Bedürfnisse und Ausdrucksweisen der BewohnerInnen schließen lassen, beschreibt Seifert eine Reihe von Missständen, die die Lebensqualität der Betroffenen einschränken. Darunter fallen z.B. „verobjektivierende Umgangsweisen, Vorenthalten von Kommunikation, Beziehung, Aktivität und Selbstbestimmung, mangelnde Assistenz bei der Erschließung der sozialen und materiellen Welt, Ausschluss von der Teilnahme am allgemeinen Leben" (S. 181).

Als Ursachen für diese teilweise geringen objektiven Lebensbedingungen werden mangelhafte strukturelle Gegebenheiten wie Personalmangel und Überforderung, sowie eine Kombination aus unterschiedlichen Persönlichkeitsmerkmalen, Einstellungen und Qualifikationen aller Beteiligten angesehen. Als Maßnahmen empfiehlt Seifert eine Verbesserung der strukturellen Bedingungen, Schulung des Personals hinsichtlich nonverbaler Kommunikation und des Umgangs mit herausforderndem Verhalten, verstärkte Orientierung der Dienstleistungen an den Wünschen der NutzerInnen und eine ausgewogene Alltagsstruktur durch gleichmäßige Einbeziehung der Bereiche Wohnen, Arbeit, Freizeit und Bildung (S. 180–182).

Bei einer Fragebogenerhebung zu den Wohnwünschen von 931 Menschen mit Behinderungen gaben 17% (152 Personen) an, mit der aktuellen Wohnform zufrieden zu sein und sich keine alternative Wohnform zu wünschen. Darunter lebten 69 Personen bei den Eltern, 39 in einer Wohngruppe und 44 Personen in unterschiedlichsten Wohnformen, wie z. B. bei Familienangehörigen, im ambulant betreuten Wohnen oder zusammen mit dem/r PartnerIn (Rauscher, 2005, S. 153f.).

Wichtige Beurteilungskriterien für die Befragten waren das Ausmaß an Selbstbestimmungs- und Teilhabemöglichkeiten, bauliche und räumliche Bedingungen – vor allem Rückzugsmöglichkeiten in Form eines eigenen Zimmers – sowie soziale Kontakte, verbunden mit einem angenehmen Klima des Zusammenlebens (ebd., S. 147f.).

Als häufigster Wohnwunsch wurde das Leben mit einem/r PartnerIn genannt (43%). An zweiter Stelle (22%) stand das Betreute Wohnen, welches im Erhebungsraum „ambulant betreutes Einzelwohnen, Paarwohnen sowie Wohngemeinschaften/Wohngruppen" (ebd., S. 150) umfasste. 20% wünschten sich, bei der Familie zu leben. Das Zusammenleben mit FreundInnen in einer Wohngemeinschaft war für 18% attraktiv. Alleine zu leben konnten sich 16% der Befragten vorstellen. Das Wohnen in einer (Heim-)Wohngruppe stellte für 13% eine beliebte Wohnform dar und rangierte somit bei den Befragten auf dem letzten Platz (ebd, S. 149–153).

Bei einer Befragung von 143 Personen in stationären Wohnformen zu ihrer Lebenszufriedenheit und ihren individuellen Entscheidungsmöglichkeiten, ergab sich eine durchschnittlich hohe Zufriedenheit. 73% der Befragten stellten sich als sehr zufrieden mit ihrer Lebenssituation heraus, 22% als zufrieden und 5% blieben im neutralen Mittel. Keine der befragten Personen landete im negativen Bereich der Zufriedenheitsskala (Dworschak, 2004, S. 104f.). Ebenso wurden die individuellen Entscheidungsmöglichkeiten von den Befragten als hoch eingeschätzt. Im Vergleich der unterschiedlichen Wohnformen zeigten sich lediglich hinsichtlich der Entscheidungsmöglichkeiten signifikante Unterschiede. Gemeindenahe Wohnformen erzielten ein höheres Ausmaß an individuellen Entscheidungsmöglichkeiten als Großeinrichtungen und Dorfgemeinschaften (ebd., S. 109–111).

Dalferth listet eine Reihe von „Standards für das zeitgemäße Wohnen geistig schwer und mehrfach behinderter Menschen" (Dalferth, 2010, S. 126) auf. Darunter fallen z.B. die angemessene Ausstattung der Wohnräume, Beschränkung der Gruppengröße auf maximal fünf BewohnerInnen, Freizeitaktivitäten in der Gemeinde, Bildung von nicht professionellen Unterstützungsnetzwerken, Case-Management, Wahlmöglichkeiten bei der Auswahl des Wohnangebotes sowie Gewährleistung von Wohn-, Arbeits- und Freizeitassistenz (ebd., S. 126).

3 Freizeit

Freizeit und Wohnen stellen jeweils eigene voneinander abzugrenzende Lebensbereiche dar. Das folgende Zitat verweist jedoch auf die enge Verknüpfung dieser beiden Bereiche in der Praxis: „Die Gestaltung der freien Zeit hat ihr *Zentrum im unmittelbaren Wohnumfeld* [...]. Das Aufsuchen von (besonderen) Freizeitorten beginnt im eigenen Wohnbereich, wird dort geplant, unterstützt oder behindert" (Kreuzer 2000, S. 164f.). Ausgangspunkt der Freizeitgestaltung stellt somit der Wohnbereich dar.

„Der Lebensbereich Freizeit bietet mehr als andere die Chance, Ausgrenzungen von Menschen mit Behinderungen zu überwinden und praktische Integration voranzutreiben" (Cloerkes, 2000, S. 3). Grundsätzlich weisen Menschen mit Behinderungen gleiche Bedürfnisse wie Menschen ohne Behinderungen auf, jedoch sind sie in ihrer Freizeitgestaltung bezüglich Qualität und Quantität oft stark auf die Betreuungspersonen angewiesen (Markowetz, 2000b, S. 12).

Im Rahmen der mobilen und ambulanten Dienste wird in der Steiermark Freizeitassistenz angeboten. Diese ermöglicht neben Gruppenaktivitäten und Ausflügen auch die Begleitung individueller Freizeitwünsche oder Urlaubswochen. Nach Markowetz (2009) sind in Deutschland etwa 3% der Menschen mit Behinderungen im Tourismusbereich vertreten (S. 180). Als Aufgabe der Freizeitassistenz wird die Kompensation möglicher Einschränkungen in Mobilität, Bewegung, Kommunikation oder Kognition angesehen. Dazu können z.B. technisch-apparative Hilfsmittel, unterstützte Kommunikation oder Sprachcomputer herangezogen werden. Bei kommunikativen und kognitiven Einschränkungen müssen vor allem soziale Barrieren in den Köpfen der Mitmenschen überwunden werden, um negative Interaktionen zu vermeiden (Markowetz, 2009, S. 178f.).

Freizeitassistenz hat sich gemäß der LEVO u.a. an den Prinzipien der Normalisierung, Inklusion und Partizipation, Unteilbarkeit, Individualisierung, Selbstbestimmung und des Empowerments zu orientieren. Unteilbarkeit meint, dass „jeder Mensch mit Behinderung, unabhängig von Art, Ausmaß und Schweregrad der Behinderung, integriert werden kann" (LEVO, 2004, S. 76). Dem ist hinzuzufügen, dass Menschen, die in vollzeitbetreuten Wohneinrichtungen oder Trainingswohnungen leben, vom Angebot der Freizeitassistenz ausgeschlossen sind (LEVO, 2004, S. 75). Ihre Freizeitgestaltung muss somit im Rahmen des Lebensbereichs Wohnen stattfinden.

In Anlehnung an den positiven Freizeitbegriff des Freizeittheoretikers Opaschowski (1990, zitiert nach Markowetz, 2000b, S. 11) entwarf Theunissen in Bezug auf Menschen mit Behinderungen ein Zeitmodell, das sich in sechs Abschnitte gliedert: „Versorgungszeit, Arbeitszeit, Verpflichtungszeit, Bildungszeit, Ruhe- und Schlafzeit, sowie freie Dispositionszeit" (Theunissen, 2000, S. 139). Die freie Dispositionszeit stellt dabei jenen „Zeitraum [dar], der anthropologisch betrachtet als selbstbestimmte Freizeit wesentlich bestimmt wird durch Subjektivität, Spontaneität, Zufall, Erholung, Unterhaltung, Intimität, (schützende) Privatheit, Spiel, Geselligkeit, Hobby, ästhetische Kulturbetätigung, Lebensfreude und Freiheit“ (ebd., S. 143). Die Versorgungszeit umfasst vorwiegend pflegerische Maßnahmen, welche bei Menschen mit hohem Unterstützungsbedarf einen großen Anteil der Lebenszeit einnehmen können. Daher plädiert Theunissen für eine Einbettung angenehmer und anregender Aktivitäten in die Versorgungszeit, z.B. durch „basal geprägtes Baden [oder] genussvoll-ästhetisch zubereitete Mahlzeiten“ (ebd., S. 140). Die Verpflichtungszeit umfasst zweckdienliche Tätigkeiten, wie die Haushaltsführung, Einkäufe oder Behördengänge. Die Einbeziehung bei Hausarbeit, Kochen und Einkaufen wird als besonders bedeutsam eingeschätzt, da durch sie alltagspraktische Fertigkeiten, gesellschaftliche Teilhabe und Möglichkeiten zur Selbstbestimmung erlangt werden (ebd., S. 141f.).

Als qualitätsentwickelnde Maßnahme im Bereich der Freizeitarbeit fordert Markowetz die Professionalisierung des Berufsfeldes und eine Bewusstseinssensibilisierung der öffentlichen FreizeitanbieterInnen sowie der pädagogischen Fachkräfte, „daß Menschen mit einer Behinderung grundsätzlich an allen Angeboten des Freizeitsektors teilnehmen können“ (Markowetz, 2000a, S. 369).

4 Zusammenfassung

Für Menschen mit Behinderungen gibt es eine Reihe von differenzierten Wohnformen. In welchem dieser Wohnangebote man leben möchte, kann oftmals jedoch nicht selbst entschieden werden. Einerseits ist die Nachfrage nach attraktiven Wohnangeboten größer als das Angebot, andererseits sind häufig die Art der Behinderung und die Höhe des Unterstützungs- oder Pflegebedarfs ausschlaggebend, ob ein Wohnangebot als geeignet für die Person erachtet wird oder nicht. Gerade für Menschen mit hohem Unterstützungsbedarf sind spezielle Wohnformen oft die einzige Alternative zum Leben im Elternhaus.

Auch die uneingeschränkte Teilhabe an Freizeit wird nicht allen Menschen mit Behinderungen ermöglicht. Einerseits ist die Zugänglichkeit zu kulturellen Dienstleistungen und Erholungs- oder Freizeiteinrichtungen nicht immer gegeben, andererseits sind Menschen mit hohem Unterstützungsbedarf in ihrer Freizeitgestaltung stark auf das Wohlwollen und die zeitlichen Ressourcen von BetreuerInnen bzw. Angehörigen angewiesen.

In Anbetracht der in der Steiermark kürzlich durchgeführten Budgetkürzungen und der damit einhergehenden Verringerungen von personellen und finanziellen Ressourcen scheint es fraglich, ob damit tatsächlich eine stetige Verbesserung der Lebensbedingungen einhergehen kann.

Abschließend lässt sich festhalten, dass in den letzten 50 Jahren ein grundlegender Wandel im Verständnis von Behinderung und im Umgang mit betroffenen Menschen stattgefunden hat. Heute gehört es theoretisch zum Selbstverständnis, allen Menschen ein weitgehend selbstbestimmtes und normalisiertes Leben zu gewährleisten. Praktisch lässt sich feststellen, dass sich ein breites Spektrum an Leistungsangeboten vorwiegend an Menschen mit geringem Unterstützungsbedarf richtet.

Literaturverzeichnis

Alpha nova (n.d.). *Integrative Wohngemeinschaften – IWG.* Verfügbar unter: http://www.alphanova.at/index.php?id=16 [13.02.2012].

Altenschmidt, K. & Kotsch, L. (2007). „Sind meine ersten Eier, die ich koche, ja". Zur interaktiven Konstruktion von Selbstbestimmung in der Persönlichen Assistenz körperbehinderter Menschen. In A. Waldschmidt & W. Schneider (Hrsg.), *Disability Studies, Kultursoziologie und Soziologie der Behinderung: Erkundungen in einem neuen Forschungsfeld* (S. 225-247). Bielefeld: transcript Verlag.

Bensch, C. & Klicpera, C. (2000). *Dialogische Entwicklungsplanung: Ein Modell für die Arbeit von BehindertenpädagogInnen mit erwachsenen Menschen mit geistiger Behinderung.* Heidelberg: Winter.

Bradl, C. & Küppers-Stumpe, A. (2009). Gemeinwesenintegration und Vernetzung. In H. Schwalb & G. Theunissen (Hrsg.), *Inklusion, Partizipation und Empowerment in der Behindertenarbeit: Best-Practice-Beispiele: Wohnen – Leben – Arbeit – Freizeit* (S. 57-75). Stuttgart: Kohlhammer.

Bundesministerium für Arbeit, Soziales und Konsumentenschutz (2008). *Übereinkommen über die Rechte von Menschen mit Behinderungen.* Verfügbar unter: http://www.bmask.gv.at/cms/ site/attachments/8/7/3/CH1027/CMS1283153806742/konv_txt_dt_bgbl.pdf [13.02.2012].

Cloerkes, G. (2000). Einleitung: Behindertensoziologische Überlegungen zum Forschungsfeld Freizeit und Behinderung. In R. Markowetz & G. Cloerkes (Hrsg.), *Freizeit im Leben behinderter Menschen: Theoretische Grundlagen und sozialintegrative Praxis* (S. 3–8). Heidelberg: Winter.

Dalferth, M. (2010). Leben in „Parallelgesellschaften"? Menschen mit schwerer geistiger und mehrfacher Behinderung zwischen den Idealen der neuen Leitideen und Entsolidarisierungsprozessen. In G. Theunissen & K. Schirbort (Hrsg.), *Inklusion von Menschen mit geistiger Behinderung: Zeitgemäße Wohnformen, Soziale Netze, Unterstützungsangebote* (2. Aufl., S. 116–128). Stuttgart: Kohlhammer.

Dworschak, W. (2004). *Lebensqualität von Menschen mit geistiger Behinderung: Theoretische Analyse, empirische Erfassung und grundlegende Aspekte qualitativer Netzwerkanalyse.* Bad Heilbrunn: Klinkhardt.

Goffman, E. (1973). *Asyle: Über die soziale Situation psychiatrischer Patienten und anderer Insassen.* Frankfurt/Main: Suhrkamp.

Kreuzer, M. (2000). Zur Bedeutung und Fachlichkeit der Freizeitarbeit in Wohneinrichtungen. In R. Markowetz & G. Cloerkes (Hrsg.), *Freizeit im Leben behinderter Menschen: Theoretische Grundlagen und sozialintegrative Praxis* (S. 151–170). Heidelberg: Winter.

Leistungsverordnung des Steiermärkischen Behindertengesetzes (2004). *Leistungsbeschreibungen. LEVO-StBHG, LGB1. Nr. 43/2004 in der Fassung LGB1. Nr. 116/2011.* Verfügbar unter: http://www.verwaltung.steiermark.at/cms/dokumente/10019967_4142531/41e4 e865/LEVO-BHG%20Anlage%201.pdf [13.02.2012].

Markowetz, R. (2000a). Freizeit im Leben behinderter Menschen – Zusammenfassung, Ausblick und Forderungen. In R. Markowetz & G. Cloerkes (Hrsg.), *Freizeit im Leben behinderter Menschen: Theoretische Grundlagen und sozialintegrative Praxis* (S. 363–374). Heidelberg: Winter.

Markowetz, R. (2000b). Freizeit von Menschen mit Behinderungen. In R. Markowetz & G. Cloerkes (Hrsg.), *Freizeit im Leben behinderter Menschen: Theoretische Grundlagen und sozialintegrative Praxis* (S. 9–38). Heidelberg: Winter.

Markowetz, R. (2009). Freizeit und Erwachsenenbildung für Menschen mit Lernschwierigkeiten. In H. Schwalb & G. Theunissen, (Hrsg.), *Inklusion, Partizipation und Empowerment in der Behindertenarbeit: Best-Practice-Beispiele: Wohnen – Leben – Arbeit – Freizeit* (S. 176–188). Stuttgart: Kohlhammer.

Rauscher, C. (2005). Ein eigenes Leben in der Gemeinde führen – Wohn- und Lebenswünsche von Menschen mit Behinderung. In E. Wacker, I. Bosse, T. Dittrich, U. Niehoff, M. Schäfers, G. Wansing & B. Zalfen (Hrsg.), *Teilhabe: Wir wollen mehr als nur dabei sein* (S. 145–158). Marburg: Lebenshilfe.

Seifert, M. (2005). Teilhabe von Menschen mit schwerer Behinderung im Bereich des Wohnens – eine kritische Bestandsaufnahme. In E. Wacker, I. Bosse, T. Dittrich, U. Niehoff, M. Schäfers, G. Wansing & B. Zalfen (Hrsg.), *Teilhabe: Wir wollen mehr als nur dabei sein* (S. 173–184). Marburg: Lebenshilfe.

Selbstbestimmt Leben Österreich. (n.d.). *Interessenvertretung der Selbstbestimmt Leben Initiativen Österreichs.* Verfügbar unter: http://www.slioe.at/index.php [02.03.2012].

Theunissen, G. (1994). *Wege aus der Hospitalisierung. Förderung und Integration schwerstbehinderter Menschen* (3. Aufl.). Bonn: Psychiatrie-Verlag.

Theunissen, G. (1998). *Enthospitalisierung – ein Etikettenschwindel? Neue Studien, Erkenntnisse und Perspektiven der Behindertenhilfe.* Bad Heilbrunn: Klinkhardt.

Theunissen, G. (2000). Lebensbereich Freizeit – ein vergessenes Thema für Menschen, die als geistig schwer- und mehrfachbehindert gelten. In R. Markowetz & G. Cloerkes (Hrsg.), *Freizeit im Leben behinderter Menschen: Theoretische Grundlagen und sozialintegrative Praxis* (S. 137–150). Heidelberg: Winter.

Theunissen, G. (2005). Inklusion, Partizipation und Empowerment. In E. Wacker, I. Bosse, T. Dittrich, U. Niehoff, M. Schäfers, G. Wansing & B. Zalfen (Hrsg.), *Teilhabe: Wir wollen mehr als nur dabei sein* (S. 213–224). Marburg: Lebenshilfe.

Theunissen, G. (2009). *Empowerment und Inklusion behinderter Menschen: Eine Einführung in die Heilpädagogik und Soziale Arbeit* (2. aktualisierte Aufl.). Freiburg im Breisgau: Lambertus.

Theunissen, G. (2010). Zeitgemäße Wohnformen – Soziale Netze – Bürgerschaftliches Engagement. In G. Theunissen & K. Schirbort (Hrsg.), *Inklusion von Menschen mit geistiger Behinderung: Zeitgemäße Wohnformen, Soziale Netze, Unterstützungsangebote* (2. Aufl.) (S. 59–96). Stuttgart: Kohlhammer.

Thimm, W. (2005). Das Normalisierungsprinzip – eine Einführung (1979). In W. Thimm (Hrsg.), *Das Normalisierungsprinzip: Ein Lesebuch zu Geschichte und Gegenwart eines Reformkonzepts* (S. 12–31). Marburg: Lebenshilfe.